쉬운 설명 · 바로 이해

중국어
문법
클래스

다락원

'한국인을 위한 중국어 문법서'

우리가 중국어를 학습할 때 가장 어려운 부분은 무엇일까?

아마도 우리가 모국어로 사용하는 한국어에는 없는, 혹은 한국어와 다른 부분을 정확히 이해하는 것이 아닐까 생각한다.

중국어는 '한자'라는 표의문자로 기록하고 '고립어'라는 특징을 가진다. 한국어는 '한글'이란 표음문자로 기록하고 '교착어'라는 특징을 가진다.

얼핏 두 언어 사이에 '한자'라는 공통분모가 있어서 두 언어의 특성이 유사할 것으로 생각하지만, 두 언어는 다른 언어이며, 두 언어의 문법 역시 서로 다른 부분이 매우 많다.

따라서 한국인 중국어 학습자가 중국어의 문법을 정확히 이해하기 위해서는 한국어의 문법과 다른 부분에 대해서 정확히 이해하여야 한다.

그래서 이 책은 한국인과 중국인 저자가 공동으로 집필하였다.

한국인 저자는 대학에서 십수 년 동안 중국어 문법을 강의하면서 한국 학생들이 중국어 문법 중에서 어떤 부분을 어려워하고 이해하기 힘들어하는가에 대해서 잘 알고 있으며, 어떤 방식으로 설명하는 것이 학습자의 이해를 도울 수 있는가에 대해서 이해하고 있다.

중국인 저자는 중국어를 모국어로 사용하기 때문에 중요한 문법 내용임에도 한국인 학습자들이 자주 놓치는 문법 포인트를 잘 알고 있으며, 이에 대한 교수 능력이 높다고 할 수 있다.

한국어와 중국어가 다르듯이, 한국인 저자와 중국인 저자가 생각하는 가장 바람직한 문법서 역시 다소간의 차이가 있었다. 두 명의 필자는 많은 고민과 토론을 거쳐 책의 집필 목적을 **'한국인을 위한 중국어 문법서'**라고 정했다.

이 목적을 달성하기 위해서 한국인 저자는 한국인 학습자에게 필요한 문법 포인트가 무엇인지, 이 문법 포인트가 왜 중요한지를 한국어와 비교·분석하였다. 중국인 저자는 많은 문법 포인트에 대한 정확한 설명과 예문을 제시하였다. 이런 과정을 통하여 이 책은 한국인 학습자들이 자주 틀리고 혼동하기 쉬운 문법 내용을 강조하여 '학습자'의 입장에서 중국어 문법을 설명하고자 하였다.

마지막으로 두 필자는 서로의 의견을 조율하면서 최종적으로 책의 순서와 내용, 설명의 방식을 정하고, 집필과 수정을 반복하여 책을 완성하였다.

또한 이 책에서 제시한 예문은 중국어 문법을 이해하기 위한 예문일 뿐만 아니라 중국 사람들이 일상생활에서 자주 사용하는 정형적인 예문이다. 따라서 학습자는 이 책을 통하여 중국어 문법 지식을 정확하게 습득할 수 있을 뿐만 아니라 중국어 말하기 및 글쓰기 능력도 향상시킬 수 있을 것이라 기대한다.

마지막으로 필자는 이 말을 전하고 싶다.
"한국 사람들은 모두 한국어 문법에 맞는 한국어를 쓸까?"
"중국 사람들은 모두 중국어 문법에 맞는 중국어를 쓸까?"

외국어 학습에는 용기가 필요하다.
한 권의 책으로 중국어 문법을 완벽하게 모두 이해하기는 어렵다. 하지만 적어도 이 책에 담긴 내용을 잘 학습한다면 문법에 맞지 않는 중국어는 구사하지 않을 것이라고 감히 생각한다.

윤창준, 郭兴燕

차례

이 책의 구성과 활용법

『중국어 문법 클래스』는

중국어 학습자에게 꼭 필요한 중국어 문법 기본서로, 총 12챕터로 구성되어 있습니다. 초·중급 학습자의 눈높이에 맞춰 중국어 핵심 문법을 최대한 쉽게 설명했습니다. 눈으로 읽고, 귀로 듣고, 영상으로 보는 신개념 중국어 문법서, 『중국어 문법 클래스』로 시작해 보세요!

〔 도입 〕

해당 챕터에서 배울 문법 내용을 소개하고 개념을 정의합니다.

★ 스마트폰으로【동영상 강의】QR을 스캔하면 해당 챕터의 요점 강의 동영상을 볼 수 있습니다.

★ 스마트폰으로【예문 MP3】QR을 스캔하면 해당 챕터의 중국어 문장을 중국인 성우의 음성으로 들을 수 있습니다. 바로 듣기와 MP3 파일 다운로드가 가능합니다.

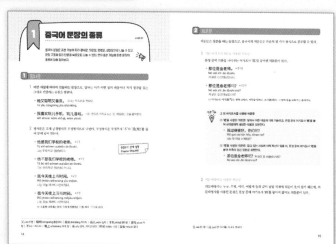

〔 문법 설명 〕

옆에서 설명해 주듯 친절하고 쉽게 중국어 핵심 문법을 설명했습니다. 각 용법의 특징을 잘 나타내는 예문을 풍부하게 수록했습니다.

★ 모든 예문에 한어병음과 한글 해석을 달았습니다.

★ 주요 단어의 발음과 뜻을 각 페이지 하단에 정리하여 바로 찾을 수 있도록 했습니다.

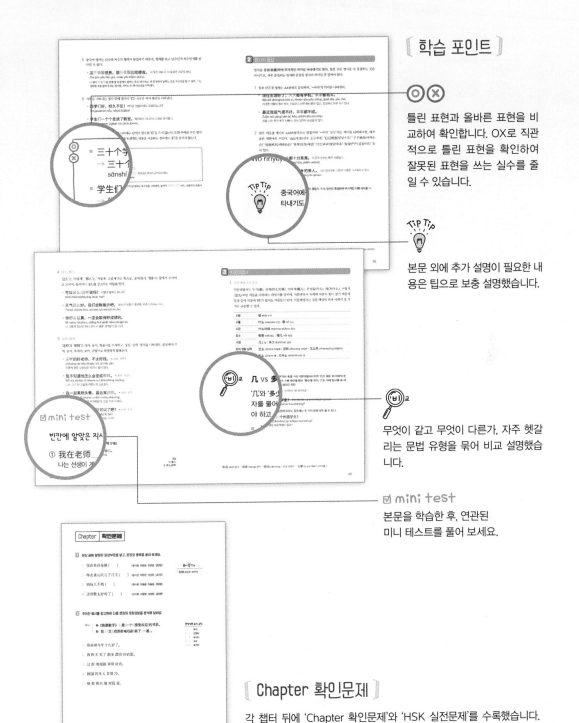

틀린 표현과 올바른 표현을 비교하여 확인합니다. OX로 직관적으로 틀린 표현을 확인하여 잘못된 표현을 쓰는 실수를 줄일 수 있습니다.

TIP TIP

본문 외에 추가 설명이 필요한 내용은 팁으로 보충 설명했습니다.

무엇이 같고 무엇이 다른가, 자주 헷갈리는 문법 유형을 묶어 비교 설명했습니다.

✓ mini test

본문을 학습한 후, 연관된 미니 테스트를 풀어 보세요.

Chapter 확인문제

각 챕터 뒤에 'Chapter 확인문제'와 'HSK 실전문제'를 수록했습니다. 챕터 학습 후, 관련 문제를 풀어 보며 내용을 충분히 이해했는지 확인하고 복습합니다.

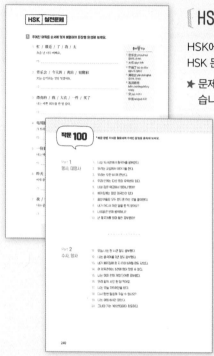

〔 HSK 실전문제 〕

HSK에 자주 출제되는 문제 유형을 풀어 보며 HSK 시험에 대비합니다.
HSK 문법 영역 만점에 도전해 보세요.

★ 문제에 모르는 단어가 있어도 걱정하지 마세요. 오른쪽에 힌트가 있습니다.

〔 작문 100 〕

중국어 100문장 작문하기에 도전해 보세요.

교재에서 배운 문법 지식을 총동원하여 주어진 한국어 문장을 중국어로 바꾸고, 모범답안과 얼마나 일치하는지 확인해 보세요. '작문 100'까지 완성하면 여러분의 중국어 실력이 크게 향상될 것입니다.

〔 모범답안 〕

'Chapter 확인문제'와 'HSK 실전문제', '작문 100'의 모범답안을 확인할 수 있습니다. 모범답안 옆에는 친절히 한글 해석을 달았습니다.

동영상 강의 & 예문 MP3 활용 방법

★ 각 챕터 첫 페이지에 '동영상 강의' 및 '예문 MP3' QR 코드가 있습니다. 스마트폰으로 QR 코드를 스캔하면 재생 가능한 페이지로 바로 연결됩니다.

★ MP3 음원은 다락원 홈페이지(www.darakwon.co.kr)에서 무료로 다운로드할 수 있습니다.

일러두기

이 책의 고유명사 표기는 다음과 같습니다.

1 중국의 지명·건물·기관·관광 명소의 명칭 등은 중국어 발음을 한국어로 표기하는 것을 원칙으로 하였습니다. 단, 우리에게 널리 알려진 고유명사의 경우에는 한자 발음으로 표기했습니다.

> | 예 |　　北京 → 베이징　　　　长城 → 만리장성

2 인명의 경우, 각 나라에서 실제 읽히는 발음을 기준으로 하여 한국어로 그 발음을 표기했습니다.

> | 예 |　　王平 → 왕핑　　　　珍雅 → 진아

중국어 문법 기본 지식

중국어 문법 단위

형태소	더 이상 분리할 수 없는 가장 작은 단위	我, 去, 吗
단어	독립적으로 사용할 수 있는 가장 작은 단위	看, 学校, 图书馆
구	두 개 이상의 단어가 일정한 규칙에 따라 결합한 단위	学汉语(동사구), 在图书馆(개사구)
문장	생각이나 감정을 언어로 표현할 때 완결된 내용을 나타내는 최소의 단위	我在图书馆学汉语。

문장성분

	주어(主语)	술어(谓语)	목적어(宾语)	보어(补语)	관형어(定语)	부사어(壮语)
역할	서술의 대상	화제에 대하여 설명, 서술	동작 또는 상태에 관련된 사람, 사물, 장소, 시간, 수량을 나타냄	술어 뒤에서 술어를 보충	주어나 목적어 앞에서 이를 수식	술어 앞에서 술어를 수식, 제한 문장 맨 앞에서 문장 전체를 수식
주요 성분	명사 대명사	동사 형용사	명사 대명사	동사 형용사 부사	형용사, 명사 대명사, 동사 각종 구	부사, 형용사 명사, 대명사, 수량사, 동사, 각종 구

품사

명사(名词)	사람이나 사물의 이름을 나타냄
대명사(代词)	명사를 대신하여 포괄적으로 지칭함
수사(数词)	사물의 수량이나 순서를 나타냄
양사(量词)	사람이나 사물의 수량이나 동작의 횟수를 셈
형용사(形容词)	사람이나 사물의 모습, 성질 혹은 동작·행위의 상태를 설명함
동사(动词)	구체적인 동작이나 추상적인 행위, 심리 활동 혹은 존재, 변화, 소실 등을 나타냄
조동사(能源动词)	동사를 도와서 가능, 필요, 의무, 허가, 희망 등의 의미를 더해줌
부사(副词)	말하고자 하는 내용을 보다 정확하고 구체적으로 나타냄
개사(介词)	동작과 관련된 시간, 장소, 방식, 범위, 목적, 대상 등을 나타냄
접속사(连词)	앞뒤 문장을 연결시켜 논리관계를 표현함
조사(助词)	다른 단어를 도와주는 역할을 함
감탄사(叹词)	놀람, 느낌, 부름이나 대답을 나타냄

〖 문장부호 〗

。	**마침표** **句号** jùhào	문장의 마침을 나타냄
，	**쉼표** **逗号** dòuhào	절과 절 사이의 끊어짐을 표시
、	**모점** **顿号** dùnhào	동등한 관계의 단어와 단어, 구와 구를 연결할 때 사용
？	**물음표** **问号** wènhào	의문문의 끝에 사용
！	**느낌표** **叹号** tànhào	감탄이나 놀람, 명령, 강조 등을 나타냄
" "	**따옴표** **引号** yǐnhào	다른 사람의 말을 인용하거나 강조할 때 사용
：	**쌍점, 콜론** **冒号** màohào	메일이나 서신 맨 앞에서 호칭을 부를 때, 뒤의 내용을 보충 설명할 때 사용
；	**쌍반점, 쎄미콜론** **分号** fēnhào	예를 들어 설명하거나, 설명을 추가할 때, 문장을 병렬로 연결할 때 사용
（ ）	**괄호** **括号** kuòhào	다른 부분과 구별하거나 강조할 때, 문장 안에서 다른 부분을 보충할 때 사용
《 》	**책이름표** **书名号** shūmínghào	책, 신문 등의 이름이나 제목을 표시할 때 사용
……	**줄임표** **省略号** shěnglüèhào	생략의 뜻을 표시할 때 사용
——	**대시** **破折号** pòzhéhào	화제를 전환하거나 앞의 설명에 부언 설명을 덧붙일 때 사용

중국어 문장

기능에 따른 분류				구조에 따른 분류		
평서문	의문문	명령문	감탄문	단문		복문
				주술문	비주술문	
	'吗'를 사용한 의문문			명사술어문	명사성 비주술문	병렬/순접
	의문대명사를 사용한 의문문			동사술어문	동사성 비주술문	점층/선택
	선택의문문			형용사술어문	형용사성 비주술문	전환/인과
	정반의문문			주술술어문	감탄성 비주술문	조건/가정
	부가식 의문문				의성사 비주술문	목적

Chapter

01

중국어의 문장

문장은 언어 응용의 기본 단위이며 비교
적 완전한 의미를 표현할 수 있는 언어 단
위이다. 중국어 문법을 정확히 이해하려
면 우선 중국어의 문장에 대해 잘 알아야
한다. 이 장에서는 중국어 문장의 종류와
문장성분에 대해서 살펴보기로 한다.

▷ 중국어 문장의 종류
▷ 단문과 복문
▷ 문장성분

동영상 강의　　예문 MP3

중국어 문장의 종류

🎧 01-01

중국어 문장은 표현 기능에 따라 평서문, 의문문, 명령문, 감탄문으로 나눌 수 있고,
문장 구조에 따라 단문과 복문으로 나눌 수 있다. 먼저 표현 기능에 따른 문장의
종류에 대해 알아보자.

1 평서문

1 어떤 사실에 대하여 진술하는 문장으로, 말하는 이가 어떤 일의 내용이나 자기 생각을 있는
그대로 전달하는 문장을 말한다.

- 她又聪明又善良。 그녀는 똑똑하고 착하다.
  Tā yòu cōngmíng yòu shànliáng.

- 我喜欢玩儿手机、玩儿游戏。 나는 핸드폰 가지고 노는 것, 게임하는 것을 좋아한다.
  Wǒ xǐhuan wánr shǒujī、wánr yóuxì.

2 평서문은 크게 긍정형식과 부정형식으로 나뉜다. 부정형식은 부정부사 '不'나 '没(有)'를 술
어 앞에 넣어 만든다.

- 他是我们学校的老师。 ▶긍정
  Tā shì wǒmen xuéxiào de lǎoshī.
  그는 우리 학교 선생님이다.

  > 부정부사 상세 설명
  > Chapter 05(p.102)

- 他不是我们学校的老师。 ▶부정
  Tā bú shì wǒmen xuéxiào de lǎoshī.
  그는 우리 학교 선생님이 아니다.

- 我今天晚上有时间。 ▶긍정
  Wǒ jīntiān wǎnshang yǒu shíjiān.
  나는 오늘 저녁에 시간이 있다.

- 我今天晚上没有时间。 ▶부정
  Wǒ jīntiān wǎnshang méiyǒu shíjiān.
  나는 오늘 저녁에 시간이 없다.
  ⇨ 소유를 나타내는 동사 有의 부정형식은 没有를 쓴다.

又 yòu 또한 | 聪明 cōngmíng 총명하다 | 善良 shànliáng 착하다 | 玩儿 wánr 놀다 | 手机 shǒujī 핸드폰 | 游戏 yóuxì 게임 | 不 bù ~아니다 | 晚上 wǎnshang 저녁, 밤 | 有 yǒu 있다, 가지고 있다 | 时间 shíjiān 시간 | 没有 méiyǒu 없다

2 의문문

의문문은 질문을 하는 문장으로, 중국어의 의문문은 다음의 몇 가지 형식으로 분류할 수 있다.

1 의문 어기조사 '吗'를 사용한 의문문

문장 끝에 의문을 나타내는 어기조사 '吗'를 붙이면 의문문이 된다.

- **那位是金老师。** ▶평서문
  Nà wèi shì Jīn lǎoshī.
  저 분은 김 선생님입니다.

- **那位是金老师吗?** ▶의문문
  Nà wèi shì Jīn lǎoshī ma?
  저 분은 김 선생님입니까?

  ⇨ 어기조사: 어기(语气)는 말의 뉘앙스, 어투를 뜻하고, 조사(助词)는 그 말의 뜻을 도와주는 품사이다.

그 외 어기조사를 사용한 의문문

① '呢'를 사용한 의문문: 앞에서 어떤 내용에 대해 기술하고, 문장 끝에 어기조사 '呢'를 붙여 상대방에게 동일한 내용을 질문한다.

- **我过得很好，你们呢?**
  Wǒ guò de hěn hǎo, nǐmen ne?
  나는 잘 지내, 너희들은?

② '吧'를 사용한 의문문: 알고 있는 사실에 대해 확신이 없을 때, 문장 끝에 어기조사 '吧'를 붙여 추측이 담긴 질문을 표현한다.

- **那位是金老师吧?** 저 분은 김 선생님이시죠?
  Nà wèi shì Jīn lǎoshī ba?

2 의문대명사를 사용한 의문문

의문대명사는 누구, 무엇, 어디, 어떻게 등과 같이 낱말 자체에 의문의 뜻이 있기 때문에, 의문대명사를 사용한 문장은 문장 끝에 어기조사 '吗'를 붙이지 않아도 의문문이 된다.

位 wèi 분, 명 | 过 guò (한 시기를) 지나다, 보내다

- **那位是谁？** 저 분은 누구인가요?
  Nà wèi shì shéi?

- **这是什么？** 이건 뭐예요?
  Zhè shì shénme?

- **你想去哪儿旅行？** 당신은 어디로 여행을 가고 싶어요?
  Nǐ xiǎng qù nǎr lǚxíng?

- **请问，去邮局怎么走？** 실례합니다. 우체국은 어떻게 가나요?
  Qǐng wèn, qù yóujú zěnme zǒu?

3 선택의문문

질문 내용에 두 가지 이상의 예상되는 답을 넣어서 물어보는 문장이다. "너 짜장면 먹을래, 아니면 짬뽕 먹을래?"와 비슷한 형식의 의문문이다.

- **你是韩国人还是中国人？** 당신은 한국인인가요, 아니면 중국인인가요?
  Nǐ shì Hánguórén háishi Zhōngguórén?

- **他们去图书馆还是回家？** 그들은 도서관에 가나요, 아니면 집에 가나요?
  Tāmen qù túshūguǎn háishi huíjiā?

  ⇨ 두 가지 선택 사항은 还是로 연결하며, 이때도 문장 끝에 吗를 붙이지 않는다.

4 정반의문문

질문을 할 때 술어의 긍정형식과 부정형식을 연이어 써서 의문을 나타내는 방식이다. "너 오늘 영화보러 갈 거야, 안 갈 거야?"와 비슷한 형식의 의문문이다.

- **下课后，你去不去图书馆？**
  Xiàkè hòu, nǐ qù bu qù túshūguǎn?
  수업이 끝난 후에 너는 도서관에 갈 거니?

- **吃饭后，她喝不喝咖啡？**
  Chīfàn hòu, tā hē bu hē kāfēi?
  식사 후에 그녀는 커피를 마시나요?

谁 shéi 누구 | 什么 shénme 무엇 | 哪儿 nǎr 어디 | 旅行 lǚxíng 여행하다 | 邮局 yóujú 우체국 | 怎么 zěnme 어떻게 | 韩国人 Hánguórén 한국인 | 还是 háishi 또는, 아니면 | 中国人 Zhōngguórén 중국인 | 下课 xiàkè 수업이 끝나다, 수업을 마치다 | 喝 hē 마시다 | 咖啡 kāfēi 커피

5 부가식 의문문

먼저 어떤 상황에 대해서 진술한 뒤에, 문장 끝에 의문 성분을 부가하는 형식의 의문문이다. '怎么样?' '好吗?' '好不好?' '对吗?' '对不对?' '是吗?' '是不是?' '可以吗?' 등이 자주 쓰인다.

- **我们星期天去看樱花，怎么样？** 우리 일요일에 벚꽃 보러 가자. 어때?
  Wǒmen xīngqītiān qù kàn yīnghuā, zěnmeyàng?

- **吃完饭去散步吧，好不好？** 밥을 다 먹고 산책하러 가자. 어때?
  Chī wán fàn qù sànbù ba, hǎo bu hǎo?

3 명령문

부탁, 건의, 요구, 명령, 금지 등을 나타내는 문장으로, '권고'나 '금지'를 표현할 때는 '别' '不要' '不准' 등의 표현을 쓰고, '요청' '건의' '재촉'의 어투를 나타낼 때는 문장 끝에 어기조사 '吧'나 '啊'를 붙인다. 명령문은 보통 명령의 대상을 향해 말하기 때문에, 주어가 생략되기도 한다.

- **请进！** 들어오세요!
  Qǐng jìn!

- **咱们快走吧。** 우리 빨리 갑시다.
  Zánmen kuài zǒu ba.

- **安静！别说话了！** 조용! 말하지 마!
  Ānjìng! Bié shuōhuà le!

樱花 yīnghuā 벚꽃 | 怎么样 zěnmeyàng 어떻다, 어떠하다 | 散步 sànbù 산책하다 | 请 qǐng 상대방에게 어떤 일을 부탁하거나 권할 때 쓰는 높임말 | 咱们 zánmen 우리(들) | 安静 ānjìng 조용하다 | 别 bié ~하지 마라

기쁨, 놀라움, 슬픔, 두려움 등 말하는 사람의 감정을 나타내는 문장이다. 문장 끝에는 느낌표(!)가 붙는다. 부사 '真' '太' '多么' '好' 등을 감탄사로 사용하여 감탄문을 만들 수 있다. 문장 끝에 감탄을 나타내는 어기조사 '啊'나 '了'를 더하기도 한다.

- 真帅！　정말 멋있어요!
  Zhēn shuài!

- 太便宜了！　너무 싸다!
  Tài piányi le!

- 这儿的风景好美啊！　이곳의 풍경은 정말 아름다워요!
  Zhèr de fēngjǐng hǎo měi a!

☑ mini test

문장 끝에 알맞은 문장부호를 채워 넣고, 문장의 종류를 쓰세요.

① 今天星期几(　　)

② 这个菜太好吃了(　　)

정답
① ? , 의문문
② ! , 감탄문

帅 shuài 멋지다 | 便宜 piányi (값이) 싸다 | 风景 fēngjǐng 풍경 | 美 měi 아름답다 | 星期 xīngqī 요일 | 几 jǐ 몇 | 菜 cài 요리, 음식

2 단문과 복문

🎧 01-02

중국어 문장은 구조에 따라 크게 단문(单句)과 복문(复句)으로 나눌 수 있다. 단문은 하나의 주어와 술어로 이루어진 문장이고, 복문은 두 개 이상의 단문이 연결되어 이루어진 문장이다.

1 단문

단문이란 하나의 주어와 술어로 구성된 문장으로, 다시 '주술문'과 '비주술문'으로 나눌 수 있다.

1 주술문

주술문이란 주어와 술어를 모두 '갖춘 문장'으로, 술어의 종류에 따라 네 가지로 분류된다.

❶ 명사술어문: 명사 또는 명사성 성분이 단독으로 술어가 되는 문장이다.

- 他北京人。 그는 베이징 사람이다.
  Tā Běijīng rén.

- 她今年三十岁。 그녀는 올해 서른 살이다.
  Tā jīnnián sānshí suì.

> 명사 상세 설명
> Chapter 02(p.32)

- 今天星期天。 오늘은 일요일이다.
  Jīntiān xīngqītiān.

  ⇨ 위 문장에서 北京人, 三十岁, 星期天은 모두 명사성 성분이며, 문장에서는 술어로 쓰였다.

❷ 동사술어문: 동사 또는 동사구가 술어로 쓰인 문장으로, 주로 주어가 무엇을 하는지를 설명한다.

- 他喜欢养小狗。 그는 강아지 키우는 것을 좋아한다.
  Tā xǐhuan yǎng xiǎo gǒu.

> 동사 상세 설명
> Chapter 04(p.75)

- 他会做很多韩国菜。 그는 많은 한국 요리를 할 줄 안다.
  Tā huì zuò hěn duō Hánguó cài.

- 我爸爸在国有企业工作。 우리 아빠는 국영기업에서 일하신다.
  Wǒ bàba zài guóyǒu qǐyè gōngzuò.

  ⇨ 위 문장에서 喜欢, 做, 工作는 모두 동사이며, 문장에서는 술어로 쓰였다.

北京 Běijīng 베이징 | 岁 suì 세, 살 | 养 yǎng 기르다 | 小狗 xiǎo gǒu 강아지 | 国有 guóyǒu 국유 | 企业 qǐyè 기업

❸ 형용사술어문: 형용사 또는 형용사구가 술어로 쓰인 문장으로, 주로 주어가 어떠한지를 설명하거나 묘사한다.

- **我的房间非常干净。** 내 방은 매우 깨끗하다.
  Wǒ de fángjiān fēicháng gānjìng.

- **明洞总是热热闹闹的。** 명동은 항상 시끌벅적하다.
  Míngdòng zǒngshì rèrenàonao de.

- **他们高兴得跳了起来。** 그들은 뛸 듯이 기뻐했다.
  Tāmen gāoxìng de tiào le qǐlái.

  ⇨ 위 문장에서 干净, 热热闹闹, 高兴은 모두 형용사(구)이며, 문장에서는 술어로 쓰였다.

> 형용사 상세 설명
> Chapter 04(p.70)

❹ 주술술어문: 주술구(주어+술어)가 술어 역할을 하는 문장으로, 주술구는 문장 맨 앞에 위치한 전체 주어를 설명하거나 묘사·평가한다.

- **她眼睛很大。** 그녀는 눈이 크다. ▶묘사
  Tā yǎnjing hěn dà.

- **他身体好得很。** 그는 몸이 아주 좋다. ▶설명
  Tā shēntǐ hǎo de hěn.

- **这件事大家都赞成。** 이 일은 모두가 찬성한다. ▶평가
  Zhè jiàn shì dàjiā dōu zànchéng.

  ⇨ 첫 번째 예문에서 주어는 她이고 술어는 眼睛很大이다. 술어인 眼睛很大는 다시 眼睛이란 주어와 很大라는 형용사술어로 나뉜다. 즉 眼睛很大라는 주술구가 她眼睛很大라는 전체 문장의 술어로 쓰였다. 술어가 주술구라서, 이런 문장을 주술술어문이라고 한다.

☑ mini test

다음 문장에서 술어에 밑줄 긋고, 주술문의 종류를 쓰세요.

① 今天三月二十号。
오늘은 3월 20일이다.

② 这部电视剧非常好看。
이 드라마는 매우 재미있다.

정답
① 今天<u>三月二十号</u>。명사술어문
② 这部电视剧非常<u>好看</u>。형용사술어문

干净 gānjìng 깨끗하다 | 明洞 Míngdòng 명동 | 总是 zǒngshì 늘, 언제나 | 热闹 rènao 시끌벅적하다, 북적북적하다 | 跳 tiào 뛰어 오르다 | 眼睛 yǎnjing 눈 | 赞成 zànchéng 찬성하다 | 电视剧 diànshìjù 텔레비전 드라마

2 비주술문

모든 문장이 주어와 술어를 갖추는 것은 아니다. 주어나 술어 중 어느 하나가 없는 '못 갖춘 문장'을 비주술문이라고 한다. 비주술문은 문장을 구성하는 성분에 따라 다섯 가지로 분류한다.

명사성 비주술문	谁? Shéi? 누구? | 王老师! Wáng lǎoshī! 왕 선생님! | 你的自行车呢？ Nǐ de zìxíngchē ne? 네 자전거는?
동사성 비주술문	集合！Jíhé! 집합! | 下雨了！Xiàyǔ le! 비가 오네! | 禁止吸烟！Jìnzhǐ xīyān! 흡연 금지!
형용사성 비주술문	好吃！Hǎochī! 맛있어요! | 安静！Ānjìng! 조용! | 真漂亮！Zhēn piàoliang! 정말 예뻐요!
감탄성 비주술문	啊！À! 아! | 嗯！Èng! 응! | 哎呀！Āiyā! 어머나!
의성사 비주술문	喵喵！Miāomiāo! 야옹야옹! | 汪汪！Wàngwàng! 멍멍! | 滴答滴答！Dīdādīdā! 째깍째깍!

2 복문

두 개 또는 두 개 이상의 단문으로 이루어진 문장을 '복문'이라고 하고, 복문을 이루는 단문을 '절'이라고 한다. 복문의 분류에 대해서는 챕터 12에서 자세히 다루기로 한다.

■ **春天来了，树绿了，花也开了。** 봄이 왔어요. 나무가 푸르러지고, 꽃도 피었어요.
Chūntiān lái le, shù lǜ le, huā yě kāi le.

■ **他不但成绩好、能力强，而且性格也很好，所以大家都很喜欢他。**
Tā búdàn chéngjì hǎo, nénglì qiáng, érqiě xìnggé yě hěn hǎo, suǒyǐ dàjiā dōu hěn xǐhuan tā.
그는 성적이 좋고 능력이 뛰어날 뿐만 아니라, 성격도 좋아서 모두가 그를 좋아한다.

⇨ 중국어의 문장부호 중 '모점(、: 顿号 dùnhào)'은 명사 혹은 명사성 성분이나 구를 병렬로 나열할 때 사용하며, 문장과 문장을 연결하는 '쉼표(，: 逗号 dòuhào)'와는 다르다.

> 복문 상세 설명
> Chapter 12(p.232)

春天 chūntiān 봄 ｜ 树 shù 나무 ｜ 绿 lǜ 푸르다 ｜ 开 kāi (꽃이) 피다 ｜ 成绩 chéngjì 성적 ｜ 能力 nénglì 능력 ｜ 不但……而且 búdàn……érqiě ~뿐만 아니라 또한 ~ ｜ 性格 xìnggé 성격

3 문장성분

 01-03

문장을 구성하는 성분을 '문장성분'이라고 한다. 중국어의 문장성분은 문장을 구성하는 주요성분인 주어, 술어, 목적어와 이를 꾸며 주고 보충해 주는 보조성분인 관형어, 부사어, 보어로 나뉜다.

1 문장성분이란

문장성분은 단어 또는 구, 절이 문장 안에서 어떤 역할을 하는지를 나타낸다. 주어, 술어, 목적어, 관형어, 부사어, 보어처럼 −어로 끝나는 것이 문장성분이다.

1 주어

중국어 문장은 대부분 주어와 술어로 구성된다. 주어는 술어가 진술하거나 설명·묘사하는 대상이다. 문장의 앞쪽에 위치하며, 주로 명사(구)로 이루어진다.

■ 今年夏天**特别热**。 올해 여름은 유난히 덥다.
　Jīnnián xiàtiān tèbié rè.

■ 这个节目**一直很受欢迎**。 이 프로그램은 줄곧 인기가 많다.
　Zhè ge jiémù yìzhí hěn shòu huānyíng.

2 술어

술어는 주어가 어떤 동작이나 행위를 하는 것을 나타내거나, 주어의 상황을 묘사한다.

- **我今年二十岁。** 나는 올해 스무 살이다.
  Wǒ jīnnián èrshí suì.

- **这种面膜很好用。** 이 마스크팩은 매우 쓰기 좋다.
  Zhè zhǒng miànmó hěn hǎoyòng.

- **上个周末我和我的家人一起去釜山旅行了。**
  Shàng ge zhōumò wǒ hé wǒ de jiārén yìqǐ qù Fǔshān lǚxíng le.
  지난 주말에 나는 가족들과 함께 부산에 여행을 갔다.

- **新买的手机价格便宜，功能也不错。** 새로 산 핸드폰은 가격도 저렴하고, 기능도 좋다.
  Xīn mǎi de shǒujī jiàgé piányi, gōngnéng yě búcuò.
  ⇨ 명사, 형용사, 동사 혹은 하나의 문장(주술구)이 술어가 될 수도 있다.

3 목적어

목적어는 동사술어문에서 동사가 나타내는 동작의 지배 또는 작용을 받는 대상이다. 대부분의 목적어는 명사성 성분이지만, 간혹 동사성 성분이 목적어로 쓰이기도 한다.

- **你听听这首歌吧。** 이 노래 좀 들어 봐.
  Nǐ tīngting zhè shǒu gē ba.

- **我昨天买了很多衣服。** 나는 어제 옷을 많이 샀다.
  Wǒ zuótiān mǎi le hěn duō yīfu.

- **这部电影值得一看。** 이 영화는 볼 만하다.
  Zhè bù diànyǐng zhíde yí kàn.

夏天 xiàtiān 여름 | 特别 tèbié 특히, 특별히 | 热 rè 덥다 | 节目 jiémù 프로그램 | 受 shòu 받다 | 欢迎 huānyíng 환영하다 |
面膜 miànmó 마스크팩 | 好用 hǎoyòng 쓰기에 편하다 | 釜山 Fǔshān 부산 | 价格 jiàgé 가격 | 功能 gōngnéng 기능 | 不
错 búcuò 괜찮다, 좋다 | 部 bù 편, 권 [영화·서적 등을 세는 양사] | 值得 zhíde ~할 만한 가치가 있다

23

4 관형어

관형어는 주어, 목적어(명사성 중심어) 앞에 놓여 주어, 목적어를 수식한다. 주로 사물의 성질이나 상태, 혹은 범위를 제한하는 역할을 한다.

■ **我买了一件漂亮的衣服。**
Wǒ mǎi le yí jiàn piàoliang de yīfu.
나는 예쁜 옷을 한 벌 샀다.

■ **我有两个中国朋友。**
Wǒ yǒu liǎng ge Zhōngguó péngyou.
나는 두 명의 중국 친구가 있다.

5 부사어

부사어는 술어(동사, 형용사) 앞에 놓여서 술어를 수식한다. 문장에서 부사어의 위치는 기본적으로 주어와 술어 사이에 온다고 보면 된다. 물론 문장 전체를 수식하는 경우에는 문장의 맨 앞에 오는 경우도 있다.

■ **他突然生气了。**
Tā tūrán shēngqì le.
그가 갑자기 화를 냈다.

■ **我昨天又把那部电影看了一遍。**
Wǒ zuótiān yòu bǎ nà bù diànyǐng kàn le yí biàn.
나는 어제 그 영화를 또 한 번 봤다.

■ **学生们都在教室里认真地准备考试。**
Xuéshēngmen dōu zài jiàoshì li rènzhēn de zhǔnbèi kǎoshì.
학생들은 모두 교실에서 열심히 시험을 준비한다.

부사 상세 설명
Chapter 05(p.96)

朋友 péngyou 친구 | 突然 tūrán 갑자기 | 生气 shēngqì 화내다 | 遍 biàn 번, 회 | 认真 rènzhēn 진지하다, 성실하다 | 准备 zhǔnbèi 준비하다 | 考试 kǎoshì 시험

6 보어

보어는 술어(동사, 형용사)의 뒤에 놓여서 술어를 보충 설명하는 역할을 한다. 형용사 뒤에 놓인 보어는 정도를 보충하여 설명하고, 동사 뒤에 놓인 보어는 동작·행위의 결과, 상태, 방향, 수량, 시간, 가능 여부 등을 나타낸다.

- **最近我忙死了!** 요즘 나는 바빠 죽겠어요! ▶상태의 정도를 나타냄
  Zuìjìn wǒ máng sǐ le!

보어 상세 설명
Chapter 07(p.138)

- **你喝醉了。** 당신은 취했어요. ▶행위의 결과를 나타냄
  Nǐ hē zuì le.

- **她说汉语说得很好。** 그녀는 중국어를 잘 합니다. ▶행위의 상태를 나타냄
  Tā shuō Hànyǔ shuō de hěn hǎo.

- **这部电影我看了很多遍。** 이 영화를 나는 여러 번 봤어요. ▶행위의 수량을 나타냄
  Zhè bù diànyǐng wǒ kàn le hěn duō biàn.

- **我学了两年汉语了。** 나는 중국어를 배운 지 2년 되었어요. ▶행위의 시간량을 나타냄
  Wǒ xué le liǎng nián Hànyǔ le.

문장성분은 품사와는 다르다. 품사는 각 단어가 지니는 문법 상의 특징 구분을 말하는 것이고 명사, 대명사, 형용사, 동사, 부사처럼 -사로 끝나는 것이 품사이다. 중국어의 품사와 문장성분은 반드시 일대일로 대응되는 것은 아니다. 명사는 문장에서 관형어, 주어, 목적어 등으로 쓰일 수 있고, 형용사는 술어와 관형어 등으로, 동사는 술어, 주어 등으로 쓰일 수 있다.

- **这是汉语书。** [관형어]
  zhè shì Hànyǔ shū.
  이것은 중국어 책이다.

- **汉语很难。** [주어]
  Hànyǔ hěn nán.
  중국어는 어렵다.

- **我喜欢学习汉语。** [목적어]
  Wǒ xǐhuan xuéxí Hànyǔ.
  나는 중국어 공부하는 것을 좋아한다.

- **这只小狗真可爱。** [술어]
  zhè zhī xiǎo gǒu zhēn kě'ài.
  이 강아지는 정말 귀엽다.

- **这是一只可爱的小狗。** [관형어]
  Zhè shì yì zhī kě'ài de xiǎo gǒu.
  이것은 귀여운 강아지이다.

- **她打我。** [술어]
  Tā dǎ wǒ.
  그녀는 나를 때렸다.

- **打是亲，骂是爱。** [주어]
  Dǎ shì qīn, mà shì ài.
  때리는 것도 꾸짖는 것도 모두 사랑하기 때문이다.

⇨ 중국어 문장을 정확히 해석하기 위해서는 각 단어의 품사뿐만 아니라 그 단어가 문장에서 어떤 문장성분으로 사용되었는가를 정확히 파악하는 것이 보다 중요하다.

忙 máng 바쁘다 | 喝 hē 마시다 | 醉 zuì 취하다 | 汉语 Hànyǔ 중국어 | 只 zhī 마리 | 可爱 kě'ài 귀엽다 | 打 dǎ 때리다, 치다 | 亲 qīn 친하다, 가깝다 | 骂 mà 욕하다, 꾸짖다 | 爱 ài 사랑하다

중국어 문장성분의 배열 순서는 100% 정해진 것은 아니지만, 일반적으로 다음과 같이 배열한다.

1 형용사 술어의 배열 순서

관형어	주어	부사어	형용사

관형어　　주어　　부사어　형용사
■ **我们的　校园　非常　美。**
Wǒmen de xiàoyuán fēicháng měi.
우리 캠퍼스는 매우 아름다워요.

관형어　　주어　　부사어　　형용사
■ **今天的　演出　特别　精彩。**
Jīntiān de　yǎnchū　tèbié　　jīngcǎi.
오늘 공연은 매우 훌륭했어요.

관형어	주어	형용사	보어

　　관형어　　　　주어　　형용사　보어
■ **那部电视剧的　男主角　帅　死了。**
Nà bù diànshìjù de nán zhǔjué shuài　sǐ le.
그 드라마의 남자 주인공은 정말 멋지다.

　주어　　　형용사　　　　보어
■ **他们　高兴得　跳了起来。**
Tāmen　gāoxìng de　tiào le qǐlái.
그들은 뛸 듯이 기뻐했다.

校园 xiàoyuán 교정, 캠퍼스 | 演出 yǎnchū 공연(하다) | 精彩 jīngcǎi 뛰어나다, 훌륭하다 | 主角 zhǔjué 주인공

관형어	주어	부사어	동사	보어	관형어	목적어

주어　부사어　　부사어　　동사　관형어　목적어

■ 我　昨天　在网上　买了　很多　东西。
Wǒ　zuótiān　zài wǎngshang mǎi le hěn duō dōngxi.
나는 어제 인터넷에서 많은 물건을 샀다.

주어　부사어　동사　보어　　관형어　　목적어

■ 我　终于　做　完了　所有的　作业。
Wǒ zhōngyú　zuò　wán le　suǒyǒu de　zuòyè.
나는 마침내 모든 숙제를 다 했다.

주어　　부사어　　동사

■ 我　把密码　忘了。
Wǒ　bǎ mìmǎ　wàng le.
나는 비밀번호를 잊어버렸다.

관형어　주어　　부사어　부사어　부사어　　동사　　　보어

■ 我　妈妈　每天　都　把家里　打扫得　很干净。
Wǒ　māma　měitiān dōu　bǎ jiā li　dǎsǎo de　hěn gānjìng.
엄마는 매일 집을 깨끗하게 청소하신다.

⇨ 중국어의 기본 어순은 '주어+술어+목적어'로, 우리말과 달리 주어 뒤에 목적어 대신 술어로 쓰인 동사가 먼저 나온다.

☑ mini test

주어진 단어를 바르게 배열하여 문장을 만들어 보세요.

① 特别 / 我们 / 风景 / 学校的 / 美
　우리 학교의 풍경은 특히 아름답다.

② 票 / 终于 / 我 / 演唱会 / 的 / 买到了
　나는 마침내 콘서트 표를 샀다.

정답
① 我们学校的风景特别美。
② 我终于买到了演唱会的票。

网上 wǎngshang 온라인, 인터넷 | 终于 zhōngyú 마침내, 결국 | 所有 suǒyǒu 모든 | 作业 zuòyè 숙제 | 密码 mìmǎ 비밀번호 |
忘 wàng 잊다 | 打扫 dǎsǎo 청소하다

1 문장 끝에 알맞은 문장부호를 넣고, 문장의 종류를 골라 보세요.

1. 我喜欢看视频 (   )　　(평서문, 의문문, 명령문, 감탄문)

2. 你去釜山玩儿了几天 (   )　　(평서문, 의문문, 명령문, 감탄문)

3. 别玩儿手机 (   )　　(평서문, 의문문, 명령문, 감탄문)

4. 这首歌太好听了 (   )　　(평서문, 의문문, 명령문, 감탄문)

> **풀이 Tip**
>
> 1. 视频 shìpín 동영상

2 주어진 예시를 참고하여 다음 문장의 문장성분을 분석해 보세요.

예시 ❶ 《我是歌手》‖ 是(一个)(很受欢迎)的节目。
　　 ❷ 我 ‖ [又][把那部电视剧]看了〈一遍〉。

문장성분 표기 규칙

‖	앞은 주어, 뒤는 술어
( )	관형어
[ ]	부사어
〈 〉	보어

1. 我 弟弟 今年 十九岁了。

2. 我 昨天 买了 很多 漂亮 的衣服。

3. 这 部 电视剧 非常 好看。

4. 韩国 的冬天 非常 冷。

5. 他 很 高兴 地 对我 说。

1 주어진 어휘를 순서에 맞게 배열하여 문장을 완성해 보세요.

1. 忙 / 最近 / 了 / 我 / 太

   요즘 난 너무 바빠요.

   ⇨ _____

2. 音乐会 / 今天的 / 真的 / 很精彩

   오늘 음악회는 정말 멋졌어요.

   ⇨ _____

3. 漂亮的 / 我 / 大衣 / 一件 / 买了

   나는 예쁜 외투를 한 벌 샀다.

   ⇨ _____

4. 电视剧 / 的 / 帅得 / 那部 / 男主角 / 不得了

   그 드라마의 남자 주인공은 정말 멋지다.

   ⇨ _____

5. 一份兼职 / 终于 / 我 / 找到了

   나는 마침내 아르바이트를 찾았다.

   ⇨ _____

6. 昨天 / 东西 / 买了 / 在百货商场 / 很多 / 我妈妈

   어제 우리 엄마는 백화점에서 많은 물건을 사셨다.

   ⇨ _____

7. 我 / 很多 / 交到了 / 朋友 / 外国 / 在中国

   나는 중국에서 많은 외국 친구를 사귀었다.

   ⇨ _____

풀이 Tip

2. 音乐会 yīnyuèhuì
   음악회, 콘서트
3. 大衣 dàyī 외투
4. 不得了 bù de liǎo
   (정도가) 심하다
5. 兼职 jiānzhí 아르바이트
6. 百货商场
   bǎihuò shāngchǎng
   백화점
7. 交 jiāo 사귀다

   外国 wàiguó 외국

품사 분류 ⑴

명사	대명사
일반명사 방위명사 장소명사 시간명사	인칭대명사 지시대명사 의문대명사

Chapter

02

명사, 대명사

중국어는 원래 '품사'라는 개념 대신 '실사(实词: 단독으로 문장성분이 될 수 있는 단어)'와 '허사(虚词: 단독으로 문장성분이 될 수 없는 단어)'로만 구분하였다. 이후 서양식 어법 체계가 중국어에 도입되는 과정에서 '품사'라는 개념이 중국어에 적용되었고, 현재는 중국어 역시 품사라는 개념으로 분석한다. 이번 장에서는 '실사'에 해당하며 문장에서 주로 주어와 목적어로 활용되는 명사, 대명사에 대해 살펴보기로 하자.

동영상 강의   예문 MP3

▶ 명사

▶ 대명사

명사

명사란 사람이나 사물의 이름을 나타내는 품사이다. 사람, 사물, 장소의 명칭과 시간, 공간, 방위 등도 나타낸다. 문장에서 명사는 몇 가지 문법 특징을 가지며, 한국어 명사와 같은 점과 다른 점이 모두 있기 때문에 정확한 용법을 파악할 필요가 있다.

1 명사의 특징

1 명사 앞에는 수사와 양사를 넣을 수 있다.

- **一个面包** yí ge miànbāo 빵 한 개
- **一张照片** yì zhāng zhàopiàn 사진 한 장
- **两杯咖啡** liǎng bēi kāfēi 커피 두 잔
- **五瓶啤酒** wǔ píng píjiǔ 맥주 다섯 병

➡ 한국어는 '두 잔의 커피'가 아니라 '커피 두 잔'이라고 말하지만, 중국어는 수사와 양사가 명사 앞에 놓여 两杯咖啡라고 말한다.

2 명사는 문장에서 주로 주어와 목적어로 쓰인다. 다수의 명사는 관형어로도 쓰인다.

- **她的汉语 水平很高。** ▶汉语: 관형어, 水平: 주어
  Tā de Hànyǔ shuǐpíng hěn gāo.
  그녀의 중국어 실력은 뛰어나다.

- **我想提高我的汉语 水平。** ▶汉语: 관형어, 水平: 목적어
  Wǒ xiǎng tígāo wǒ de Hànyǔ shuǐpíng.
  나는 내 중국어 실력을 향상시키고 싶다.

- **那家 咖啡店的蛋糕又好吃又便宜。** ▶那家/咖啡店: 관형어, 蛋糕: 주어
  Nà jiā kāfēidiàn de dàngāo yòu hǎochī yòu piányi.
  저 카페의 케이크는 맛있고 저렴하다.

3 일부 명사 혹은 명사성 성분은 문장에서 술어로 쓰이기도 한다. 주로 나이, 국적, 날짜, 날씨, 가격 등을 나타내는 명사들이다. 챕터 01에서 다룬 '문장의 종류' 중에서 명사술어문에 해당한다.

- **今天十月十号。** 오늘은 10월 10일이다.
  Jīntiān shí yuè shí hào.

面包 miànbāo 빵 | 照片 zhàopiàn 사진 | 瓶 píng 병 | 啤酒 píjiǔ 맥주 | 水平 shuǐpíng 수준 | 提高 tígāo 향상시키다 | 蛋糕 dàngāo 케이크 | 好吃 hǎochī 맛있다

■ 明天晴天。　내일은 맑을 것이다.
　Míngtiān qíngtiān.

■ 今年我二十一岁。　올해 나는 스물한 살이다.
　Jīnnián wǒ èrshíyī suì.

명사술어문은 대부분 '是'를 추가할 수 있다.

■ 明天是晴天。　내일은 맑을 것이다.
　Míngtiān shì qíngtiān.

■ 今年我是二十一岁。（×）
　⇨ 단, 위 예문처럼 명사가 술어로 쓰여 '나이'를 나타낼 때는 是를 추가할 수 없다.

명사술어문을 부정할 때는 '是'를 생략할 수 없고, 반드시 '不是'로 부정해야 한다.

■ 今天不十月十号。（×）
　→ 今天不是十月十号。（○）　오늘은 10월 10일이 아니다.
　　Jīntiān bú shì shí yuè shí hào.

■ 我不二十一岁。（×）
　→ 我不是二十一岁。（○）　나는 스물한 살이 아니다.
　　Wǒ bú shì èrshíyī suì.

4 명사는 일반적으로 부사의 수식을 직접 받을 수 없다. 즉, '不中国人' '都学生' '很手机' '特别风景'이라고 쓸 수 없다. 다만 명사술어문에서는 간혹 부사의 수식을 직접 받기도 한다.

■ 已经十二点了。　벌써 12시가 되었어.
　Yǐjīng shí'èr diǎn le.

■ 他来中国刚一个月，就已经交了很多中国朋友。
　Tā lái Zhōngguó gāng yí ge yuè, jiù yǐjīng jiāo le hěn duō Zhōngguó péngyou.
　그는 중국에 온 지 한 달 만에 이미 많은 중국 친구를 사귀었다.

또한 문장에서 묘사의 의미로 쓰인 일부 명사는 정도부사의 수식을 받기도 한다.

■ 那部电视剧的男主角很男人。　그 드라마의 남자 주인공은 정말 남자다.
　Nà bù diànshìjù de nán zhǔjué hěn nánrén.

■ 她化妆化得很好，非常专业。　그녀는 화장을 잘해. 아주 전문가야.
　Tā huàzhuāng huà de hěn hǎo, fēicháng zhuānyè.

晴天 qíngtiān 맑은 날씨 | 花 huā 소비하다, 쓰다 | 刚 gāng 지금, 막 | 化妆 huàzhuāng 화장하다 | 专业 zhuānyè 전문

5 중국어 명사는 단수와 복수의 형태가 동일하기 때문에, 형태를 보고 단수인지 복수인지를 판단할 수 없다.

- **这件衣服很贵，那些衣服比较便宜。** 이 옷은 비싸고, 저 옷들은 비교적 싸다.
  Zhè jiàn yīfu hěn guì, nàxiē yīfu bǐjiào piányi.

  ⇨ 양사 件과 些를 통해 앞 문장에서 말하는 옷은 단수이고, 뒤 문장에서 말하는 옷은 복수임을 알 수 있다. 些는 정확한 수를 알려 주지는 않지만, 적어도 두 개 이상임을 나타낸다.

6 사람을 나타내는 명사 뒤에 접미사 '们(~들)'을 써서 복수를 나타낸다.

- **同学们好，好久不见!** 여러분 안녕하세요, 오랜만입니다!
  Tóngxuémen hǎo, hǎojiǔ bújiàn!

- **学生们一个个走进了教室。** 학생들이 하나하나 교실로 들어왔다.
  Xuéshēngmen yígègè zǒu jìn le jiàoshì.

명사 앞에 구체적인 수량을 나타내는 단어가 있으면 '们'을 쓰지 않는다. 또한 주어로 쓰인 명사 자체가 집단을 나타내고, 술어가 보편적인 내용을 서술하는 경우에도 '们'을 붙이지 않는다.

- 三十个学生们 (×)
  → 三十个学生 (○) 학생 30명
  sānshí ge xuéshēng

- 学生们应该好好儿学习。 (×)
  → 学生应该好好儿学习。 (○) 학생들은 열심히 공부해야 한다.
  Xuéshēng yīnggāi hǎohāor xuéxí.

⇨ 집단을 나타내는 명사인 学生은 们을 붙이지 않더라도 복수임을 나타낸다. 술어가 好好儿学习라는 보편적인 내용이므로, 学生们이라고 쓰지 않는다.

贵 guì (값이) 비싸다 | 好久 hǎojiǔ (시간이) 오래다 | 一个个 yígègè 하나하나, 한 사람 한 사람 | 应该 yīnggāi 마땅히 ~해야 한다

2 명사의 중첩

명사를 중첩(重叠)하여 부가적인 의미를 나타내기도 한다. 물론 모든 명사를 다 중첩하는 것은 아니므로, 자주 중첩되는 명사와 중첩된 명사의 의미를 잘 알아야 한다.

1 일부 단음절 명사는 AA형태로 중첩하여, '~마다'의 의미를 나타낸다.

- **现在生活好了，人人都有手机，家家都有车。**
  Xiànzài shēnghuó hǎo le, rénrén dōu yǒu shǒujī, jiājiā dōu yǒu chē.
  지금은 생활이 좋아져서, 사람마다 모두 핸드폰이 있고, 집집마다 모두 차가 있다.

- **最近我运气很不好，事事都不顺。**
  Zuìjìn wǒ yùnqì hěn bù hǎo, shìshì dōu bú shùn.
  요즘 나는 운이 매우 나빠서, 하는 일마다 순조롭지 않다.

2 일부 이음절 명사도 AABB형식으로 중첩하여 '~마다' '모두'라는 의미를 나타내지만, 대부분은 서면어로 쓰인다. '山山水水(산수 곳곳마다)' '日日夜夜(밤낮으로)' '子子孙孙(자자손손)' '世世代代(대대손손)' '年年月月(매년)' '口口声声(말끝마다)' '家家户户(집집마다)' 등이 있다.

- **这里的山山水水都十分秀美。** 이곳의 산수는 매우 아름답다.
  Zhèlǐ de shānshānshuǐshuǐ dōu shífēn xiùměi.

- **我日日夜夜地想念着家乡的亲人。** 나는 밤낮으로 고향의 가족을 그리워하고 있다.
  Wǒ rìrìyèyède xiǎngniàn zhe jiāxiāng de qīnrén.

 중국어에선 명사뿐만 아니라 동사, 형용사, 수사, 양사도 중첩하여 부가적인 다른 의미를 나타내기도 한다.

手机 shǒujī 핸드폰 | 运气 yùnqì 운세, 운수 | 顺 shùn 순조롭다 | 秀美 xiùměi 뛰어나게 아름답다 | 想念 xiǎngniàn 그리워하다 | 家乡 jiāxiāng 고향 | 亲人 qīnrén 직계 친족, 배우자

방향과 위치를 나타내 주는 명사를 방위명사 혹은 방위사라고 한다. 중국어 방위명사는 단순방위명사와 복합방위명사로 나뉜다.

1 단순방위명사: 한 글자로 된 방위명사로, 방위명사는 일반명사와 결합하여 장소명사를 만들 수 있다.

단순방위명사	东 dōng 동 | 南 nán 남 | 西 xī 서 | 北 běi 북
	前 qián 앞 | 后 hòu 뒤 | 左 zuǒ 좌 | 右 yòu 우
	上 shàng 위 | 下 xià 아래 | 里 lǐ 안 | 外 wài 밖
	内 nèi 안 | 中 zhōng 가운데 | 间 jiān 사이 | 旁 páng 옆, 곁

■ **往前走，再往右拐。** 앞으로 가다가 오른쪽으로 도세요.
　Wǎng qián zǒu, zài wǎng yòu guǎi.

■ **南甜北咸，东辣西酸。** 남쪽은 달고, 북쪽은 짜며, 동쪽은 맵고, 서쪽은 시다.
　Nán tián běi xián, dōng là xī suān.

■ **上有天堂，下有苏杭。** 하늘에는 천당이 있고, 땅에는 쑤저우와 항저우가 있다.
　Shàng yǒu tiāntáng, xià yǒu SūHáng.

2 복합방위명사: 단순방위명사 뒤에 '边' '面'을 붙이거나, 단순방위명사 앞에 '以' '之'를 붙여 만들어진 방위명사이다. 자주 사용되는 복합방위명사는 아래의 표와 같다.

	东	西	南	北	前	后	左	右	上	下	里	外	内	中	间	旁
+边	东边	西边	南边	北边	前边	后边	左边	右边	上边	下边	里边	外边				旁边
+面	东面	西面	南面	北面	前面	后面	左面	右面	上面	下面	里面	外面				
以+	以东	以西	以南	以北	以前	以后			以上	以下		以外	以内	以中	以间	
之+	之东	之西	之南	之北	之前	之后			之上	之下		之外	之内	之中	之间	
기타	东南、东北、西南、西北、上下、前后、左右、当中、对面、中间、内外、底下															

⇨ 위 표의 '기타'에 있는 방위명사는 결합순서가 고정된 것이므로, 단어처럼 암기해서 써야 한다. 즉 东南을 南东이라고 쓰지는 않는다.

往 wǎng (〜을) 향해 ｜ 拐 guǎi 방향을 바꾸다 ｜ 甜 tián (맛이) 달다 ｜ 咸 xián (맛이) 짜다 ｜ 辣 là 맵다 ｜ 酸 suān 시다 ｜ 天堂 tiāntáng 천당 ｜ 苏杭 SūHáng 쑤저우(苏州)와 항저우(杭州)

복합방위명사는 단순방위명사와 달리 문장에서 단독으로 쓰여 장소를 나타낼 수 있다. 또한 문장에서 주어, 목적어, 관형어, 부사어로 다양하게 쓰인다.

■ **室内很凉快，但外面很热。** ▶外面: 주어
Shìnèi hěn liángkuài, dàn wàimiàn hěn rè.
실내는 시원하지만, 밖은 매우 덥다.

■ **我还在外面。** ▶外面: 목적어
Wǒ hái zài wàimiàn.
나는 아직 밖에 있어.

■ **他今天晚上在外面吃饭。** ▶在外面: 부사어
Tā jīntiān wǎnshang zài wàimiàn chīfàn.
그는 오늘 저녁에 밖에서 밥을 먹는다.

그러나 복합방위명사 중에 '之内' '之外' '之间' '之中' 등은 단독으로 쓸 수 없고, 다른 단어의 뒤에 붙여서 쓴다.

■ **五天之内** wǔ tiān zhīnèi 5일 이내   ■ **千里之外** qiānlǐ zhīwài 천 리 밖
■ **朋友之间** péngyou zhījiān 친구 사이   ■ **十人之中** shí rén zhīzhōng 열 명 중

---

4 장소명사

장소명사는 장소를 나타내는 명사로, 국가·지명·건물을 나타내는 고유 장소명사와 일반 장소명사, 복합방위명사, 그리고 일반 장소명사와 방위명사가 결합된 형식으로 나눌 수 있다.

1 고유 장소명사

■ **首尔很大。** 서울은 크다.
Shǒu'ěr hěn dà.

■ **北京有很多外国人。** 베이징에는 많은 외국인이 있다.
Běijīng yǒu hěn duō wàiguórén.

■ **我在北京大学学习汉语。** 나는 베이징 대학에서 중국어를 공부한다.
Wǒ zài Běijīng Dàxué xuéxí Hànyǔ.
⇨ 고유 장소명사 뒤에는 방위명사 里를 붙이지 않는다. 首尔里(×), 北京里(×), 北京大学里(×)

室内 shìnèi 실내 ｜ 凉快 liángkuài 시원하다 ｜ 外面 wàimiàn 바깥 ｜ 站 zhàn 서다, 일어서다 ｜ 前面 qiánmiàn 앞 ｜ 首尔 shǒu'ěr 서울 ｜ 外国人 wàiguórén 외국인, 외국 사람 ｜ 北京大学 Běijīng Dàxué 베이징 대학

2 일반 장소명사

- 我在教室。 나는 교실에 있다.
  Wǒ zài jiàoshì.

- 我住在学校宿舍。 나는 학교 기숙사에 산다.
  Wǒ Zhù zài xuéxiào sùshè.

  ⇨ 일반 장소명사 뒤에는 里를 붙여도 되고, 붙이지 않아도 된다. 在教室(○), 在教室里(○)

3 복합방위명사

- 外面下雨了。 밖에 비가 와요.
  Wàimiàn xiàyǔ le.

- 首尔在北边，釜山在南边。
  Shǒu'ěr zài běibiān, Fǔshān zài nánbiān.
  서울은 북쪽에 있고, 부산은 남쪽에 있어요.

4 일반 장소명사와 방위명사가 결합된 장소명사

- 食堂(里)有很多人。 식당에 많은 사람이 있다.
  Shítáng (li) yǒu hěn duō rén.

- 操场(上)有很多人。 운동장에 많은 사람이 있다.
  Cāochǎng (shang) yǒu hěn duō rén.

  ⇨ 일반 장소명사와 방위명사가 결합해서 주어가 되는 경우 방위명사를 붙여도 되고 붙이지 않아도 된다.

- 我在食堂吃饭。 나는 식당에서 밥을 먹는다.
  Wǒ zài shítáng chīfàn.

- 他在操场跑步。 그는 운동장에서 달리기를 한다.
  Tā zài cāochǎng pǎobù.

  ⇨ 그러나 부사어로 쓰일 때는 일반적으로 방위명사를 붙이지 않는다.

宿舍 sùshè 기숙사 | 食堂 shítáng 구내 식당 | 跑步 pǎobù 달리다

장소명사가 부사어로 쓰일 경우에는 시간명사와 마찬가지로 동사의 앞에 놓아야 한다. 그러나 일부 학습자는 '개사+목적어'로 구성된 부사어를 문장 끝에 배열하는 오류를 자주 범하므로, 주의해야 한다.

我们聊天在咖啡厅。（×）
→ 我们在咖啡厅聊天。（○）　우리는 카페에서 이야기를 나누었다.
Wǒmen zài kāfēitīng liáotiān.

5 일반명사가 장소로 쓰이려면, 뒤에 방위명사를 붙여야 한다.

- 手机在桌子。（×）
  → 手机在桌子上。（○）　핸드폰은 탁자 위에 있다.
  Shǒujī zài zhuōzi shang.

- 钱包有很多卡。（×）
  → 钱包里有很多卡。（○）　지갑에 카드가 많다.
  Qiánbāo li yǒu hěn duō kǎ.

⇨ 한국어에는 '탁자+에'처럼 '~에'라는 처소격 조사가 있어서 방위명사를 쓰지 않더라도 '탁자'가 장소임을 나타내지만, 중국어에는 처소격 조사가 없기 때문에, 일반명사가 장소를 나타내기 위해서는 방위명사를 붙여야 한다.

☑ mini test

빈칸에 알맞은 방위명사를 넣어 문장을 완성해 보세요.

① 包＿＿＿＿＿有很多东西。
가방 안에 물건이 많다.

② 餐桌＿＿＿＿＿摆着许多菜。
식탁 위에 많은 요리가 차려져 있다.

정답
① 里
② 上

钱包 qiánbāo 지갑 ┃ 卡 kǎ 카드(card) ┃ 包 bāo 가방 ┃ 餐桌 cānzhuō 식탁 ┃ 摆 bǎi 놓다, 벌여 놓다

시간명사는 시간, 날짜, 요일, 계절 등을 나타내는 명사(구)로, '시점'을 나타내는 시간명사(구)와 '시간의 양'을 나타내는 시간명사(구)로 구분할 수 있다.

1 시점을 나타내는 시간명사(구)

시간을 나타내는 명사	现在 xiànzài 현재 ㅣ 刚才 gāngcái 방금 昨天 zuótiān 어제 ㅣ 夏天 xiàtiān 여름
수사와 양사가 결합하여 시간을 표현	两点 liǎng diǎn 2시 ㅣ 一月 yī yuè 1월 ㅣ 二号 èr hào 2일
시간명사나 양사가 방위명사와 결합하여 시간을 표현	上个星期 shàng ge xīngqī 지난주 ㅣ 下个星期 xià ge xīngqī 다음 주 ㅣ 上个月 shàng ge yuè 지난달 ㅣ 下个月 xià ge yuè 다음 달 ㅣ 两天前 liǎng tiān qián 이틀 전 ㅣ 十天内 shí tiān nèi 열흘 안 ㅣ 上大学以前 shàng dàxué yǐqián 대학 입학 전 ㅣ 上大学以后 shàng dàxué yǐhòu 대학 입학 후

시간명사는 일반명사와 달리 자주 부사어로 쓰여 직접 동사를 수식한다. 또한 주어와 술어 사이에 놓이거나 혹은 문장의 제일 앞에 오기도 한다.

- 我明年去中国留学。 나는 내년에 중국에 유학을 간다.
  Wǒ míngnián qù Zhōngguó liúxué.

- 明年我去中国留学。 내년에 나는 중국에 유학을 간다.
  Míngnián wǒ qù Zhōngguó liúxué.

2 시간의 양을 나타내는 시간명사(구)

지속되는 시간의 양을 나타내는 시간명사는 일반적으로 보어로 쓰인다.

两个小时 liǎng ge xiǎoshí 2시간 ㅣ 半天 bàntiān 한참 동안 ㅣ 两天 liǎngtiān 이틀 ㅣ 两周 liǎng zhōu 2주 ㅣ 两个月 liǎng ge yuè 두 달 ㅣ 两年 liǎng nián 2년

- 昨天晚上我睡了六个小时。 어젯밤에 나는 여섯 시간 잤다.
  Zuótiān wǎnshang wǒ shuì le liù ge xiǎoshí.

- 我学了两年汉语。 나는 중국어를 2년 배웠다.
  Wǒ xué le liǎng nián Hànyǔ.

보어 상세 설명
Chapter 07(p.138)

2 대명사

명사는 구체적인 사물이나 사람을 지칭하지만, 대명사는 명사를 대신하여 포괄적으로 지칭할 때 사용한다. 특히 중국어에서는 대명사의 활용도가 비교적 높으므로 대명사 용법에 대해서 잘 알아야 한다. 대명사는 크게 인칭대명사, 지시대명사, 의문대명사로 나뉜다.

1 인칭대명사

인칭대명사는 사람이나 사물을 대신 지칭하는 말로, 다음과 같이 분류할 수 있다.

	단수	복수
1인칭	我 wǒ 나	我们 wǒmen 우리 | 咱们 zánmen 우리
2인칭	你 nǐ 너 | 您 nín 당신	你们 nǐmen 너희들
3인칭	他 tā 그 | 她 tā 그녀 | 它 tā 그것	他们 tāmen 그들 | 她们 tāmen 그녀들 | 它们 tāmen 그것들
기타	自己 zìjǐ 자신 | 别人 biérén 타인 | 人家 rénjia 남, 그, 나 | 大家 dàjiā 모두 | 彼此 bǐcǐ 피차	

1 我们과 咱们의 차이

'我们'과 '咱们' 모두 '우리'라는 뜻이지만, 용법에는 차이가 있다. '我们'은 듣는 사람을 포함할 수도 있고 포함하지 않을 수도 있는데 반해, '咱们'은 반드시 듣는 사람을 포함한다.

■ 下课后，你去吃饭吧？ 我们/咱们一起去，怎么样？
　Xiàkè hòu, nǐ qù chīfàn ba? Wǒmen/Zánmen yìqǐ qù, zěnmeyàng?
　수업 끝나고 밥 먹으러 갈거지? 우리 같이 갈까?　▶我们/咱们: 듣는 사람을 포함함

■ A 我们现在去吃饭，你呢？　▶我们: 듣는 사람을 포함하지 않음
　　Wǒmen xiànzài qù chīfàn, nǐ ne?
　　우리는 지금 밥 먹으러 가는데, 너는?

　B 我也去吃饭。
　　Wǒ yě qù chīfàn.
　　나도 밥 먹으러 가.

　A 那咱们一起去吃吧。　▶咱们: 듣는 사람을 포함함
　　Nà zánmen yìqǐ qù chī ba.
　　그럼 우리 같이 밥 먹으러 가자.

2 你와 您

중국어에는 존칭 표현이 거의 없는데, 2인칭 대명사 '你'의 존칭 표현으로 상대를 높일 때 '您'을 쓴다. 주의할 점은 만일 상대가 한 명이 아니라 여러 명이라면, '您们'이라고 하지 않고 뒤에 수량사를 붙여 '您二位(두 분)' '您几位?(몇 분이세요?)' 등으로 쓴다.

 비교 **自己** vs **别人** vs **大家**

'自己'는 말하는 주체를 지칭하고, '别人'은 말하는 사람과 듣는 사람 이외의 사람을 지칭하며, '大家'는 일정한 범위 안의 사람을 지칭한다.

- **你不用陪我，我自己去。**
  Nǐ búyòng péi wǒ, wǒ zìjǐ qù.
  나와 동행할 필요 없어. 나 혼자 갈게.

- **他总是喜欢帮助别人。**
  Tā zǒngshì xǐhuan bāngzhù biérén.
  그는 항상 다른 사람을 돕는 것을 좋아한다.

- **大家都说说自己的想法嘛。**
  Dàjiā dōu shuōshuo zìjǐ de xiǎngfǎ ma.
  여러분 모두 자신의 생각을 말해 보세요.

2 지시대명사

지시대명사는 사람, 사물, 장소 등을 가리키는 말로, 자신에게서 가까운 것을 가리키는 것과 자신에게서 먼 것을 가리키는 것으로 구분된다.

	사람·사물	수량	장소	시간	정도	성질·상태·방식
가까운 것	这 zhè 이것	这些 zhèxiē 이것들	这儿/这里 zhèr/zhèlǐ 여기	这会儿 zhèhuìr 이때	这么 zhème 이렇게	这样/这么 zhèyàng/zhème 이렇게
먼 것	那 nà 저것, 그것	那些 nàxiē 그것들	那儿/那里 nàr/nàlǐ 저기, 거기	那会儿 nàhuìr 그때	那么 nàme 그렇게, 저렇게	那样/那么 nàyàng/nàme 그렇게, 저렇게

陪 péi 모시다, 수행하다 | 想法 xiǎngfǎ 생각, 의견

1 这些/那些

'这些'와 '那些'는 '这' '那'의 복수형으로, '이것들' '저것들'이라는 뜻이다.

- **这些**学生都很努力。 이 학생들은 모두 열심히 한다.
  Zhèxiē xuéshēng dōu hěn nǔlì.

- **那些**水果都很贵。 저 과일들은 다 비싸요.
  Nàxiē shuǐguǒ dōu hěn guì.

2 这儿/那儿

'여기' '저기'라는 뜻으로 '这里' '那里'와도 같은 뜻이다. 인칭대명사나 명사는 직접 장소로 쓸 수 없기 때문에, 뒤에 반드시 '这儿'이나 '那儿'을 붙여야 한다.

- **这儿**有个大公园，真好。
  Zhèr yǒu ge dà gōngyuán, zhēn hǎo.
  이곳에 큰 공원이 있어서 참 좋아요.

- 你们有空到我**这儿**来玩儿吧。 너희 시간 있으면 여기로 놀러 와.
  Nǐmen yǒu kòng dào wǒ zhèr lái wánr ba.

- 她去她朋友**那儿**了。 그녀는 그녀의 친구에게 갔어요.
  Tā qù tā péngyou nàr le.

3 这会儿/那会儿

'这会儿'과 '那会儿'은 주로 시간을 지칭하는 대명사로 쓰인다. '这会儿'은 '이때, 지금'이라는 뜻으로 과거나 현재를 나타내며, '那会儿'은 '그때'라는 뜻으로 주로 과거나 미래를 말할 때 쓴다. 문장에서는 주로 부사어로 쓰인다.

- 他**这会儿**该到家了。 그는 지금쯤 집에 도착했을 거야. ▶ 현재
  Tā zhèhuìr gāi dào jiā le.

- 去年**这会儿**，我还是个高中生。 작년 이맘때 나는 아직 고등학생이었다. ▶ 과거
  Qùnián zhèhuìr, wǒ háishi ge gāozhōngshēng.

- 上大学**那会儿**，我没好好儿学习。
  Shàng dàxué nàhuìr, wǒ méi hǎohāor xuéxí.
  대학에 다닐 때, 나는 공부를 열심히 하지 않았다. ▶ 과거

- 到你们毕业**那会儿**，可能会比较好找工作。
  Dào nǐmen bìyè nàhuìr, kěnéng huì bǐjiào hǎo zhǎo gōngzuò.
  너희들이 졸업할 때가 되면, 비교적 쉽게 일자리를 찾을 수 있을 거야. ▶ 미래

公园 gōngyuán 공원 | 空 kòng 틈, 짬, 시간 | 该 gāi ~하는 것이 당연하다 | 高中生 gāozhōngshēng 고등학생 | 毕业 bìyè 졸업하다 | 比较 bǐjiào 비교적

4 这么/那么

'这么'는 '이렇게', '那么'는 '저렇게, 그렇게'라는 뜻으로, 술어(동사, 형용사) 앞에서 부사어로 쓰이며, 동작이나 정도를 강조하는 역할을 한다.

- **可以这么/这样说吗?** 이렇게 말해도 되나요?
  Kěyǐ zhème/zhèyàng shuō ma?

- **天气这么好，我们去散散步吧。** 날씨가 이렇게 좋은데, 우리 산책하러 가자.
  Tiānqì zhème hǎo, wǒmen qù sànsàn bù ba.

- **你那么认真，一定会取得好成绩的。**
  Nǐ nàme rènzhēn, yídìng huì qǔdé hǎo chéngjì de.
  너 그렇게 열심히 하니, 반드시 좋은 성적을 얻을 거야.

5 这样/那样

'这样'과 '那样'은 명사, 동사, 형용사를 수식하고, 성질·상태·방식을 나타낸다. 문장에서 주어, 술어, 목적어, 보어, 관형어로 다양하게 활용된다.

- **这样的好老师，不太好找。** ▶这样: 관형어
  Zhèyàng de hǎo lǎoshī, bú tài hǎo zǎo.
  이렇게 좋은 선생님은 찾기가 쉽지 않다.

- **我不知道他怎么会变成那样。** ▶那样: 목적어
  Wǒ bù zhīdào tā zěnme huì biànchéng nàyàng.
  나는 그가 왜 그렇게 변했는지 모르겠어.

- **我一起来就头晕，最近常这样。** ▶这样: 술어
  Wǒ yì qǐlái jiù tóuyūn, zuìjìn cháng zhèyàng.
  나는 일어나면 머리가 어지러운데, 요즘 자주 이래요.

- **我和你一起去，这样可以了吧?** ▶这样: 주어
  Wǒ hé nǐ yìqǐ qù, zhèyàng kěyǐ le ba?
  내가 너와 같이 갈게. 이렇게 하면 되는 거지?

☑ mini test

빈칸에 알맞은 지시대명사를 넣어 문장을 완성해 보세요.

① 我在老师_____跟她聊了一会儿。
나는 선생이 계신 곳에서 그녀와 잠시 이야기했어요.

② _____写，对吗?
이렇게 쓰는 게 맞나요?

정답
① 那儿
② 这么/这样

44

1 의문대명사의 종류

의문대명사는 누가(谁), 언제(什么时候), 어디서(哪儿), 무엇을(什么), 왜(为什么), 어떻게(怎么)처럼 의문을 나타내는 대명사를 말하며, 의문대명사 자체에 의문의 뜻이 있기 때문에 문장 끝에 의문사 '吗'가 없어도 의문문이 된다. 의문대명사는 질문 대상에 따라 아래의 몇 가지로 구분할 수 있다.

사람	谁 shéi 누구
사물	什么 shénme 무엇 ｜ 哪 nǎ 어느
시간	什么时候 shénme shíhou 언제
장소	哪里 nǎli 어디 ｜ 哪儿 nǎr 어디
수량	几 jǐ 몇 ｜ 多少 duōshao 얼마
방식·성질·상태	怎么 zěnme 어떻게 ｜ 怎样 zěnyàng 어떠한 ｜ 怎么样 zěnmeyàng 어떠한가
원인	怎么 zěnme 왜 ｜ 为什么 wèishénme 왜

 几 vs 多少

'几'와 '多少'는 둘 다 '몇, 얼마'라는 뜻을 가진 의문대명사이지만 '几'는 보통 10 이하의 숫자를 물어볼 때 쓰고, 그 이상의 수를 물어볼 때는 '多少'를 쓴다. '几'는 뒤에 양사를 꼭 써야 하고, '多少'는 양사를 쓰지 않아도 된다.

- 这个小孩儿几岁了? 이 아이는 몇 살이에요?
  Zhè ge xiǎoháir jǐ suì le?

- 我们学校有多少留学生? 우리 학교에는 몇 명의 유학생이 있나요?
  Wǒmen xuéxiào yǒu duōshao liúxuéshēng?

숫자가 10 이하인지 그 이상인지 모르는 경우에는 두 가지 표현 모두 쓸 수 있다.

- 你们班有几[多少]个外国学生?
  Nǐmen bān yǒu jǐ[duōshao] ge wàiguó xuéshēng?
  너희 반에는 몇 명의 외국 학생이 있니?

取得 qǔdé 얻다 ｜ 成绩 chéngjì 성적 ｜ 变成 biànchéng ~으로 변하다 ｜ 头晕 tóuyūn 머리가 어지럽다

2 의문대명사의 위치

주어를 묻고 싶으면 주어 자리에 의문대명사를 넣고, 목적어를 묻고 싶으면 목적어 자리에 의문대명사를 넣어 의문문을 만들 수 있다.

- **谁是那部电影的主演?** 누가 저 영화의 주인공이야? ▶주어
  Shéi shì nà bù diànyǐng de zhǔyǎn?

- **你喜欢看什么电影?** 어떤 영화 보는 것을 좋아해요? ▶관형어
  Nǐ xǐhuan kàn shénme diànyǐng?

- **你住在哪儿?** 어디 사세요? ▶목적어
  Nǐ zhù zài nǎr?

- **你平时怎么来学校?** 너는 평소에 학교에 어떻게 오니? ▶부사어
  Nǐ píngshí zěnme lái xuéxiào?

- **那里的天气怎么样?** 그곳의 날씨는 어때요? ▶술어
  Nàlǐ de tiānqì zěnmeyàng?

3 의문대명사의 강조 용법

❶ 의문대명사 뒤에 '都'나 '也'를 써서 '누구든지' '무엇이든' '어디든지'의 뜻으로, 예외 없는 모든 것을 나타낸다. 이때는 의문의 뜻이 아니라 강조의 어기를 나타내므로, 문장 끝에 물음표를 붙이지 않는다.

- **这道菜谁都不喜欢。** 이 요리는 누구도 좋아하지 않는다.
  Zhè dào cài shéi dōu bù xǐhuan.

- **来这儿半年了，我还哪儿都没去过呢!**
  Lái zhèr bàn nián le, wǒ hái nǎr dōu méi qù guo ne!
  이곳에 온 지 반년이 되었지만, 나는 아직 아무 데도 가 본 적 없어!

❷ '의문대명사+就+의문대명사'의 형식으로, 문장 앞뒤에 동일한 의문대명사를 써서 동일한 무언가를 나타낸다. 앞의 의문대명사가 뒤에 있는 의문대명사의 범위를 결정한다. 역시 의문문이 아니므로 문장 끝에 물음표를 붙이지 않는다.

- **你想吃什么，就吃什么吧。** 네가 먹고 싶은 거 먹자.
  Nǐ xiǎng chī shénme, jiù chī shénme ba.

- **你什么时候愿意来，就什么时候来。** 당신이 오고 싶을 때 오세요.
  Nǐ shénme shíhou yuànyì lái, jiù shénme shíhou lái.

主演 zhǔyǎn 주연, 주인공 | 愿意 yuànyì 바라다, 희망하다

❸ 반어문을 만들어 강조의 어기를 나타낸다.

■ **世界上哪有这样的好事?** 세상에 이렇게 좋은 일이 어디 있을까?
Shìjiè shang nǎ yǒu zhèyàng de hǎoshì?

■ **谁说我不想去?** 내가 안 가고 싶다고 누가 그래요?
Shéi shuō wǒ bù xiǎng qù?

☑ mini test

빈칸에 알맞은 의문대명사를 넣어 문장을 완성해 보세요.

① 刚才跟你说话的那个人是_____?
방금 당신과 얘기한 저 사람은 누구예요?

② _____有像父母一样爱我的人呢?
부모님처럼 나를 사랑해 주는 사람이 어디 있을까?

정답
① 谁
② 哪

世界 shìjiè 세계, 세상 | 好事 hǎoshì 좋은 일 | 像 xiàng ～와 같다 | 父母 fùmǔ 부모

Chapter 확인문제

1 다음 문장에서 틀린 부분을 바르게 고쳐 보세요.

1. 今年我是二十岁。

   ⇨ _____

2. 我有很多中国朋友们。

   ⇨ _____

3. 我睡觉晚上11点。

   ⇨ _____

4. 我们吃饭在学生食堂。

   ⇨ _____

풀이 Tip

3. 睡觉 shuìjiào (잠을) 자다
4. 食堂 shítáng 구내 식당

2 보기에서 알맞은 방위명사를 골라 빈칸에 넣어 보세요.

보기 ┃ 下　里　前面　上

1. 手机在包_____。

2. 书桌_____有很多书。

3. 小猫在桌子_____睡觉。

4. 我家_____有一个公园。

풀이 Tip

2. 书桌 shūzhuō 책상
3. 小猫 xiǎo māo 고양이
4. 公园 gōngyuán 공원

HSK 실전문제

1 빈칸에 들어갈 알맞은 표현을 고르세요.

1. 昨天晚上我学习了两个_____。

   A 时间　　　B 点　　　　C 分钟　　　D 小时

2. 我想提高我的汉语_____。

   A 能力　　　B 技术　　　C 水平　　　D 说话

3. 手机在桌子_____。

   A 里　　　　B 上　　　　C 外　　　　D 中

4. 朋友_____要互相关心、互相理解。

   A 之中　　　B 之内　　　C 之间　　　D 之外

5. 这里的炒年糕_____好吃，我们再点一份吧。

   A 这些　　　B 怎么　　　C 这么　　　D 这里

6. 你想买_____款式的大衣？我们这儿什么款式都有。

   A 哪种　　　B 哪些　　　C 什么　　　D 怎么

7. _____题都很难。

   A 这个　　　B 这些　　　C 这些个　　　D 这些几个

8. 我又忘记带手机了，哎，最近我常_____。

   A 这么　　　B 那么　　　C 这样　　　D 怎么样

풀이 Tip

4. 互相 hùxiāng 서로
   关心 guānxīn
   관심을 갖다
5. 点 diǎn 주문하다
6. 款式 kuǎnshì
   양식, 스타일, 디자인
8. 忘记 wàngjì 잊어버리다
   带 dài 휴대하다

품사 분류 (2)

수사	양사
정수, 소수, 분수	명량사
서수	동량사
어림수	

Chapter

03

수사, 양사

수사와 양사를 합쳐서 '수량사'라고
한다. '한 권의 책'에서 '한 권'은 '한'
이라는 수사와 '권'이라는 양사가 결
합된 수량사이다. 이번 장에서는 문장
에서 주로 관형어, 보어, 부사어, 술어
로 활용되는 수사, 양사에 대해 살펴
보기로 하자.

동영상 강의   예문 MP3

▷ 수사

▷ 양사

1 수사

🎧 03-01

수사는 사물의 수량이나 순서를 나타내는 품사이다. 수사는 숫자의 크고 작음을 표시하는 기수(정수, 소수, 분수), 순서를 나타내는 서수, 불확실하거나 대략적인 수를 나타내는 어림수로 나뉜다.

1 정수

숫자	零 líng 0 │ 一 yī 1 │ 二 èr 2 │ 三 sān 3 │ 四 sì 4 │ 五 wǔ 5 │ 六 liù 6 │ 七 qī 7 │ 八 bā 8 │ 九 jiǔ 9 │ 十 shí 10
단위	十 shí 십 │ 百 bǎi 백 │ 千 qiān 천 │ 万 wàn 만 │ 亿 yì 억

1 100 이상의 숫자에서 중간에 '0'이 있을 경우, '0'이 몇 개든지 한 번만 읽으면 된다. 마지막 자리가 '0'인 경우에는 읽지 않아도 된다.

- 608 六百零八 liùbǎi líng bā

- 10005 一万零五 yíwàn líng wǔ

- 520 五百二(十) wǔbǎi èr(shí)

- 3650 三千六百五十 sānqiān liùbǎi wǔshí

  ⇨ 608은 '리우바이빠'가 아니라 가운데 0을 살려서 '리우바이링빠'라고 읽는다. 520은 '우바이얼스' 또는 마지막 자리의 0을 생략해 '우바이얼'이라고 읽는다.

2 100 이상의 숫자를 읽을 때는 '一'를 반드시 읽어 준다.

- 119 一百一十九 yìbǎi yìshíjiǔ

- 1118 一千一百一十八 yìqiān yìbǎi yìshíbā

3 전화번호나 방 호수를 말할 때는 단위는 읽지 않고 숫자만 나열하여 읽는다. 이때 숫자 '一'는 '七'와 발음이 비슷하기 때문에, 명확히 구분하기 위하여 'yāo'로 읽는다.

- 010-802-3615 零一零八零二三六一五 líng yāo líng bā líng èr sān liù yāo wǔ

- 418호 룸 四一八号房间 sì yāo bā hào fángjiān

4 년도는 연속되는 숫자로 읽는 것이 일반적이다. 중간에 숫자 0이 두 개 나오면 두 개의 0을 모두 읽어야 한다. 년도를 읽을 때 숫자 '一'는 원래의 발음인 'yī'로 읽어야 한다.

- 2001년 **二零零一年** èr líng líng yī nián
- 2019년 **二零一九年** èr líng yī jiǔ nián
- 2021년 **二零二一年** èr líng èr yī nián

Tip Tip 신장(키) 읽는 법
- 171cm **一米七一** yī mǐ qī yī
- 180cm **一米八** yī mǐ bā

☑ mini test

중국어를 소리 내어 읽고 숫자로 써 보세요.

① 六百八
② 一千零一

정답
① 680
② 1001

年 nián 해, 년 | 米 mǐ 미터(meter)

2 서수

1 서수는 첫째, 둘째, 첫 번째, 두 번째처럼 '순서'를 나타내는 수사로, 일반적으로 정수 앞에 '第(dì)' '老(lǎo)' '初(chū)' 등을 붙여서 나타낸다.

- 第一 dì-yī 첫 번째
- 老大 lǎodà 맏이, 첫째
- 第十课 dì shí kè 제10과
- 初一 chūyī 음력 초하루

⇨ 영어의 경우 서수는 기수와 완전히 달라서 따로 암기해야 한다. 즉 one-first, two-second, three-third 등이다. 하지만 중국어는 숫자 앞에 第를 붙이면 대부분 서수가 되기 때문에 훨씬 쉽다.

2 '숫자+명사'의 형식으로도 다양한 서수를 표현할 수 있다.

- 一班 yī bān 1반
- 三楼 sān lóu 3층

3 소수, 분수, 백분율

1 소수점은 '点'으로 읽는다. 이때 소수점 앞자리는 정수처럼 읽고, 뒷자리는 숫자만 읽는다.

- 20.7 二十点七 èrshí diǎn qī
- 618.93 六百一十八点九三 liùbǎi yìshíbā diǎn jiǔ sān

2 분수는 'A分之B (A분의 B)'라고 읽고, 백분율은 '百分之A'라고 읽는다.

- $\frac{2}{3}$ 三分之二 sān fēnzhī èr
- 20% 百分之二十 bǎi fēnzhī èrshí
- $\frac{3}{10}$ 十分之三 shí fēnzhī sān
- 90% 百分之九十 bǎi fēnzhī jiǔshí

☑ mini test

주어진 숫자를 중국어로 말해 보세요.

① 35.3535
② 100%

정답
① 三十五点三五三五
② 百分之百

第 dì 제 [수사 앞에 쓰여 차례나 순서를 나타냄] | 老 lǎo [大, 二, 三 등의 앞에 쓰여 형제자매의 서열을 나타냄] | 初 chū 첫 번째의 | 班 bān 반 | 楼 lóu 층 | 点 diǎn (소수의) 점 | 百分之 bǎi fēnzhī 퍼센트

4 숫자 2를 나타내는 '二'과 '两'의 용법

숫자 2는 경우에 따라 '二'을 쓸 때가 있고, '两'을 쓸 때가 있으므로 주의해야 한다.

1 서수, 소수, 분수에서는 모두 '二'을 쓴다.

- 第二 dì'èr 제2, 두 번째
- 第十二 dì shí'èr 열두 번째
- 十二点二 shí'èr diǎn èr 12.2
- 五分之二 wǔ fēnzhī èr $\frac{2}{5}$

2 연속되는 숫자에서 십의 자리 이하는 모두 '二'을 쓰고, 백의 자리에 오는 숫자 2는 '二'과 '两'을 모두 써도 된다. 천 단위 이상의 숫자에서는 일반적으로 '两'을 쓴다.

- 22 二十二 èrshí'èr
- 102 一百零二 yìbǎi líng èr
- 200 二百/两百 èrbǎi / liǎngbǎi
- 202 二百零二/两百零二 èrbǎi líng èr / liǎngbǎi líng èr
- 2,000 两千 liǎngqiān
- 20,000 两万 liǎngwàn
- 2,020,000 两百零二万 liǎngbǎi líng èrwàn
- 2,200,000 两百二十万 liǎngbǎi èrshíwàn

  ⇨ 위 예문에서 2,020,000은 两百零二+万이고 2,200,000은 两百二十+万으로 구분하여 읽기 때문에, 두 번째 2는 两이 아니라 二로 읽는다.

3 양사나 양사가 필요 없는 명사 앞에서는 '两'을 쓴다.

- 两个人 liǎng ge rén 두 사람
- 两个月 liǎng ge yuè 두 달
- 两件衣服 liǎng jiàn yīfu 옷 두 벌
- 两天 liǎngtiān 이틀

수사 '一'를 중첩하면 '하나하나, 일일이'라는 의미가 된다.

- 大家已经认识了，我就不一一介绍了。
  Dàjiā yǐjīng rènshi le, wǒ jiù bù yīyī jièshào le.
  모두 이미 아는 사이이니, 제가 일일이 소개하지 않겠습니다.

어림수는 대략적인 수를 말하며, 중국어에서 어림수를 표현하는 방식은 몇 가지가 있다.

1 한국어의 '두서넛'처럼 연속되는 숫자 두 개를 붙여 써서 어림수를 표현한다. 단 '九'와 '十'는 붙여 쓸 수 없다.

■ **我能吃两三个苹果。** 나는 사과를 두세 개 먹을 수 있다.
Wǒ néng chī liǎng sān ge píngguǒ.

■ **我有七八件黑色T恤。** 나는 검은색 티셔츠가 일고여덟 벌 있다.
Wǒ yǒu qī bā jiàn hēisè Txù.

2 '几'나 '两'을 써서 어림수를 표현한다.

■ **我们学校有几百个中国留学生。** 우리 학교에는 수백 명의 중국 유학생이 있다.
Wǒmen xuéxiào yǒu jǐ bǎi ge Zhōngguó liúxuéshēng.

■ **别担心，她过两天就会好的。**
Bié dānxīn, tā guò liǎngtiān jiù huì hǎo de.
걱정하지 마세요. 그녀는 며칠 지나면 좋아질 거예요.

⇨ 여기서 两天은 정확히 이틀이 아니라 가까운 시일을 의미한다. 한국어에서 '내일모레가 시험이야.'라고 하는 것과 비슷하다.

3 '大概' '大约'와 같은 부사를 쓰거나 '左右'를 숫자 뒤에 붙여서 어림수를 나타낸다. 경우에 따라서는 '大概' 혹은 '大约'와 '左右'를 같이 쓰기도 한다.

■ **大概二十分钟** 대략 20분 정도
dàgài èrshí fēnzhōng

■ **大约三十岁** 서른 살쯤
dàyuē sānshí suì

■ **四天左右** 나흘 정도
sì tiān zuǒyòu

■ **三十岁左右** 서른 살 내외
sānshí suì zuǒyòu

■ **走路大概二十分钟左右。** 걸어서 20분 정도 걸린다.
Zǒulù dàgài èrshí fēnzhōng zuǒyòu.

■ **她大约三十岁左右。** 그녀는 대략 서른 살쯤 되었다.
Tā dàyuē sānshí suì zuǒyòu

黑色 hēisè 검은색 | T恤 Txù 티셔츠(T-shirts) | 留学生 liúxuéshēng 유학생 | 担心 dānxīn 걱정하다 | 大概 dàgài 아마도, 대체로 | 大约 dàyuē 대략, 대강 | 左右 zuǒyòu 가량, 내외 | 前后 qiánhòu 전후, 경, 쯤

4 나이, 무게 등을 어림수로 나타낼 때는 뒤에 '上下'도 쓸 수 있다.

- **她大约三十岁上下。** 그녀는 대략 서른 살 안팎이다.
  Tā dàyuē sānshí suì shàngxià.

- **他经常锻炼，所以他的体重常在七十公斤上下。**
  Tā jīngcháng duànliàn, suǒyǐ tā de tǐzhòng cháng zài qīshí gōngjīn shàngxià.
  그는 늘 운동을 해서 그의 체중은 항상 70킬로그램 정도이다.

5 '前后'는 주로 명절, 기념일 등 시점을 나타내는 명사 뒤에서 어림수를 나타낸다.

- **他中秋节前后会回来。** 그는 중치우제 전후에 돌아올 것이다.
  Tā Zhōngqiūjié qiánhòu huì huílái.

- **除夕前后，家家都很热闹。** 섣달 그믐날 전후로 집집마다 시끌벅적하다.
  Chúxī qiánhòu, jiājiā dōu hěn rènao.

6 수량사 뒤에 쓰여 '多'를 써서 '~여, 남짓'의 의미로, 그 수를 초과하는 대략적인 숫자를 나타낸다.

❶ 1~9로 끝나는 숫자는 '수사+양사+多+(명사)'의 형식으로 쓴다.

❷ 10이상이면서 '0'으로 끝나는 숫자는 '수사+多+양사+(명사)'의 형식으로 쓴다.

- **三斤多** sān jīn duō 세 근 남짓

- **一个多小时** yí ge duō xiǎoishí 한 시간 여

- **十多个小时** shí duō ge xiǎoshí 열몇 시간

- **六十多岁** liùshí duō suì 60여 세

7 '来'는 '가량, 정도'의 뜻으로, '十' '百' '千' '万' 등의 뒤에 붙어서 어림수를 나타내며, 그 숫자 보다 약간 적은 수임을 표현한다.

- **五十来公斤** 50kg 정도
  wǔshí lái gōngjīn

- **十来年** 10년 정도
  shí lái nián

- **十来个人** 열 명 남짓
  shí lái ge rén

- **两百来公里** 200km 정도
  liǎngbǎi lái gōnglǐ

- **二十来天** 20일 정도
  èrshí lái tiān

- **二十来个国家** 20개 정도 국가
  èrshí lái ge guójiā

体重 tǐzhòng 체중 | 公斤 gōngjīn 킬로그램 | 上下 shàngxià 내외, 쯤, 가량 | 锻炼 duànliàn 단련하다 | 体重 tǐzhòng 체중 |
中秋节 Zhōngqiūjié 중치우제, 중추절 | 除夕 Chúxī 섣달 그믐날 | 公里 gōnglǐ 킬로미터

- **一千来台电脑** 천 대 정도의 컴퓨터
  yìqiān lái tái diànnǎo

- **一万来辆车** 1만 대 정도의 차
  yíwàn lái liàng chē

시간사 '小时'와 '月'는 '来'와 결합하여 어림수를 나타내는데, 이때는 양사 '个'를 써야 하며, 정수에 따라 위치가 변한다.

- **六个来月** 6개월 정도 ▶1~9의 숫자: 수사+양사+来+小时/月
  liù ge lái yuè

- **十来个小时** 열 시간쯤 ▶10 이상의 수: 수사+来+양사+小时/月
  shí lái ge xiǎoshí

8 '把'는 '쯤, 정도, 가량'의 뜻으로, '百' '千' '万' 등의 수사와 '里' '个' '块' '斤' 등 일부의 양사와만 결합한다. '把' 앞에는 '百' '千' '万' 외에 다른 수사는 쓸 수 없다.

- **百把个人** bǎi bǎ ge rén 백 명 정도의 사람 ▶一百来个人

- **千把块钱** qiān bǎ kuàiqián 천 위안 남짓의 돈 ▶一千来块钱

- **个把星期** gè bǎ xīngqī 일주일 남짓 ▶一个来星期
  ⇨ 把 앞의 百, 千, 万 앞에는 구체적인 숫자가 올 수 없지만, 来 앞의 百, 千, 万 앞에는 구체적인 숫자가 와야 한다.

Tip Tip 배수는 '숫자+倍'의 형식으로 표현한다.

两倍 liǎng bèi 두 배 | **十倍** shí bèi 열 배

☑ **mini test**

밑줄 친 부분에 주의해서 문장을 해석해 보세요.

① 电影院里有<u>几百</u>名观众。
② 坐公交车需要30分钟<u>左右</u>。

정답
① 영화관에는 수백 명의 관객이 있다.
② 버스를 타면 30분 정도 걸린다.

倍 bèi 배, 곱절 | 观众 guānzhòng 관중, 관객 | 需要 xūyào 요구되다, 필요로 하다

2 양사

🎧 03-02

중국어의 양사는 명사를 세는 '명량사'와 동작의 횟수를 세는 '동량사'로 나뉜다.
중국어 양사는 우리말과 어순이 다르고, 양사의 수도 훨씬 많다. 또한 한국어에서
양사는 생략되는 경우가 많지만, 중국어에서는 반드시 양사를 써야 하는
경우가 많기 때문에 잘 알아야 한다.

1 명량사

명량사는 사람이나 사물의 수량을 세는 단위이다. 단독으로 쓰이지 않고, 일반적으로 '수사+양사'의 구조로 명사를 수식하며 문장에서 관형어의 역할을 한다.

명량사는 다시 개체양사, 집합양사, 부정(不定)양사, 차용(借用)양사로 구분할 수 있다.

1 개체양사

중국어에서 하나하나 셀 수 있는 명사의 앞에는 일반적으로 모두 양사를 사용한다. 이때, 명사마다 정해진 양사를 써야 하는데, 자주 사용되는 개체양사는 아래와 같다.

개체양사	용법	함께 쓰는 명사
把 bǎ	손잡이나 자루가 있는 물건 [자루]	椅子 yǐzi 의자 | 刀 dāo 칼 | 雨伞 yǔsǎn 우산
本 běn	서적류 [권]	书 shū 책 | 词典 cídiǎn 사전 | 小说 xiǎoshuō 소설
部 bù	영화, 서적류 [편]	电影 diànyǐng 책 | 小说 xiǎoshuō 소설
个 ge	사람이나 대부분의 사물 [개]	人 rén 사람 | 房间 fángjiān 집 | 问题 wèntí 문제
家 jiā	기업, 식당, 가게	公司 gōngsī 회사 | 饭店 fàndiàn 식당 | 银行 yínháng 은행
间 jiān	방이나 집 [칸]	房子 fángzi 집 | 客房 kèfáng 객실 | 屋子 wūzi 방
件 jiàn	의류, 가구, 일 [건, 개]	衣服 yīfu 옷 | 事情 shìqing 일 | 行李 xíngli 짐
块 kuài	덩어리로 된 물건 [조각]	钱 qián 돈 | 糖 táng 사탕 | 面包 miànbāo 식빵
辆 liàng	차량 [대]	汽车 qìchē 차 | 自行车 zìxíngchē 자전거 摩托车 mótuōchē 오토바이
首 shǒu	시나 노래 [수]	歌 gē 노래 | 诗 shī 시

台 tái	기계 [대]	电视 diànshì 텔레비전 | 电脑 diànnǎo 컴퓨터 | 洗衣机 xǐyījī 세탁기
条 tiáo	가늘고 구부릴 수 있는 것	裤子 kùzi 바지 | 裙子 qúnzi 치마 | 路 lù 길
张 zhāng	평면으로 넓게 펼쳐진 것	纸 zhǐ 종이 | 照片 zhàopiàn 사진 | 桌子 zhuōzi 탁자
只 zhī	강아지, 고양이, 닭, 새 등 동물 [마리]	狗 gǒu 개 | 鸡 jī 닭

2 집합양사

두 개 이상의 개체가 모여 쌍을 이루거나 집합의 의미가 있는 사람이나 사물을 나타낼 때 집합양사를 사용한다. 자주 사용되는 집합양사와 명사의 결합을 예로 들면 다음과 같다.

집합양사	용법	함께 쓰는 명사
对 duì	짝을 이룬 사람이나 물건 [쌍]	夫妻 fūqī 부부 | 恋人 liànrén 연인
副 fù	짝을 이루거나 조를 이루는 물건 [조]	手套 shǒutào 장갑 | 眼镜 yǎnjìng 안경
批 pī	많은 수량의 사람이나 물건 [무더기, 무리]	产品 chǎnpǐn 상품 | 客人 kèrén 손님 | 货 huò 화물
群 qún	떼를 이룬 사람이나 동물 [무리]	人 rén 사람 | 学生 xuéshēng 학생 | 羊 yáng 양
双 shuāng	짝을 지어 사용하는 물건 [쌍]	鞋 xié 신발 | 手套 shǒutào 장갑
套 tào	세트로 되어 있는 물건 [벌, 세트]	房子 fángzi 집 | 西装 xīzhuāng 양복 | 茶具 chájù 다구

명량사 앞의 숫자가 '一'인 경우에는, 자주 '一'를 생략한다.

■ **我们一起照(一)张照片吧。** 우리 같이 사진 한 장 찍어요.
Wǒmen yìqǐ zhào (yì) zhāng zhàopiàn ba.

■ **我买了(一)件衣服。** 나는 옷을 한 벌 샀어요.
Wǒ mǎi le (yí) jiàn yīfu.

3 부정(不定)양사

부정양사란 정해지지 않은 수량을 세는 양사이다. 자주 쓰이는 부정양사에는 '点儿' '些'가 있다. 앞에 숫자 '一'만 올 수 있으나 역시 생략할 수도 있다.

■ **我想去超市买(一)点儿零食。** 나는 슈퍼마켓에 가서 간식을 좀 사려고 해요.
Wǒ xiǎng qù chāoshì mǎi (yì)diǎnr língshí.

■ 外面很冷，你要多穿(一)些衣服。　밖이 추우니 너는 옷을 좀 많이 입어야 해.
Wàimiàn hěn lěng, nǐ yào duō chuān (yì)xiē yīfu.

■ 天气暖和(一)点儿了。 / 天气暖和(一)些了。　날씨가 조금 따뜻해졌어요.
Tiānqì nuǎnhuo (yì)diǎnr le. /　Tiānqì nuǎnhuo (yì)xiē le.

4 차용(借用)양사

원래는 명사이나 임의로 양사 역할을 하는 것을 차용양사라고 한다. 주로 '용기(容器)'와 관련된 명사들이 자주 양사로 쓰인다.

■ 一杯咖啡 yì bēi kāfēi 커피 한 잔

■ 一碗饭 yì wǎn fàn 밥 한 그릇

■ 一桌菜 yì zhuō cài 요리 한 상

■ 一箱水果 yì xiāng shuǐguǒ 과일 한 상자

■ 一盒巧克力 yì hé qiǎokèlì 초콜릿 한 상자

길이, 면적, 용량, 무게 등을 재는 각종 단위들도 양사에 포함된다.

五公里 wǔ gōnglǐ 5킬로미터(㎞)
十平方米 shí píngfāngmǐ 10평방미터(㎡)
一百克糖 yìbǎi kè táng 설탕 100그램(g)
十公斤大米 shí gōngjīn dàmǐ 쌀 10킬로그램(kg)

☑ mini test

빈칸에 알맞은 양사를 넣어 문장을 완성해 보세요.

① 我想买一_____白色的围巾。
나는 흰색 스카프를 하나 사고 싶다.

② 妈妈给我做了一_____好吃的菜。
엄마는 나에게 맛있는 요리를 한 상 차려 주셨다.

정답 ① 条 ② 桌

零食 língshí 간식 | 穿 chuān 입다 | 暖和 nuǎnhuo 따뜻하다 | 杯 bēi 잔 | 碗 wǎn 공기, 그릇 | 桌 zhuō 상 [요리상의 수를 세는 양사] | 箱 xiāng 상자 | 盒 hé 박스, 갑 | 巧克力 qiǎokèlì 초콜릿 | 公里 gōnglǐ 킬로미터 | 平方米 píngfāngmǐ 제곱미터, 평방미터 | 克 kè 그램

동작이나 행위의 양을 나타내는 양사를 동량사라고 하며, 자주 쓰이는 동량사는 아래와 같다.

1 次, 趟, 遍

주로 동사 뒤에서 동작이나 행위의 횟수를 나타내는 동량보어로 쓰인다. 대부분의 동량사는 한국어에서는 '~번'으로 해석되지만, 중국어에서는 구분해서 사용되므로 주의가 필요하다.

❶ 次: 동작의 횟수를 나타내며, 가장 자주 쓰이는 동량사이다.

■ **我谈过三次恋爱。** 나는 연애를 세 번 해 봤다.
Wǒ tán guo sān cì liàn'ài.

■ **我去过两次济州岛。** 나는 제주도에 두 번 가 본 적이 있다.
Wǒ qù guo liǎng cì Jìzhōudǎo.

■ **我们见过一次面。** 우리는 한 번 만난 적이 있다.
Wǒmen jiàn guo yí cì miàn.

❷ 趟: 어떤 지점까지 갔다가 돌아온 횟수를 나타낸다. 즉 왕복한 횟수를 말한다.

■ **上个周末我去了一趟釜山。** 지난 주말에 나는 부산에 한 번 다녀왔다.
Shàng ge zhōumò wǒ qù le yí tàng Fǔshān.

■ **这个周末我想去一趟济州岛。** 이번 주말에 나는 제주도에 한 번 다녀오려고 한다.
Zhè ge zhōumò wǒ xiǎng qù yí tàng Jìzhōudǎo.

❸ 遍: 처음부터 끝까지의 전 과정이 몇 번 반복하는가를 나타낸다. 이때 목적어는 '电影' '课文' '生词' '录音'처럼 정해진 범위가 있는 것들이 쓰인다.

■ **那部电影我看了很多遍。** 나는 그 영화를 여러 번 봤다.
Nà bù diànyǐng wǒ kàn le hěn duō biàn.

■ **这篇课文很长，多读几遍。**
Zhè piān kèwén hěn cháng, duō dú jǐ biàn.
이 본문은 매우 기니, (처음부터 끝까지) 몇 번 더 읽으세요.

谈恋爱 tán liàn'ài 연애하다 │ 济州岛 Jìzhōudǎo 제주도

비교 遍 vs 次

- **那部电影我看了两遍。** 나는 그 영화를 두 번 봤다.
  Nà bù diànyǐng wǒ kàn le liǎng biàn.

  ⇨ '처음부터 끝까지' 두 번 봤음을 나타냄

- **那部电影我看了两次，都没看完。**
  Nà bù diànyǐng wǒ kàn le liǎng cì, dōu méi kàn wán.
  나는 그 영화를 두 번 보았지만, 다 보지 못했다.

  ⇨ '두 번'이라는 동작의 횟수는 변함없지만, '처음부터 끝까지'라는 의미는 없음

2 下

❶ 진동이나 두드림을 나타내는 동사에 쓰인다.

- **手机突然震动了几下。** 핸드폰이 갑자기 몇 번 진동했다.
  Shǒujī tūrán zhèndòng le jǐ xià.

- **我敲了几下门，但没人给我开门。**
  Wǒ qiāo le jǐ xià mén, dàn méi rén gěi wǒ kāi mén.
  나는 문을 몇 번 두드렸지만 아무도 문을 열어주지 않았다.

❷ 동작의 진행 시간이 짧음을 나타낸다.

- **这双鞋，我可以试一下吗？** 이 신발, 제가 한번 신어 봐도 될까요?
  Zhè shuāng xié, wǒ kěyǐ shì yíxià ma?

- **你等一下，我马上就到。** 잠시만 기다려, 나 곧 도착해.
  Nǐ děng yíxià, wǒ mǎshàng jiù dào.

3 顿

❶ '먹는다'는 뜻의 동사 뒤에서 구체적인 횟수를 나타낸다.

- **今天中午我大吃了一顿。** 오늘 점심에 나는 한 끼를 실컷 먹었다.
  Jīntiān zhōngwǔ wǒ dà chī le yí dùn.

- **最近我在减肥，每天只吃两顿。**
  Zuìjìn wǒ zài jiǎnféi, měitiān zhǐ chī liǎng dùn.
  요즘 난 다이어트 중이라, 매일 두 끼만 먹어요.

震动 zhèndòng 진동하다, 울리다 | 敲 qiāo 두드리다 | 鞋 xié 신발 | 马上 mǎshàng 곧, 즉시 | 减肥 jiǎnféi 다이어트하다

❷ '가르치다, 혼내다'라는 뜻의 동사 뒤에서 동작이 비교적 크거나 세다는 의미를 나타낸다.

■ **妈妈骂了我一顿。** 어머니께서 나를 한바탕 꾸짖으셨다.
　Māma mà le wǒ yí dùn.

■ **我被老师批评了一顿。** 나는 선생님께 한바탕 꾸중을 들었다.
　Wǒ bèi lǎoshī pīpíng le yí dùn.

4 차용(借用)동량사

사람의 인체 기관이나 동작에 필요한 도구를 빌려 양사로 사용하는데, 이때 양사 역할을 하는 명사를 차용동량사라고 한다.

■ **我看了她一眼。** ▶眼: 눈으로 보는 횟수를 나타냄
　Wǒ kàn le tā yì yǎn.
　나는 그녀를 한 번 보았다.

■ **她踢了我一脚。** ▶脚: 발로 하는 동작의 횟수를 나타냄
　Tā tī le wǒ yì jiǎo.
　그녀는 나를 한 발 걷어찼다.

■ **她打了我一巴掌。** ▶巴掌: 손바닥으로 치는 동작의 횟수를 나타냄
　Tā dǎ le wǒ yì bāzhang.
　그녀는 내 뺨을 한 대 때렸다.

■ **太大了，再切几刀。** ▶刀: 칼을 쓰는 동작의 횟수를 나타냄
　Tài dà le, zài qiē jǐ dāo.
　너무 커요. 몇 번 더 자르세요.

　⇨ 위 예문에서 眼, 脚, 巴掌, 刀는 모두 명사나 문장에서 동량사로 쓰였다.

☑ mini test

빈칸에 알맞은 양사를 넣어 문장을 완성해 보세요.

① 那首歌我听了很多_____。
　그 노래를 나는 여러 번 들었어요.

② 我可以用一_____你的手机吗？
　제가 당신의 핸드폰을 좀 써도 될까요?

정답
① 遍
② 下

批评 pīpíng 비평하다, 꾸짖다 | 巴掌 bāzhang 손바닥, 대, 차례 | 切 qiē 자르다, 썰다

1 일부 양사는 중첩하여 쓸 수 있는데, 양사를 중첩하면 '모두' '전부'라는 뜻으로, 예외 없는 모두를 가리킨다.

■ 我有很多衣服，件件都很漂亮。 나는 옷이 많은데, 모두 다 예뻐요.
　Wǒ yǒu hěn duō yīfu, jiànjiàn dōu hěn piàoliang.

■ 我们班的学生个个都很努力。 우리 반 학생은 하나같이 매우 열심히 합니다.
　Wǒmen bān de xuésheng gègè dōu hěn nǔlì.

■ 他们运气很好，次次都赢。 그들은 운이 좋아서, 매번 이겼다.
　Tāmen yùnqì hěn hǎo, cìcì dōu yíng.

2 또한 '一+양사+양사'의 형식으로 중첩해서 '하나하나 모두' 혹은 '아주 많음'을 나타내거나 '하나하나'씩 이루어지는 동작의 방식을 묘사한다.

■ 这家咖啡厅有很多小猫，一只只都非常可爱。
　Zhè jiā kāfēitīng yǒu hěn duō xiǎo māo, yìzhīzhī dōu fēicháng kě'ài.
　이 카페에는 고양이가 많은데, 한 마리 한 마리가 모두 매우 귀엽다.

■ 我们班的学生一个个都非常可爱、非常活泼，学习也很认真。
　Wǒmen bān de xuésheng yígègè fēicháng kě'ài、fēicháng huópō, xuéxí yě hěn rènzhēn.
　우리 반 학생들은 하나같이 매우 귀엽고 활발하고 공부도 열심히 한다.

■ 通过一次次的努力，我终于成功了。
　Tōngguò yícìcì de nǔlì, wǒ zhōngyú chénggōng le.
　끊임없는 노력으로 나는 마침내 성공했다.

运气 yùnqì 운수 ｜ 赢 yíng 이기다 ｜ 成功 chénggōng 성공하다 ｜ 活泼 huópō 활발하다

1 다음 문장을 숫자에 주의하여 읽어 보세요.

1. 我1.60米，他1.82米。

2. 他出生于2001年4月10日。

3. 2022年5月20日是我们学校125周年纪念日。

4. 郭老师的电话号码是010-456-7809，研究室是513号。

풀이 Tip
2. 出生 chūshēng 출생하다
3. 周年 zhōunián 주년
    纪念日 jìniànrì 기념일
4. 号码 hàomǎ 번호
    研究室 yánjiūshì 연구실
    号 hào 호

2 보기에서 알맞은 양사를 골라 괄호 안에 넣어 보세요.

보기 | 张 顿 瓶 首 件 杯 只 斤
     把 个 双 辆 条 副 套

풀이 Tip
5. T恤 Txù 티셔츠
6. 雨伞 yǔsǎn 우산
10. 鞋 xié 신발
11. 眼镜 yǎnjìng 안경
12. 西服 xīfú 양복
14. 红酒 hóngjiǔ 포도주

1. 一（　　）车

2. 一（　　）照片

3. 一（　　）裙子

4. 一（　　）饭

5. 一（　　）T恤

6. 一（　　）雨伞

7. 一（　　）肉

8. 一（　　）咖啡

9. 一（　　）小狗

10. 一（　　）鞋

11. 一（　　）眼镜

12. 一（　　）西服

13. 一（　　）歌

14. 一（　　）红酒

15. 一（　　）房间

1 빈칸에 들어갈 알맞은 표현을 고르세요.

1. 他大概二十五_____。

   A 东西　　　B 左右　　　C 前后　　　D 来去

2. 我学了_____汉语了。

   A 二年　　　B 二个年　　　C 两年　　　D 两个年

3. 你们是第一次见面，我来为大家_____介绍一下。

   A 一个　　　B 一一　　　C 两两　　　D 两个

4. 中文系学生不多，一共才百_____个学生。

   A 把　　　B 多　　　C 少　　　D 几

5. 老师请我们到她家去吃饭，准备了一_____好吃的菜。

   A 桌　　　B 顿　　　C 个　　　D 一点儿

6. 这本书太有意思了，我看了两_____。

   A 下　　　B 趟　　　C 顿　　　D 遍

7. 我打了她_____。

   A 一脚　　　B 一眼　　　C 一刀　　　D 一巴掌

8. 她学习很努力，_____都拿奖学金。

   A 一年　　　B 年年　　　C 一个年　　　D 每个年

풀이 Tip

1. 大概 dàgài 대략, 대체로
4. 中文系 Zhōngwénxì 중문과
7. 打 dǎ 때리다
8. 奖学金 jiǎngxuéjīn 장학금

품사 분류 (3)

형용사	동사	조동사
성질형용사	타동사	능력, 가능
상태형용사	자동사	허락, 의무
		바람, 희망

Chapter

04

형용사, 동사, 조동사

형용사는 사람이나 사물의 성질이나 상태를 나타내고, 동사는 사람이나 사물의 동작이나 작용을 나타낸다. 조동사는 동사 앞에 놓여서 능력이나 추측, 의무, 의지 등 부가적인 의미를 나타내는데, 능력이나 바람을 나타낸다는 뜻에서 능원동사(能源动词)라고도 한다.

한 언어에서 모든 품사는 중요하고 정해진 역할을 수행하지만, 특히 형용사와 동사는 문장에서 가장 핵심적인 역할을 하기 때문에 용법을 정확히 알아야 한다.

▶ 형용사

▶ 동사

▶ 조동사

동영상 강의

예문 MP3

형용사

🎧 04-01

형용사는 사람이나 사물의 모습, 성질 혹은 동작·행위의 상태를 설명하며, 문장에서 주로 술어로 쓰이지만 관형어나 부사어, 보어로도 활용된다.

1 형용사의 분류

형용사는 일반적으로 성질형용사와 상태형용사로 구분한다.

1 성질형용사는 사람이나 사물의 '모습'이나 '성질'을 나타낸다. 정도부사의 수식을 받으며, 부정부사 '不'를 사용해서 부정문을 만든다.

- 昨天很热，今天不热。 어제는 더웠는데 오늘은 덥지 않다.
  Zuótiān hěn rè, jīntiān bú rè.

- 他很高、很帅，也很聪明。 그는 키가 크고, 잘생기고, 똑똑하다.
  Tā hěn gāo、hěn shuài, yě hěn cōngmíng.

2 상태형용사는 사람이나 사물, 동작이나 행위의 상태를 묘사한다. 상태형용사는 그 자체에 이미 정도가 강하다는 의미를 가지고 있기 때문에 정도부사 '很' '非常' '特別' 등의 수식을 받지 않고, '不'로 부정할 수도 없다.

- 她的皮肤很雪白，头发很长。(×)
  → 她的皮肤雪白，头发很长。(○) 그녀의 피부는 눈처럼 새하얗고, 머리카락은 길다.
  Tā de pífū xuěbái, tóufà hěn cháng.

성질형용사	大 dà 크다 | 小 xiǎo 작다, 적다 | 高 gāo 높다 | 矮 ǎi 작다 | 瘦 shòu 마르다 | 胖 pàng 뚱뚱하다 | 漂亮 piàoliang 예쁘다 | 帅 shuài 멋지다 | 好 hǎo 좋다 | 聪明 cōngmíng 똑똑하다 | 高兴 gāoxìng 기쁘다 | 清楚 qīngchu 분명하다 | 干净 gānjìng 깨끗하다 | 努力 nǔlì 열심이다
상태형용사	雪白 xuěbái 눈처럼 새하얗다 | 冰凉 bīngliáng 매우 차다 | 金黄 jīnhuáng 황금빛의 | 通红 tōnghóng 새빨갛다 | 胖乎乎 pànghūhū 통통하다

1 형용사는 문장에서 술어로 쓰인다.

❶ 성질형용사가 술어로 쓰이면 정도부사의 수식을 받아야 한다.

- **最近天气**特别**暖和。** 요즘 날씨가 아주 따뜻하다.
  Zuìjìn tiānqì tèbié nuǎnhuo.

- **他做什么都**很**认真、**很**仔细。** 그는 무엇을 하든 매우 성실하고 꼼꼼하다.
  Tā zuò shénme dōu hěn rènzhēn、hěn zǐxì

한국어는 '그녀는 예쁘다'처럼 형용사가 술어로 쓰인 문장에서 정도부사가 없어도 되지만, 중국어는 '很漂亮'처럼 형용사 앞에 정도부사가 오거나 혹은 '漂亮极了'처럼 형용사 뒤에 정도보어가 와야 한다.

 단, 앞뒤 문장이 서로 대비되거나 비교하는 경우에는 형용사 단독으로 술어가 될 수 있다.

- **哥哥的个子**高，**妹妹的个子**矮。 형은 키가 크고, 여동생은 키가 작다.
  Gēge de gèzi gāo, mèimei de gèzi ǎi.

- **这个菜**好吃，**那个菜**不好吃。 이 요리는 맛있고, 저 요리는 맛이 없다.
  Zhè ge cài hǎochī, nà ge cài bù hǎochī.

❷ 형용사가 술어로 쓰일 때는 과거의 상태를 의미하더라도 완료를 나타내는 어기조사 '了'를 쓰지 않는다.

- **去年冬天很冷了。**（×）
  → **去年冬天很**冷。（〇） 작년 겨울은 매우 추웠다.
  Qùnián dōngtiān hěn lěng.

2 명사 앞에서 명사를 수식하는 관형어로 쓰인다.

❶ 일부 단음절 형용사는 명사를 직접 수식할 수 있다.

- **我有两个**好**朋友。** 나에게는 좋은 친구가 두 명 있다. ▶단음절 형용사+명사
  Wǒ yǒu liǎng ge hǎo péngyou.

暖和 nuǎnhuo 따뜻하다 | 认真 rènzhēn 성실하다, 착실하다 | 仔细 zǐxì 꼼꼼하다, 자세하다 | 矮 ǎi (키가) 작다

71

■ **我有两个**很好的**朋友。** ▶정도부사+형용사+的+명사
Wǒ yǒu liǎng ge hěn hǎo de péngyou.
나에게는 좋은 친구가 두 명 있다.

형용사가 정도부사와 함께 관형어로 쓰일 때는 일반적으로 '的'를 붙여야 한다.

단음절 형용사 '多'와 '少'가 단순히 '많다' '적다'의 의미를 나타내는 관형어로 쓰이는 경우에는 명사를 직접 수식할 수 없기 때문에, '很多' '不少'처럼 형용사 앞에 정도부사나 부정부사를 넣어야 하며, 이때 관형어와 중심어 사이에 '的'를 쓰지 않는다.

■ **我有多钱。**(×)
→ **我有**很多**钱。**(○) 나는 돈이 많다.
Wǒ yǒu hěn duō qián.

■ **我有多好朋友。**(×)
→ **我有**很多**好朋友。/ 我有**不少**好朋友。**(○)
Wǒ yǒu hěn duō hǎo péngyou. / Wǒ yǒu bù shǎo hǎo péngyou.
나에게는 좋은 친구가 많다.

■ **他是一个很热情的人。** ▶이음절 형용사+的+명사
Tā shì yí ge hěn rèqíng de rén.
그는 매우 열정적인 사람이다.

■ **他有一双大大的眼睛。** ▶형용사 중첩+的+명사
Tā yǒu yì shuāng dàdà de yǎnjing.
그는 큰 눈을 가지고 있다.

❷ 자주 쓰이는 일부 형용사나 관용어처럼 쓰이는 형용사가 관형어로 사용될 때는 '的'를 생략할 수 있다.

■ **老实人** 성실한 사람
lǎoshi rén

■ **新鲜水果** 신선한 과일
xīnxiān shuǐguǒ

■ **重要内容** 중요한 내용
zhòngyào nèiróng

■ **具体问题** 구체적인 문제
jùtǐ wèntí

이를 제외한 대부분의 다음절 형용사와 중첩된 형용사가 관형어로 쓰일 때는 모두 '的'를 붙여야 한다.

热情 rèqing 열정적이다, 친절하다 | 老实 lǎoshi 성실하다 | 新鲜 xīnxiān 신선하다, 싱싱하다 | 具体 jùtǐ 구체적이다 | 打扮 dǎban 치장하다, 단장하다

3 동사 앞에서 부사어로 쓰인다. 대부분의 형용사는 중첩하거나 조사 '地'를 붙여야 부사어로 쓸 수 있다.

- **你要好好儿吃饭、好好儿休息。** 너는 밥을 잘 먹고, 잘 쉬어야 해.
  Nǐ yào hǎohāor chīfàn, hǎohāor xiūxi.

- **他高兴地回家了。** 그는 기쁘게 집으로 돌아갔다.
  Tā gāoxìng de huíjiā le.

단, 일부 성질형용사는 직접 동사를 수식할 수 있다.

- **快走吧!** 빨리 가자!
  Kuài zǒu ba!

- **少吃点儿，多运动。** 적게 먹고 많이 운동해라.
  Shǎo chī diǎnr, duō yùndòng.

4 동사 뒤에서 동사의 의미를 보충하는 보어로 쓰인다.

- **看清楚了吗?** ▶결과보어
  Kàn qīngchu le ma?
  똑똑히 봤어요?

- **她每天都打扮得很漂亮。** ▶상태보어
  Tā měitiān dōu dǎban de hěn piàoliang.
  그녀는 매일 예쁘게 단장한다.

> 보어 상세 설명
> Chapter 07(p.138)

---

3 형용사의 중첩

1 형용사를 중첩하면 의미의 정도를 강조하며 생동감 있는 표현이 된다. 단음절 형용사의 중첩형식은 AA이고, 이음절 형용사의 중첩형식은 AABB이다. 상태형용사의 중첩형식은 ABAB이다.

성질형용사 중첩	단음절 형용사 AA	大大 dàdà 크다 ｜ 小小 xiǎoxiǎo 작다 ｜ 高高 gāogāo 크다 ｜ 胖胖 pàngpàng 뚱뚱하다 ｜ 瘦瘦 shòushòu 날씬하다
	이음절 형용사 AABB	漂漂亮亮 piàopiaoliàngliàng 아름답다 ｜ 高高兴兴 gāogaoxìngxìng 아주 즐겁다 ｜ 干干净净 gānganjìngjìng 깨끗하다 ｜ 清清楚楚 qīngqingchǔchǔ 명백하다
상태형용사 중첩	이음절 형용사 ABAB	雪白雪白 xuěbái xuěbái 새하얗다 ｜ 冰凉冰凉 bīngliáng bīngliáng 매우 차다 ｜ 通红通红 tōnghóng tōnghóng 새빨갛다

2 단음절 형용사 두 개를 연이어 쓴 경우에는 동사의 중첩형식처럼 ABAB 형식으로 중첩한다. 즉 '瘦高'는 '瘦高瘦高'로, '矮胖'은 '矮胖矮胖'으로 중첩한다.

- 他长得瘦高瘦高的，很帅。 그는 마르고 키가 커서 매우 멋있어요.
  Tā zhǎng de shòugāo shòugāo de, hěn shuài.

- 他长得矮胖矮胖的，很可爱。 그는 작고 통통해서 매우 귀여워요.
  Tā zhǎng de ǎipàng ǎipàng de, hěn kě'ài.

 그 외 형용사 중첩

- A里AB : 일부 성질형용사 중, 헐뜯거나 비방하는 부정적인 의미를 가진 이음절 형용사
  糊里糊涂 hú li hútú 흐리멍덩하다 ｜ 土里土气 tǔ li tǔqì 촌스럽다
- ABB: 일부 단음절 형용사 뒤에 중첩을 붙여서 생동감 있는 표현
  绿油油 lǜyōuyōu 짙푸르다 ｜ 胖乎乎 pànghūhū 통통하다

3 형용사를 중첩하면 그 자체로 이미 정도가 심하다는 것을 나타내기 때문에 정도부사의 수식을 받을 수 없다. 또한 중첩된 형용사가 술어로 쓰이면 뒤에 '的'를 붙여야 한다.

- 她的眼睛很大大，他的个子很高高。(×)
  → 她的眼睛很大，他的个子很高。(○) 그녀의 눈은 크고, 그의 키는 크다.
    Tā de yǎnjing hěn dà, tā de gèzi hěn gāo.
  → 她的眼睛大大的，他的个子高高的。(○) 그녀의 눈은 크고, 그의 키는 크다.
    Tā de yǎnjing dàdà de, tā de gèzi gāogāo de.

 mini test

다음 문장의 술어를 중첩형식으로 바꿔 보세요.

① 她的皮肤很白。
  그녀의 피부는 새하얗다.

② 我的房间很干净。
  내 방은 매우 깨끗하다.

정답
① 她的皮肤白白的。
② 我的房间干干净净的。

2 동사

동사는 문장에서 주로 술어로 쓰여서 구체적인 동작이나 추상적인 행위, 심리 활동 혹은 존재, 변화, 소실 등을 나타낸다. 하지만 술어 이외에도 다양한 성분으로 활용되므로 유의해야 한다.

1 동사의 특징

1 동사는 문장에서 술어의 역할을 하며, 목적어 없이도 쓰이지만 대부분 목적어를 가질 수 있다.

- 他来了。 그가 왔다.
  Tā lái le.

- 我想买条黑色的长裤。 나는 검은색 긴 바지를 사고 싶다.
  Wǒ xiǎng mǎi tiáo hēisè de chángkù.

2 동사 앞에는 부사나 조동사 같은 수식 성분이 올 수 있으며, 동사 뒤에는 여러 가지 보어가 올 수 있다.

- 他已经毕业了。
  Tā yǐjīng bìyè le.
  그는 이미 졸업했다.

- 上次买的零食我都吃完了。
  Shàngcì mǎi de língshí wǒ dōu chī wán le.
  지난번에 산 간식을 나는 다 먹었다.

3 일부 동사는 주어, 목적어, 관형어로도 쓰일 수 있다. 동사가 관형어로 쓰일 때는 동사 뒤에 구조조사 '的'를 붙여야 한다.

- 学习是一件很快乐的事。 ▶学习: 주어
  Xuéxí shì yí jiàn hěn kuàilè de shì.
  공부는 매우 즐거운 일이다.

- 他很喜欢学习。 ▶学习: 목적어
  Tā hěn xǐhuan xuéxí.
  그는 공부하는 것을 매우 좋아한다.

黑色 hēisè 검은색 | 长裤 chángkù 긴 바지 | 快乐 kuàilè 즐겁다, 유쾌하다

■ 下午在图书馆学习的学生很多。 ▶学习: 관형어
Xiàwǔ zài túshūguǎn xuéxí de xuéshēng hěn duō.
오후에 도서관에서 공부하는 학생들이 많다.

4 부정형식은 동사 앞에 부정부사 '不'나 '没'를 쓴다. '不'는 현재나 미래를 부정하거나 또는 의지가 없다는 것을 나타낸다. 과거에 동작이나 행위가 실현되지 않았거나 완료되지 않았을 때는 '没'로 부정한다.

■ 我不吃饭。 나는 밥을 안 먹을 거야.
Wǒ bù chīfàn.

부정부사 상세 설명
Chapter 05(p.102)

⇨ 이 문장을 '나는 밥을 먹지 않는다.'로 해석하는 경우가 많은데, '의지'를 표현하는 경우도 있으므로 앞뒤의 문맥에 유의해서 해석해야 한다.

■ 我没吃饭。 나는 밥을 안 먹었어. ▶밥을 먹는 행위가 실현되지 않음
Wǒ méi chīfàn.

⇨ 我没吃饭了。 (✕) 이 문장은 틀린 문장이다. 왜냐하면 부정부사 没는 吃의 동작이 실현 혹은 완료되지 않았음을 나타내는데, 문장 끝의 동태조사 了는 吃의 동작이 이미 완료되었음을 나타낸다. 따라서 没와 了는 의미가 상충되기 때문에 같이 쓸 수 없다.

5 동사 뒤에 동태조사 '了' '着' '过'를 써서 동사가 나타내는 동작이 완료되었는지, 지속되고 있는지, 동작이 일어난 적이 있는지를 나타낸다.

■ 我吃了。 나는 먹었다. ▶완료
Wǒ chī le.

동태조사 상세 설명
Chapter 06(p.120)

■ 门开着。 문이 열려있다. ▶지속
Mén kāi zhe.

■ 我去过中国。 나는 중국에 가 본 적이 있다. ▶경험
Wǒ qù guo Zhōngguó.

6 동사가 술어로 쓰일 때, 동사의 긍정형과 부정형을 나란히 배열하여 정반의문문을 만들 수 있다. 이때 문장 끝에는 의문사 '吗'를 붙이지 않는다.

■ 明天去不去演唱会? 내일 콘서트에 가나요?
Míngtiān qù bu qù yǎnchànghuì?

■ 你通没通过录用考试? 당신은 채용 시험에 합격했습니까?
Nǐ tōng méi tōngguò lùyòng kǎoshì?

⇨ 동작이 현재 혹은 미래에 발생할 것인가를 물어볼 때는 'A不A', 'A不AB' 형식으로, 동작이 과거에 완료 혹은 실현되었는가를 물어볼 때는 'A没A', 'A没AB' 형식으로 정반의문문을 만든다

演唱会 yǎnchànghuì 음악회, 콘서트 | 录用 lùyòng 채용하다 | 考试 kǎoshì 시험, 시험을 치다

Tip Tip 대부분의 동사는 정도부사의 수식을 받을 수 없지만, 일부 심리동사(심리상태를 나타내는 동사)는 정도부사의 수식을 받을 수 있다.

- 很吃饭 (×) 非常做作业 (×)
  → 很喜欢 hěn xǐhuan 매우 좋아한다
  → 很羡慕 hěn xiànmù 매우 부럽다
  → 非常生气 fēicháng shēngqì 매우 화가 나다

☑ mini test

다음 문장을 정반의문문으로 바꿔 보세요.

① 你来吗? 너 올 거야?

② 外面下雨了吗? 밖에 비가 왔나요?

정답
① 你来不来?
② 外面下没下雨?

1 의미에 따른 분류

동작동사	▶ 구체적인 동작을 나타내는 동사 吃 chī 먹다 | 学 xué 배우다 | 做 zuò ~을 하다 | 回答 huídá 대답하다 | 喝 hē 마시다 | 看 kàn 보다, 읽다 | 读 dú 읽다, 공부하다 | 说 shuō 말하다 | 问 wèn 묻다 | 回答 huídá 대답하다 | 买 mǎi 사다 | 卖 mài 팔다 | 练习 liànxí 연습하다 | 讨论 tǎolùn 토론하다 | 打扫 dǎsǎo 청소하다
관계동사	▶ 판단, 소유, 존재, 유사성, 소속 등의 관계를 나타내는 동사 是 shì ~이다 | 有 yǒu 있다 | 像 xiàng 비슷하다 | 属于 shǔyú ~에 속하다 | 叫 jiào ~라고 부르다 | 姓 xìng 성이 ~이다 | 成为 chéngwéi ~으로 되다
상태동사	▶ 생리상태를 나타내는 동사 死 sǐ 죽다 | 病 bìng 병나다 | 感冒 gǎnmào 감기에 걸리다 | 醉 zuì 취하다 | 醒 xǐng 깨다<hr>▶ 인지상태를 나타내는 동사 知道 zhīdào 알다 | 相信 xiāngxìn 믿다 | 明白 míngbai 이해하다 | 懂 dǒng 알다 | 认识 rènshi 알다 | 熟悉 shúxī 익히 알다 | 觉得 juéde ~라고 생각하다 | 认为 rènwéi 생각하다 | 以为 yǐwéi 생각하다<hr>▶ 심리상태를 나타내는 동사 爱 ài 사랑하다 | 喜欢 xǐhuan 좋아하다 | 讨厌 tǎoyàn 싫어하다 | 想 xiǎng 그리워하다 | 羡慕 xiànmù 부러워하다 | 怕 pà 무서워하다 | 吓 xià 놀라게 하다 | 生气 shēngqì 화내다

2 목적어 유무에 따른 분류

동사는 뒤에 목적어를 가지는 '타동사'와 직접적으로 목적어를 가지지 않는 '자동사'로 나눌 수 있다. 명사, 대명사를 목적어로 가지는 동사가 있고, 동사, 형용사를 목적어로 가지는 동사가 있다.

타동사	명사(구), 대명사(구)를 목적어로 가지는 동사	▶ 하나의 목적어를 가지는 동사 踢 tī 차다 | 看 kàn 보다 | 买 mǎi 사다 | 玩儿 wánr 놀다<hr>▶ 둘 이상의 목적어를 가지는 동사 给 gěi 주다 | 教 jiāo 가르치다 | 叫 jiào 부르다 | 告诉 gàosu 알리다
	동사(구), 형용사(구)를 목적어로 가지는 동사	开始 kāishǐ 시작하다 | 觉得 juéde 생각하다 | 进行 jìnxíng 진행하다 | 准备 zhǔnbèi 준비하다
자동사	死 sǐ 죽다 | 出生 chūshēng 출생하다 | 感冒 gǎnmào 감기에 걸리다 | 休息 xiūxi 휴식하다	

'给' '问' '教' '送' '借' '还' '叫' '告诉' 등의 일부 동사는 문장에서 두 개 이상의 목적어를 가진다. 이때 첫 번째 목적어는 동작의 영향을 받는 사람이 오고, 두 번째 목적어는 동작·행위가 영향을 미치는 사물이 온다. '~에게 ~을 ~하다'의 의미가 된다.

■ 我想给你问一个问题。(×)
→ 我想问你 一个问题。(○) 제가 당신에게 질문 하나 할게요.
　　Wǒ xiǎng wèn nǐ yí ge wèntí.

■ 郭老师给我们教汉语。(×)
→ 郭老师教我们 汉语。(○) 궈 선생님은 우리에게 중국어를 가르치신다.
　　Guò lǎoshī jiāo wǒmen Hànyǔ.

⇨ '~에게'라고 표현하는 한국어의 영향을 받아, 첫 번째 목적어 앞에 개사 给을 넣는 오류를 자주 범하므로 주의하자.

1 이합동사는 하나의 동사이지만, 단어 자체를 다시 분석하면 '동사+목적어'의 형식으로 구성되어 있다. 예를 들어 '见面'은 '만나다'라는 뜻의 동사인데, 동사 역할을 하는 '见'과 목적어 역할을 하는 '面'으로 구성되어 있다. 이처럼 이합동사는 동사 자체에 목적어 성분을 포함하고 있기 때문에 목적어를 이합동사 바로 뒤에 넣을 수 없다. 목적어가 필요한 경우에는 개사를 사용하여 목적어를 이합동사 앞에 놓는다.

■ 我今天见面他了。(×)
→ 我今天跟他见面了。(○) 나는 오늘 그와 만났다.
　　Wǒ jīntiān gēn tā jiànmiàn le.

동태조사 '了' '过'나 양사, 결과보어는 이합동사 중에서 동사의 역할을 하는 첫 번째 글자 바로 뒤에 놓는다.

- **我跟他见过两次面。** 나는 그와 두 번 만난 적이 있다.
  Wǒ gēn tā jiàn guo liǎngcì miàn.

- **他帮了我一个忙。** 그는 나를 도와주었다.
  Tā bāng le wǒ yí ge máng.

2 자주 쓰이는 이합동사

结婚 jiéhūn	他结过一次婚。 그는 한 번 결혼한 적이 있다. Tā jié guo yí cì hūn.
生气 shēngqì	他生我的气了。 그는 나에게 화를 냈다. Tā shēng wǒ de qì le.
吵架 chǎojià	今天我跟她吵了一架。 오늘 나는 그녀와 말다툼을 했다. Jīntiān wǒ gēn tā chǎo le yí jià.
随便 suíbiàn	随你的便。 당신 마음대로 하세요. Suí nǐ de biàn.
着急 zháojí	着什么急呀? 뭘 초조해하니? Zháo shénme jí ya?
毕业 bìyè	我很担心今年我毕不了业。 나는 올해 졸업하지 못할까 봐 걱정된다. Wǒ hěn dānxīn jīnnián wǒ bì bu liǎo yè.
请假 qǐngjià	我请了三天假。 나는 3일 동안 휴가를 냈다. Wǒ qǐng le sān tiān jià.
上课 shàngkè	我今天上了一天课，太累了。 Wǒ jīntiān shàng le yì tiān kè, tài lèi le. 나는 오늘 하루 종일 수업을 들어서 너무 피곤하다.
散步 sànbù	我们在学校散了一会儿步。 우리는 학교에서 잠시 산책을 했다. Wǒmen zài xuéxiào sàn le yíhuìr bù.
游泳 yóuyǒng	今天我去游了一个小时泳，非常舒服。 Jīntiān wǒ qù yóu le yí ge xiǎoshí yǒng, fēicháng shūfu. 오늘 나는 수영을 한 시간 다녀와서 매우 상쾌하다.
聊天 liáotiān	我喜欢跟朋友聊天。 나는 친구와 이야기하는 것을 좋아한다. Wǒ xǐhuan gēn péngyou liáotiān.
洗澡 xǐzǎo	今天太累了，回家后我要好好儿洗个澡。 Jīntiān tài lèi le, huíjiā hòu wǒ yào hǎohāor xǐ ge zǎo. 오늘은 너무 피곤해서 집에 가서 목욕을 좀 해야겠어.

帮忙 bāngmáng 도와주다 | 结婚 jiéhūn 결혼하다 | 吵架 chǎojià 말다툼하다 | 随便 suíbiàn 마음대로 하다 | 着急 zháojí 조급해하다, 초조해하다 | 请假 qǐngjià 휴가를 내다 | 游泳 yóuyǒng 수영하다 | 舒服 shūfu 편안하다, 상쾌하다 | 洗澡 xǐzǎo 목욕하다

☑ mini test

다음 문장에서 틀린 부분을 찾아 바르게 고쳐 보세요.

① 我跟他聊天了一会儿。
나는 그와 잠시 이야기를 나누었다.

② 我结婚他了。
나는 그와 결혼했다.

정답
① 我跟他聊了一会儿天。
② 我跟他结婚了。

5 동사의 중첩

1 중국어에서 일부 동사는 중첩하여 부가적인 의미를 표현할 수 있는데, 동사의 음절 수에 따라 중첩 형식이 다르다.

단음절 동사 AA	看看 kànkan 좀 보다 | 想想 xiǎngxiang 좀 생각해 보다 | 说说 shuōshuo 좀 말해 보다 | 试试 shìshi 좀 해 보다
이음절 동사 ABAB	介绍介绍 jièshao jièshao 소개 좀 하다 | 休息休息 xiūxi xiūxi 좀 쉬다 | 学习学习 xuéxí xuéxí 공부하다 | 收拾收拾 shōushi shōushi 정리하다
이합동사 ABB	聊聊天 liáoliáo tiān 이야기를 좀 나누다 | 见见面 jiànjiàn miàn 잠깐 만나다 | 散散步 sànsàn bù 산책을 좀 하다 | 洗洗澡 xǐxǐ zǎo 샤워하다, 목욕하다

⇨ 단음절 동사를 중첩할 때 동사와 동사 사이에 一를 추가할 수도 있다. 看一看, 想一想

⇨ 이합동사는 첫 글자, 즉 동사 역할을 하는 글자만 중첩한다.

2 중첩된 동사의 의미

❶ 아직 발생하지 않은 동작을 나타내는 동사를 중첩하면, 어기가 부드러워지고 바람이나 건의, 시도 등을 완곡하게 표현한다. '동사+一会儿' '동사+一下儿'과 의미가 비슷하다.

▪ **我们去咖啡厅聊聊天吧。** 우리 카페에 가서 얘기 좀 해요.
Wǒmen qù kāfēitīng liáoliáo tiān ba.

▪ **房间太乱了，你收拾收拾吧。** 방이 너무 지저분하니 청소 좀 해.
Fángjiān tài luàn le, nǐ shōushi shōushi ba.

乱 luàn 어지럽다 ｜ 收拾 shōushi 정리하다, 치우다

② 일부 동사는 중첩하면 일상적으로 혹은 반복적으로 발생하는 동작임을 나타낸다. 이런 중첩은 보통 여러 개의 동사를 연이어 중첩하여 쓰기도 한다.

- 回家后，我一般先做做作业，玩玩儿手机，然后睡觉。
  Huíjiā hòu, wǒ yìbān xiān zuòzuo zuòyè, wánwanr shǒujī, ránhòu shuìjiào.
  집에 돌아오면, 나는 보통 먼저 숙제를 하고, 핸드폰을 좀 하다가 잠을 잔다.

- 周末我有时在家看看电视，听听音乐，有时跟朋友一起去逛逛街。
  Zhōumò wǒ yǒushí zài jiā kànkan diànshì, tīngting yīnyuè, yǒushí gēn péngyou yìqǐ qù guàngguang jiē.
  주말에 나는 가끔 집에서 TV를 보고 음악을 듣기도 하고, 친구와 함께 쇼핑을 가기도 한다.

③ 이미 발생한 동작을 중첩할 때는 동사 중간에 '了'를 넣어서 '동사+了+동사'의 형식이 된다. 이때는 이미 발생한 동작이 비교적 짧은 시간이었거나 가볍게 진행되었음을 나타낸다.

- 那本书我随便看了看，觉得内容一般。
  Nà běn shū wǒ suíbiàn kàn le kàn, juéde nèiróng yìbān.
  그 책을 대충 좀 봤는데, 내용이 그저 그렇더라.

- 那个游戏我玩儿了玩儿，觉得特别没意思。
  Nà ge yóuxì wǒ wánr le wánr, juéde tèbié méi yìsi.
  그 게임은 내가 좀 해 봤는데, 너무 재미없었어.

3 모든 동사를 중첩해서 사용하는 것은 아니다. 아래의 경우에는 동사를 중첩할 수 없으므로, 유의해야 한다.

① 동작이 진행형일 때는 동사 중첩을 할 수 없다. 즉, 진행을 나타내는 부사 '正在'와는 함께 쓸 수 없다.

② 동태조사 '了' '着' '过'가 있을 때도 동사 중첩을 할 수 없다.

③ 동사의 중첩은 보통 말하는 사람이 그 동작이 발생하기를 희망하는 경우가 많기 때문에, 어떤 동작이 발생하지 않기를 바라는 표현과는 의미상으로 모순된다. 따라서 일반적으로 부정문에서는 사용하지 않는다.

一般 yìbān 보통이다, 일반적이다 | 有时 yǒushí 때로는 | 逛街 guàngjiē 거리를 구경하며 돌아다니다, 쇼핑하다

- 我们正在看看电影。（×）
  - → 我们正在看电影。（○）우리는 영화를 보고 있는 중이다.
    Wǒmen zhèngzài kàn diànyǐng.

- 我看看过那部电影。（×）
  - → 我看过那部电影。（○）나는 그 영화를 본 적이 있다.
    Wǒ kàn guo nà bù diànyǐng.

- 我不想试试。（×）
  - → 我不想试。（○）나는 해 보고 싶지 않아요.
    Wǒ bù xiǎng shì.

☑ mini test

다음 문장에서 동사를 형식에 맞게 중첩해 보세요.

① 你再想一下。 다시 생각해 봐.

② 我们出去散一会儿步吧。 우리 나가서 산책 좀 하자.

정답
① 你再想想。
② 我们出去散散步吧。

试 shì 시험 삼아 해 보다, 시도하다

3 조동사

조동사는 말 그대로 동사를 도와주는 낱말이다. 즉 화자의 의미를 보다 정확하게 전달하기 위해서는 동사 외에 조동사의 활용이 필수적이다. 예를 들어 "나는 중국어를 한다."가 아니라 "나는 중국어를 할 줄 안다."라는 의미를 표현하고자 할 때, 동사 앞에 능력, 즉 '~할 줄 안다'는 의미를 표현해 줄 무언가가 필요한데, 이런 역할을 하는 것이 조동사이다.
이처럼 조동사는 동사 앞에 놓여서 가능, 필요, 의무, 허가, 희망 등의 의미를 더해주는 역할을 하는데, 의미에 따라 다음과 같이 분류할 수 있다.

1 조동사의 분류

1 가능: '~할 수 있다' '~할 것이다'라는 뜻으로, 가능성을 나타낸다.

> 能 néng | 可以 kěyǐ | 能够 nénggòu | 会 huì | 可能 kěnéng

- **这辆车只能坐五个人。** 이 차에는 다섯 명만 탈 수 있다.
  Zhè liàng chē zhǐ néng zuò wǔ ge rén.

- **这个周末我可以去玩儿。** 이번 주말에 나는 놀러 갈 수 있다.
  Zhè ge zhōumò wǒ kěyǐ qù wánr.

- **我相信我能够学好汉语。** 나는 내가 중국어를 잘 배울 수 있을 것이라고 믿는다.
  Wǒ xiāngxìn wǒ nénggòu xué hǎo Hànyǔ.

- **明天不会下雨的。** 내일은 비가 오지 않을 것이다.
  Míngtiān bú huì xiàyǔ de.

- **我今年可能不回国。** 나는 올해 귀국하지 않을 것이다.
  Wǒ jīnnián kěnéng bù huíguó.

2 필요, 의무: '마땅히 ~해야 한다'라는 뜻으로, 정서적 혹은 도의적으로 마땅히 해야 함을 나타낸다.

> 要 yào | 得 děi | 应该 yīnggāi | 应 yīng | 该 gāi | 必须 bìxū

辆 liàng 차량을 세는 양사 | 能够 nénggòu ~할 수 있다 | 得 děi ~해야 한다 | 必须 bìxū 반드시 ~해야 한다

■ 你是学生，要好好儿学习。 너는 학생이니 열심히 공부해야 해.
Nǐ shì xuéshēng, yào hǎohāor xuéxí.

■ 快十点了，我得去上课了。 곧 10시야. 나 수업 들으러 가야 해.
Kuài shí diǎn le, wǒ děi qù shàngkè le.

■ 这是我应该做的。 이건 제가 마땅히 해야 할 일입니다.
Zhè shì wǒ yīnggāi zuò de.

■ 都二十岁了，你该懂事了。 벌써 스무 살이니, 철이 들어야지.
Dōu èrshí suì le, nǐ gāi dǒngshì le.

■ 明天你必须来。 내일 너 꼭 와야 해.
Míngtiān nǐ bìxū lái.

3 허가: '~해도 된다'라는 뜻으로, 허가의 의미를 나타낸다.

> 能 néng | 可以 kěyǐ

■ 这儿能抽烟吗？ 여기서 담배를 피워도 되나요?
Zhèr néng chōuyān ma?

■ 上课时不可以玩儿手机。 수업 시간에 핸드폰을 하면 안 됩니다.
Shàngkè shí bù kěyǐ wánr shǒujī.

4 희망: '~하고 싶다' '~할 것이다'라는 뜻으로, 주관적인 바람이나 의지를 나타낸다.

> 要 yào | 想 xiǎng | 愿意 yuànyì | 肯 kěn

■ 我想去中国留学。 나는 중국에 유학을 가고 싶다.
Wǒ xiǎng qù Zhōngguó liúxué.

■ 我愿意为你做任何事情。 나는 당신을 위해 어떤 일이든 하고 싶어요.
Wǒ yuànyì wèi nǐ zuò rènhé shìqing.

■ 只要肯下功夫，就一定能取得好成绩。
Zhǐyào kěn xià gōngfu, jiù yídìng néng qǔdé hǎo chéngjì.
노력만 한다면 반드시 좋은 성적을 얻을 수 있다.

懂事 dǒngshì 철들다, 세상 물정을 알다 | 抽烟 chōuyān 담배를 피우다 | 留学 liúxué 유학하다 | 愿意 yuànyì 바라다, 희망하다 |
任何 rènhé 어떠한 (~라도) | 肯 kěn 기꺼이 (~하려) 하다 | 功夫 gōngfu 노력

1 조동사는 부사의 수식을 받을 수 있다.

- **我不会做饭。** 나는 밥을 할 줄 모른다.
  Wǒ bú huì zuò fàn.

  부사 상세 설명
  Chapter 05(p.96)

- **我很想去，可是没时间啊。** 나는 가고 싶지만 시간이 없어요.
  Wǒ hěn xiǎng qù, kěshì méi shíjiān a.

- **我一定要参加那个活动。** 나는 반드시 그 행사에 참가해야 해요.
  Wǒ yídìng yào cānjiā nà ge huódòng.

2 조동사의 긍정형식과 부정형식을 병렬하여 'A不A' 혹은 'A(B)不AB' 형식으로 정반의문문을 만들거나, '不A不'의 형식으로 반어문을 나타내기도 한다.

- **你能不能早点儿来?** 너 조금 일찍 올 수 있니? ▶의문문
  Nǐ néng bu néng zǎo diǎnr lái?

- **这儿可不可以抽烟?** 여기서 담배를 피워도 되나요? ▶의문문
  Zhèr kě bu kěyǐ chōuyān?

- **他不会不喜欢你的。** 그가 너를 좋아하지 않을 리가 없어. ▶반어문
  Tā bú huì bù xǐhuan nǐ de.

- **这件事你不可能不知道。** 이 일을 네가 모를 리가 없어. ▶반어문
  Zhè jiàn shì nǐ bù kěnéng bù zhīdào.

- **你想看不看这部电影?** (×)
  → **你想不想看这部电影?** (○) 당신은 이 영화를 보고 싶나요?
  Nǐ xiǎng bu xiǎng kàn zhè bù diànyǐng?

⇨ 조동사와 동사가 같이 사용된 문장에서는 동사가 아니라 조동사의 긍정형식과 부정형식을 병렬하여 정반의문문을 만든다.

3 일부 조동사는 두 개를 연이어 같이 쓸 수도 있다.

- **明天可能要下雨。** 내일은 아마도 비가 올 것이다.
  Míngtiān kěnéng yào xiàyǔ.

参加 cānjiā 참가하다 | 活动 huódòng 활동, 행사

- 开车时，必须要注意安全。 운전할 때는 반드시 안전에 주의해야 한다.
  Kāichē shí, bìxū yào zhùyì ānquán.

- 你在中国生活过，应该会说汉语吧。
  Nǐ zài Zhōngguó shēnghuó guo, yīnggāi huì shuō Hànyǔ ba.
  당신은 중국에서 살았으니 중국어를 할 줄 알겠군요.

4 조동사는 명사의 앞에 올 수 없고, 중첩할 수 없으며, 동태조사 '了' '着' '过'와 함께 쓸 수 없다. 이것이 조동사가 동사와 다른 점이므로 주의해야 한다.

- 这儿可能车祸了。(×)
  → 这儿可能发生车祸了。(○) 여기 차 사고가 난 것 같아요.
  Zhèr kěnéng fāshēng chēhuò le.

- 你应该应该去北京留学。(×)
  → 你应该去北京留学。(○) 너는 베이징에 유학을 가야 해.
  Nǐ yīnggāi qù Běijīng liúxué.

- 我想了去济州岛旅行。(×)
  → 我想去济州岛旅行。(○) 나는 제주도로 여행을 가고 싶어요.
  Wǒ xiǎng qù Jìzhōudǎo lǚxíng.

5 조동사는 일반적으로 단독으로 쓸 수 없으나, 질문에 대한 대답으로 쓰일 때는 단독으로 술어가 될 수 있다.

- A 你会做饭吗? 넌 밥을 할 줄 아니?
  Nǐ huì zuò fàn ma?

- B 会。할 줄 알아.
  Huì.

☑ mini test

다음 문장에서 틀린 부분을 찾아 바르게 고쳐 보세요.

① 你想去不去旅行? 너는 여행을 가고 싶니?
② 我想了跟朋友一起去逛街。
   나는 친구와 함께 쇼핑하러 가고 싶다.

정답
① 你想不想去旅行?
② 我想跟朋友一起去逛街。

开车 kāichē 운전하다 | 注意 zhùyì 주의하다 | 安全 ānquán 안전하다 | 车祸 chēhuò 교통사고

1 会: 능력, 추측

❶ 학습을 통해서 할 수 있게 된 능력을 나타내며 부정형은 '不会'를 쓴다.

▪ **我会游泳。** 나는 수영을 할 줄 안다.
　Wǒ huì yóuyǒng.

▪ **我不会做饭。** 나는 밥을 할 줄 모른다.
　Wǒ bú huì zuò fàn.

❷ 앞에 정도부사 '很' '特别' '真' 등이 와서 어떤 동작이나 행위를 잘한다는 의미를 나타낸다.

▪ **她嘴很甜，特别会说话。** 그녀는 말솜씨가 좋아서 말을 아주 잘한다.
　Tā zuǐ hěn tián, tèbié huì shuōhuà.

▪ **她个子很小，但很会穿衣服。** 그녀는 키는 작지만 옷을 아주 잘 입는다.
　Tā gèzi hěn xiǎo, dàn hěn huì chuān yīfu.

❸ '会'는 '아마 ~일 것이다'라는 주관적인 추측을 나타내기도 한다. 말하는 사람이 본인의 추측이 확실히 맞다고 생각하는 경우에는 문장 끝에 어기조사 '的'를 붙인다.

▪ A **明天会下雨吗?** 내일 비가 올까요?
　　Míngtiān huì xiàyǔ ma?

　B **明天不会下雨(的)。** 내일은 비가 오지 않을 거예요.
　　Míngtiān bú huì xiàyǔ (de).

▪ **你的梦想一定会实现的。** 당신의 꿈은 반드시 실현될 것입니다.
　Nǐ de mèngxiǎng yídìng huì shíxiàn de.

2 能: 능력, 가능, 허락

❶ '能+동사'는 '很' '特别' '真' 등 정도부사의 수식을 받아 '능력이 매우 뛰어남'을 나타낸다.

▪ **睡了一天! 你可真能睡。** 하루 종일 잤어! 너 정말 잘 잔다.
　Shuì le yì tiān! Nǐ kě zhēn néng shuì.

▪ **我很能吃，这些菜我都能吃完。** 나는 매우 잘 먹어요. 이 음식들을 다 먹을 수 있어요.
　Wǒ hěn néng chī, zhèxiē cài wǒ dōu néng chī wán.

❷ 어떤 능력이 구체적인 수준까지 도달했음을 나타낸다.

▪ **我能写很多汉字了。** 나는 많은 한자를 쓸 수 있다.
　Wǒ néng xiě hěn duō Hànzì le.

嘴 zuǐ 입 │ 甜 tián (맛이) 달다 │ 梦想 mèngxiǎng 꿈, 소원 │ 实现 shíxiàn 실현하다, 달성하다 │ 汉字 Hànzì 한자

■ 我游泳很厉害，一次能游2000米。
Wǒ yóuyǒng hěn lìhai, yí cì néng yóu liǎng qiān mǐ.
난 수영을 아주 잘 한다. 한 번에 2000미터를 수영할 수 있다.

⇨ 이 문장은 '수영을 할 줄 안다(我会游泳)'라는 의미보다는 '한 번에 2000미터를 수영할 수 있다'는 의미를 나타내므로, 能을 써야 한다.

❸ 객관적인 조건이 허락되면 '~할 수 있다'는 가능의 의미를 나타낸다.

■ 这个周末我有空，能跟你一起去旅行。
Zhè ge zhōumò wǒ yǒu kòng, néng gēn nǐ yìqǐ qù lǚxíng.
이번 주말에 시간 있어서 너와 함께 여행 갈 수 있어.

■ 我周末要做兼职，不能出去玩儿。
Wǒ zhōumò yào zuò jiānzhí, bù néng chūqù wánr.
나는 주말에 아르바이트를 해야 해서 놀러 갈 수 없어요.

❹ 사물 자체가 가진 속성으로 가능함을 나타낸다.

■ 这辆车只能坐五个人。　이 차는 다섯 명만 탈 수 있다.
Zhè liàng chē zhǐ néng zuò wǔ ge rén.

■ 这种菜不能生吃。　이런 채소는 날것으로 먹을 수 없다.
Zhè zhǒng cài bù néng shēngchī.

❺ 허락의 의미를 나타내는데, 의문문과 부정문에서 많이 쓰인다.

■ 现在我能回家吗?　지금 집에 가도 될까요?
Xiànzài wǒ néng huíjiā ma?

■ 上课时不能玩儿手机。　수업 시간에는 핸드폰을 하면 안 됩니다.
Shàngkè shí bù néng wánr shǒujī.

3 可以: 능력, 가능, 허락

❶ 어떤 일을 할 수 있는 능력을 나타낸다.

■ 现在我可以写很多汉字了。　이제 나는 많은 한자를 쓸 수 있다.
Xiànzài wǒ kěyǐ xiě hěn duō Hànzì le.

❷ 객관적인 조건이 허락되면 '~할 수 있다'는 가능의 의미를 나타낸다.

■ 这个周末我有空，可以跟你一起去旅行。
Zhè ge zhōumò wǒ yǒu kòng, kěyǐ gēn nǐ yìqǐ qù lǚxíng.
이번 주말에 시간 있어서 너와 함께 여행 갈 수 있어.

厉害 lìhai 대단하다 | 兼职 jiānzhí 겸직, 아르바이트 | 生吃 shēngchī 날것으로 먹다

❸ 허락의 뜻을 나타내며, 주로 의문문에서 쓰인다.

■ 可以问个问题吗? 질문 하나 해도 될까요?
　　Kěyǐ wèn ge wèntí ma?

 能 vs 可以

1. '능력'을 나타내는 '能'과 '可以'

　① 어떤 능력이 일정 수준이나 정도에 달했음을 나타낼 때는 '能'과 '可以' 모두 쓸 수 있다.

　■ 现在我能/可以写很多汉字了。 이제 나는 많은 한자를 쓸 수 있다.
　　Xiànzài wǒ néng/kěyǐ xiě hěn duō Hànzì le.

　② '能'은 어떤 능력이 매우 뛰어남을 나타내며, 이때는 앞에 정도부사를 자주 쓴다. 하지만 '可以'는 이렇게 쓰지 않는다.

　■ 他很能喝酒，一个人能喝五瓶烧酒。
　　Tā hěn néng hē jiǔ, yí ge rén néng hē wǔ píng shāojiǔ.
　　그는 술을 잘 마신다. 혼자 소주 다섯 병을 마실 수 있다.

2. '가능'을 나타내는 '能'과 '可以'

　① '能'과 '可以' 모두 긍정문과 의문문에 쓸 수 있다.

　■ 我能/可以看懂。 나는 이해할 수 있다.
　　Wǒ néng/kěyǐ kàn dǒng.

　■ 我能/可以问你一个问题吗? 제가 당신에게 질문 하나 해도 될까요?
　　Wǒ néng/kěyǐ wèn nǐ yí ge wèntí ma?

　② 긍정으로 대답할 때는 '可以'만 단독으로 쓸 수 있다. '能'을 써서 대답하려면 뒤에 동사를 수반해야 한다.

　■ A 你能/可以回答一下这个问题吗? 이 질문에 대답하실 수 있나요?
　　　Nǐ néng/kěyǐ huídá yíxià zhè ge wèntí ma?

　　B 可以。(○) Kěyǐ. 가능합니다.

　　B 能。(×)

　　B 我能回答，你说吧。(○) 대답할 수 있습니다. 말씀하세요.
　　　Wǒ néng huídá, nǐ shuō ba.

　③ 부정으로 대답할 때는 '不能'만 쓸 수 있다. '不可以'는 '금지'를 나타내기 때문이다.

　■ A 你明天能/可以陪我去逛街吗? 너 내일 나와 함께 쇼핑하러 갈 수 있니?
　　　Nǐ míngtiān néng/kěyǐ péi wǒ qù guàngjiē ma?

　　B 我明天有事，不可以陪你去逛街。(×)

　　B 我明天有事，不能陪你去逛街。(○)
　　　Wǒ míngtiān yǒu shì, bù néng péi nǐ qù guàngjiē.
　　　나는 내일 일이 있어서 너와 쇼핑하러 갈 수 없어.

4 要: 바람, 계획, 의무, 임박

❶ '~하려고 하다' '~할 것이다'라는 의지와 계획을 나타낸다.

- **我要去中国留学。** 나는 중국에 유학을 갈 거야.
  Wǒ yào qù Zhōngguó liúxué.

❷ '~해야 한다'라는 의무를 나타낸다. 주로 권유, 당부, 일깨움 등의 어기를 표현한다.

- **你是学生，要好好儿学习。** 너는 학생이니 열심히 공부해야 해.
  Nǐ shì xuéshēng, yào hǎohāor xuéxí.

❸ 어떤 동작이 곧 발생할 것임을 나타낸다. 이때 '要' 앞에 '快'나 '就' 같은 부사를 써서 '(快/就)要……了'의 형식으로 쓴다. 이를 '임박태'라고도 한다.

- **她下个月就要结婚了。** 그녀는 다음 달에 곧 결혼한다.
  Tā xià ge yuè jiùyào jiéhūn le.

5 想: 바람, 희망

'~하고 싶다'는 바람이나 희망을 나타낸다.

- **我想去中国留学。** 나는 중국에 유학을 가고 싶다.
  Wǒ xiǎng qù Zhōngguó liúxué.

 要 vs 想

1. '要'의 어기가 '想'보다 훨씬 강하다. 이 때문에 '想'은 '很' '非常' '特别' 등의 부사의 수식을 받을 수 있지만, '要'는 주로 강한 어기를 나타내는 '一定'의 수식을 받는 경우가 많다.

- **我特别想学好汉语。** 나는 중국어를 잘 배우고 싶어.
  Wǒ tèbié xiǎng xuéhǎo Hànyǔ.
- **我一定要学好汉语。** 나는 반드시 중국어를 잘 배울 거야.
  Wǒ yídìng yào xuéhǎo Hànyǔ.

2. 의지를 나타내는 '要'를 부정할 때는 '不要' 대신 어기가 더 부드러운 '不想'을 쓴다. '不要'는 금지의 의미를 나타내므로, 특히 주어가 1인칭인 경우에는 반드시 '不想'을 써야 한다.

- **我不要做作业。** (×)
  → **我不想做作业。** (○) 나는 숙제 하기 싫어요.
  Wǒ bù xiǎng zuò zuòyè.
- **不要在这儿抽烟。** 여기서 담배 피우지 마세요.
  Bú yào zài zhèr chōuyān.

Chapter 확인문제

1 다음 문장에서 틀린 부분을 바르게 고쳐 보세요.

1. 我有多中国朋友。

   ⇨ _____

2. 我以前很瘦了。

   ⇨ _____

3. 我有两个很好看包。

   ⇨ _____

4. 这个星期我们吵架过两次。

   ⇨ _____

5. 我想给老师问一个问题。

   ⇨ _____

6. 他长得非常胖乎乎的。

   ⇨ _____

7. 我跟他聊天了一会儿。

   ⇨ _____

8. 她高兴高兴地去上学了。

   ⇨ _____

풀이 Tip

2. 瘦 shòu 마르다

4. 吵架 chǎojià
   다투다, 말다툼하다

6. 胖乎乎 pànghūhū
   통통하다, 뚱뚱하다

1 빈칸에 들어갈 알맞은 표현을 고르세요.

1. 他个子很高, _____。

    A 瘦瘦   B 瘦瘦的   C 很瘦瘦   D 很瘦瘦的

2. 我给你_____短信吧。

    A 寄   B 送   C 发   D 打

3. 她是韩国人, 我一直_____她是中国人。

    A 认识   B 以为   C 知道   D 感到

4. 老师, 我生病了, 不能去上课了, 我想_____。

    A 请假一天   B 请假请假   C 请假一下   D 请一天假

5. 桌子上东西太多了, 你_____吧。

    A 一下收拾   B 收拾收拾   C 干干净净   D 干净一下

6. 最近我胖了很多, 我_____减肥。

    A 能   B 要   C 可以   D 可能

7. 我很_____睡, 常常一睡就睡10个小时。

    A 会   B 要   C 能   D 想

8. 毕业以后我一定_____找到好工作的。

    A 想   B 要   C 会   D 得

풀이 💡 Tip

2. 短信 duǎnxìn
   문자 메시지
4. 请假 qǐngjià 휴가를 내다
6. 胖 pàng 살찌다, 뚱뚱하다
   减肥 jiǎnféi 살을 빼다,
   다이어트하다
8. 毕业 bìyè 졸업하다

📀 품사 분류 (2)

부사	개사	접속사
정도부사 부정부사	시간, 장소, 방향	단어와 단어를 연결
범위부사 시간부사	방식, 방법, 근거	단어나 구를 연결
빈도부사 상태부사	동작의 주체, 대상	문장과 문장을 연결
어기부사 중복부사	관계된 대상	
추정부사 관련부사	원인, 목적	

Chapter

05

부사, 개사, 접속사

부사는 문장의 필수 성분은 아니지만, 문장의 의미를 보다 정확하게 나타내고, 말하는 사람이 전하고자 하는 내용을 보다 상세하고 구체적으로 나타내기 위해서 반드시 필요하다. 개사는 영문법에서 말하는 '전치사'와 유사한 품사이나 중국어의 개사는 보다 다양한 용법으로 활용된다. 접속사는 단문과 단문을 연결해 주는 역할을 하는데, 접속사의 활용에 따라 앞뒤 문장의 의미가 자연스럽게 연결되며 논리적으로도 더 정확한 표현이 된다.

동영상 강의　　예문 MP3

▷ 부사
▷ 개사
▷ 접속사

1 부사

부사는 문장에서 동사와 형용사를 수식하는 부사어로 쓰이는데, 의미에 따라 시간·정도·범위·빈도·부정·상태·어기부사 등으로 구분된다. 문장을 구성하는 필수 성분은 아니지만 문장의 의미를 보다 정확하고 구체적으로 나타내기 위해서 적절한 부사의 사용이 필요하다.

1 부사의 분류

부사는 의미에 따라 몇 가지로 나눌 수 있다.

정도부사	▶ 동작이나 상태의 정도를 나타내는 부사 很 hěn 매우 | 挺 tǐng 매우 | 非常 fēicháng 대단히 | 十分 shífēn 매우 | 有点儿 yǒudiǎnr 조금 | 特别 tèbié 특히 | 比较 bǐjiào 비교적 | 最 zuì 가장 | 太 tài 너무 | 真 zhēn 정말 | 更 gèng 더욱 | 相当 xiāngdāng 상당히 | 稍微 shāowēi 약간 | 多么 duōme 얼마나 | 尤其 yóuqí 특히
부정부사	▶ 부정의 의미를 나타내는 부사 不 bù ~아니다 | 没(有) méiyǒu ~않다 | 别 bié ~하지 마라 | 不用 búyòng ~할 필요 없다 | 不必 búbì ~할 필요 없다
범위부사	▶ 동작의 범위를 제한하는 부사 都 dōu 모두 | 一共 yígòng 전부 | 只 zhǐ 단지 | 仅仅 jǐnjǐn 단지 | 光 guāng 단지 | 就 jiù 단지 | 一律 yílǜ 일률적으로
시간부사	▶ 행위, 동작, 사건 발생의 시간을 나타내는 부사 刚 gāng 방금 | 正 zhèng 마침 | 正在 zhèngzài ~하고 있다 | 就 jiù 바로 | 才 cái 비로소 | 马上 mǎshàng 곧 | 立刻 lìkè 즉시 | 一直 yìzhí 줄곧 | 从来 cónglái 지금까지 | 永远 yǒngyuǎn 항상 | 始终 shǐzhōng 언제나 | 终于 zhōngyú 마침내 | 已经 yǐjīng 이미 | 曾经 céngjīng 일찍이 | 就要 jiùyào 곧 ~하다 | 快要 kuàiyào 곧 ~하다
빈도부사	▶ 동작의 발생 빈도나 중복 발생을 나타내는 부사 常常 chángcháng 항상 | 经常 jīngcháng 자주 | 偶尔 ǒu'ěr 간혹 | 总是 zǒngshì 언제나 | 老是 lǎoshi 늘 | 往往 wǎngwǎng 자주
상태부사	▶ 동작, 행위의 성질이나 상태를 나타내는 부사 渐渐 jiànjiàn 점점 | 逐渐 zhújiàn 점차 | 仍然 réngrán 변함 없이 | 依然 yīrán 여전히 | 亲自 qīnzì 직접 | 特地 tèdì 특별히

어기부사	▶ 동작이나 사건에 대한 화자의 어투나 태도를 나타내는 부사 **可** kě 그러나 ㅣ **其实** qíshí 사실 ㅣ **几乎** jīhū 거의 ㅣ **差点儿** chàdiǎnr 하마터면 ㅣ **正好** zhènghǎo 공교롭게도 ㅣ **甚至** shènzhì 심지어 ㅣ **却** què 그러나 ㅣ **倒** dào 도리어 ㅣ **究竟** jiūjīng 필경 ㅣ **简直** jiǎnzhí 그야말로 ㅣ **果然** guǒrán 과연 ㅣ **难道** nándào 설마 ~란 말인가 ㅣ **竟然** jīngrán 뜻밖에도 ㅣ **偏偏** piānpiān 기어코 ㅣ **难怪** nánguài 어쩐지 ㅣ **反正** fǎnzhèng 아무튼 ㅣ **幸亏** xìngkuī 다행히
중복부사	▶ 다른 사람 혹은 상황과 함께 진행되거나 내용이 중복됨을 나타내는 부사 **也** yě ~도 ㅣ **还** hái 더욱 ㅣ **再** zài 또, 다시 ㅣ **又** yòu 또, 다시 ㅣ **再三** zàisān 재삼, 여러 번 ㅣ **反复** fǎnfù 반복해서 ㅣ **不断** búduàn 끊임없이 ㅣ **重新** chóngxīn 다시
추정부사	▶ 어떤 상황에 대해서 예측 혹은 추정하는 의미를 나타내는 부사 **也许** yěxǔ 아마도 ㅣ **大概** dàgài 아마도 ㅣ **可能** kěnéng 아마도 ㅣ **一定** yídìng 반드시 ㅣ **准** zhǔn 틀림없이 ㅣ **未必** wèidìng 반드시 ~한 것은 아니다 ㅣ **必定** bìdìng 반드시
관련부사	▶ 단어와 단어, 구와 구, 절과 절을 연결해 주는 부사 **就** jiù 바로 ㅣ **才** cái 비로소 ㅣ **更** gèng 더욱 ㅣ **还** hái 아직 ㅣ **都** dōu 모두 ㅣ **也** yě 역시 ㅣ **又** yòu 또 ㅣ **越** yuè ~할수록

2 부사의 특징

1 부사는 주로 동사나 형용사를 수식하는 부사어로 쓰이며, 일반적으로 단독으로 쓰이지 않는다.

- **你等等，我马上到。** 잠깐 기다려. 나 곧 도착해.　　▶동사를 수식
  Nǐ děngdeng, wǒ mǎshàng dào.

- **他学习非常努力。** 그는 매우 열심히 공부한다.　　▶형용사를 수식
  Tā xuéxí fēicháng nǔlì.

 다만 '不' '没有' '别' '当然' '也许' '一定' '差不多' 등 일부 부사가 대화문에서 질문에 대한 대답으로 쓰일 때는 단독으로 사용 가능하다.

- A **你喜欢学汉语吗？** 중국어 배우는 거 좋아하니?
  Nǐ xǐhuan xué Hànyǔ ma?

- B **当然。** 당연하지.
  Dāngrán.

2 부사는 일반적으로 명사나 수량구를 수식하지 못한다. 그러나 명사성 성분과 수량구가 술어로 쓰이는 경우에는 일부 부사의 수식을 받기도 한다.

❶ '就' '仅' '光' '单' '单单' 등 '단지'라는 뜻을 가진 범위부사는 사람이나 사물의 범위를 제한한다.

- 他们都没来，就我一个人来了。 그들은 모두 오지 않았는데, 나 혼자 왔다.
  Tāmen dōu méi lái, jiù wǒ yí ge rén lái le.

- 我今天花了很多钱，光[仅/单单]这件衣服就30万韩币。
  Wǒ jīntiān huā le hěn duō qián, guāng[jǐn/dāndān] zhè jiàn yīfu jiù sānshí wàn Hánbì.
  나는 오늘 돈을 많이 썼어. 이 옷만 30만원이야.

 단, 범위부사로 쓰이는 '只'는 위의 부사들과 달리 동사의 앞에 놓인다.

- 昨晚我只睡了四个小时。 어젯밤에 나는 네 시간밖에 못 잤어요.
  Zuówǎn wǒ zhǐ shuì le sì ge xiǎoshí.

❷ '都' '才' '就' '好' '大概' '已经' '将近' '恰好' 등의 부사는 수량구를 수식하여 말하는 사람의 수량에 대한 관점을 나타내기도 한다.

- 都十二点了，你怎么还不睡? 벌써 12시인데, 넌 왜 아직도 안 자니?
  Dōu shí'èr diǎn le, nǐ zěnme hái bú shuì?

- 我们俩认识将近二十年了。 우리 둘은 안 지 거의 20년 되었다.
  Wǒmen liǎ rènshi jiāngjìn èrshí nián le.

3 일부 부사는 단어와 단어, 구와 구, 절과 절을 연결해 주는 역할을 한다. 하나의 부사만 쓰기도 하고, 두 개의 부사가 관용어처럼 쌍을 이루어 쓰이기도 한다.

- 我们班的同学又聪明又努力。 우리 반 친구들은 똑똑하고 열심히 한다.
  Wǒmen bān de tóngxué yòu cōngmíng yòu nǔlì.

- 喝不完就别喝了。 다 마실 수 없으면 마시지 마세요.
  Hē bù wán jiù bié hē le.

- 我会说英语，还会说汉语。 나는 영어를 할 줄 알고, 중국어도 할 줄 안다.
  Wǒ huì shuō Yīngyǔ, hái huì shuō Hànyǔ.

- 我的汉语越来越好了。 나의 중국어는 점점 좋아지고 있다.
  Wǒ de Hànyǔ yuè lái yuè hǎo le.

单 dān 다만, 단지 | 韩币 Hánbì 한국 화폐 | 将近 jiāngjìn (시간이나 수량 등이) 거의 ~에 가깝다 | 昨晚 zuówǎn 어제저녁, 어젯밤 | 恰好 qiàhǎo 마침 | 越来越 yuè lái yuè 더욱더, 점점

1 부사는 일반적으로 술어(동사, 형용사) 앞에 위치한다.

■ **老板，再来十瓶啤酒。** 사장님, 맥주 10병 더 주세요.
Lǎobǎn, zài lái shí píng píjiǔ.

2 일부 부사는 주어 앞에 올 수도 있다. 예를 들어 '难道' '其实' '甚至' '大概' '恐怕' '也许' '幸亏' '多亏' '好在' '反正' '难怪' '怪不得' 등 일부 부사는 문장 전체를 수식할 때는 주어의 앞에 놓고, 술어를 수식할 때는 주어 뒤, 술어의 앞에 놓는다.

■ **也许明天会下雨。** 아마 내일 비가 올 거야.
Yěxǔ míngtiān huì xiàyǔ.

■ **明天也许会下雨。** 내일 아마 비가 올 거야.
Míngtiān yěxǔ huì xiàyǔ.

3 한 문장에 여러 개의 부사가 쓰이는 경우에는 일반적으로 '어기부사—시간부사—빈도부사—범위부사—정도부사—부정부사'의 순서로 나열한다.

어기부사	시간부사	빈도부사	범위부사	정도부사	부정부사

[시간부사] [범위부사] [정도부사]
■ **最近 我 一直 都 很 忙。** 요즘 나는 계속 바빠요.
Zuìjìn wǒ yìzhí dōu hěn máng.

[어기부사] [시간부사] [부정부사]
■ **她 原来 还 没 结婚 啊。** 그녀는 아직 결혼하지 않았군요.
Tā yuánlái hái méi jiéhūn a.

[어기부사] [정도부사] [부정부사]
■ **这里 没有 电梯，简直 太 不 方便 了。**
Zhèlǐ méiyǒu diàntī, jiǎnzhí tài bù fāngbiàn le.
여기는 엘리베이터가 없어서, 정말이지 너무 불편해.

啤酒 píjiǔ 맥주 | 恐怕 kǒngpà 아마 ～일 것이다 | 多亏 duōkuī 덕분에, 다행히 | 好在 hǎozài 다행히도, 운 좋게 | 怪不得 guàibudé 어쩐지 | 原来 yuánlái 알고 보니 | 电梯 diàntī 엘리베이터 | 简直 jiǎnzhí 정말, 그야말로

4 '都' '也' '很' '太' '一定' 등의 부사가 부정부사와 함께 쓰일 때, 부정부사 '不/没'의 앞에 놓이면 전체부정이 되고 뒤에 놓이면 부분부정의 의미가 된다.

- **他们都不是中国人。**
  Tāmen dōu bú shì Zhōngguórén.
  그들은 모두 중국 사람이 아니다.　▶그들 중에 중국 사람이 없음 [전체부정]

- **他们不都是中国人。**
  Tāmen bù dōu shì Zhōngguórén.
  그들 모두가 중국 사람은 아니다.　▶그들 중에 일부만 중국 사람임 [부분부정]

---

4 자주 쓰는 부사의 용법

부사 중에는 의미상으로 서로 대비되거나 용법상으로 반드시 구분해서 써야 하는 것들이 있으므로 유의할 필요가 있다.

1 정도부사 很과 太

❶ '很'은 객관적인 정도를 나타낸다.

- **炒年糕很好吃。** 떡볶이는 매우 맛있다.
  Chǎoniángāo hěn hǎochī.

- **我们学校的红叶很漂亮。** 우리 학교의 단풍은 매우 아름답다.
  Wǒmen xuéxiào de hóngyè hěn piàoliang.

'太'는 말하는 사람의 주관적인 평가를 나타내며 감탄의 의미도 지닌다. 문장 끝에 자주 어기조사 '了'와 함께 쓰인다.

- **炒年糕太好吃了。** 떡볶이는 너무 맛있다.
  Chǎoniángāo tài hǎochī le.

- **我们学校的红叶太漂亮了。** 우리 학교의 단풍은 너무 아름답다.
  Wǒmen xuéxiào de hóngyè tài piàoliang le.

'太'는 간혹 정도가 지나치다는 어감을 나타내기도 한다.

- **我家离学校太远了。** 우리 집은 학교에서 너무 멀다.
  Wǒ jiā lí xuéxiào tài yuǎn le.

炒年糕 chǎoniángāo 떡볶이 ｜ 红叶 hóngyè 단풍

■ 他太没有责任感了。 그는 책임감이 너무 없다.
　Tā tài méiyǒu zérèngǎn le.

❷ '很+형용사'는 관형어로 쓸 수 있지만, '太'는 관형어로 쓰이지 않는다.

■ 这是一个太好的想法。（×）
　→ 这是一个很好的想法。（○） 좋은 생각입니다.
　　Zhè shì yí ge hěn hǎo de xiǎngfǎ.

■ 这是一部太有意思的电视剧。（×）
　→ 这是一部很有意思的电视剧。（○） 이것은 아주 재미있는 드라마이다.
　　Zhè shì yí bù hěn yǒu yìsi de diànshìjù.

2 有点儿과 一点儿

'有点儿'은 정도부사이고 '一点儿'은 부사가 아니기 때문에 용법에 차이가 있다. 그러나 의미가 서로 비슷하여 '有点儿'을 써야 하는 문장에 '一点儿'을 쓰는 오류를 자주 범하므로, 두 가지의 용법을 구분해서 알아야 한다.

❶ '有点儿'은 정도부사로서 술어 앞에 놓는다. '有点儿' 뒤에는 소극적이거나 부정적인 의미를 지닌 형용사가 오며 문장 전체가 부정적인 의미를 나타낸다.

■ 这次考试一点儿难。（×）
　→ 这次考试有点儿难。（○） 이번 시험은 조금 어려웠다.
　　Zhècì kǎoshì yǒudiǎnr nán.

■ 我一点儿不喜欢他。（×）
　→ 我有点儿不喜欢他。（○） 나는 그를 좀 싫어한다.
　　Wǒ yǒudiǎnr bù xǐhuan tā.

❷ '一点儿'은 크게 두 가지 용법이 있다. 형용사 뒤에 쓰여 두 가지 상황을 비교하거나 자신의 희망이나 요구를 나타낸다.

■ 今天比昨天热(一)点儿。 오늘은 어제보다 조금 덥다.
　Jīntiān bǐ zuótiān rè yìdiǎnr.

■ 请您说慢(一)点儿。 조금 천천히 말씀해 주세요.
　Qǐng nín shuō màn yìdiǎnr.

责任感 zérèngǎn 책임감 | 有意思 yǒu yìsi 재미있다

명사 앞에 쓰여서 양이 적음을 나타내기도 한다.

- **我只喝了(一)点儿酒。** 나는 술을 조금밖에 마시지 않았다.
  Wǒ zhǐ hē le (yì)diǎnr jiǔ.

- **还有(一)点儿时间，不着急。** 아직 시간이 조금 있으니 서두르지 마세요.
  Háiyǒu yìdiǎnr shíjiān, bù zháojí.

  ⇨ 有一点儿时间은 동사 有와 一点儿이 결합한 것으로, 정도부사 有点儿이 아님에 주의하자. 有点儿은 一를 넣어 有一点儿로 쓸 수 있고, 一点儿은 一를 생략하여 点儿로만 쓰기도 한다.

✅ mini test

빈칸에 알맞은 부사를 넣어 문장을 완성해 보세요.

① 外面＿＿＿＿＿＿热。 밖은 조금 더워요.

② 你走快＿＿＿＿＿＿。 좀 빨리 걸어라.

정답 ① 有点儿 ② 一点儿

3 부정부사 不와 没(有)

❶ '不'는 객관적인 사실을 부정하거나, '~하지 않겠다'는 주관적 의지를 나타낸다. 또한 일상 적이고 습관적인 상황을 부정할 때 쓰인다.

- **那个人不是我们的老师。** 저 사람은 우리 선생님이 아니다. ▶ 객관적 사실
  Nà ge rén bú shì wǒmen de lǎoshī.

- **我不吃饭。** 난 밥을 안 먹을 거야. ▶ 주관적 의지
  Wǒ bù chīfàn.

- **我从来都不迟到。** 나는 여태껏 지각한 적이 없다. ▶ 습관적인 상황
  Wǒ cónglái dōu bù chídào.

'没有'는 과거의 어떤 행위가 완료 혹은 실현되지 않았음을 나타낸다.

- A 你吃饭了吗? 너 밥 먹었어?

  B 我不吃饭。(✕)

  → B 我没吃饭。(○) 난 안 먹었어.
     Wǒ méi chīfàn.

- 我以前不学过汉语。(✕)

  → 我以前没学过汉语。(○) 나는 전에 중국어를 배운 적이 없다.
     Wǒ yǐqián méi xué guo Hànyǔ.

---

❷ '不'와 '没(有)'가 형용사를 부정할 때, '不'는 사람 혹은 사물의 성질이나 상태를 부정하지만, '没(有)'는 성질이나 상태에 변화가 없음을 나타낸다.

- A 她瘦吗? 그녀는 말랐니?
  Tā shòu ma?

  B 她不瘦，她100斤呢。 그녀는 안 말랐어. 60kg이야.
  Tā bú shòu, tā yìbǎi jīn ne.

- A 你瘦了吗? 너 살 빠졌니?
  Nǐ shòu le ma?

  B 我没瘦，还是90斤。 나 살 안 빠졌어. 아직 55kg이야.
  Wǒ méi shòu, háishi jiǔshí jīn.

☑ mini test

빈칸에 알맞은 부사를 넣어 문장을 완성해 보세요.

① 太忙了，我_____去看电影。
너무 바빠서 나는 영화 보러 가지 않을 거야.

② 我_____看新上映的电影。
나는 새로 개봉한 영화를 보지 않았어.

정답 ① 不 ② 没有

4 시간부사 就와 才

❶ 부사 '就'와 '才'는 문장에서 여러 의미로 활용되는데, 시간부사로 사용되는 경우 '就(바로, 즉시)'와 '才(비로소)'는 상반되는 의미로 쓰인다. 동사 앞에 시간부사 '就'를 쓰면 말하는 사람이 느끼기에 동작의 발생이 일찍 시작되었음(상황이 순조로움)을 나타내며, 문장 끝에는 완성의 의미를 나타내는 조사 '了'를 붙여야 한다. 반대로 동작의 발생이 늦게 시작되었음(상황이 순조롭지 않음)을 나타내려면 동사 앞에 시간부사 '才'를 쓴다.

- 我今天七点就起床了，凌晨两点才睡觉。
  Wǒ jīntiān qī diǎn jiù qǐchuáng le, língchén liǎng diǎn cái shuìjiào.
  나는 오늘 7시에 일어나서 새벽 2시에야 잠을 잤다.

- 她记性特别好，看了两遍就记住了。 ▶동작의 발생이 이름
  Tā jìxìng tèbié hǎo, kàn le liǎng biàn jiù jì zhù le.
  그녀는 기억력이 매우 좋아서 두 번 보고 바로 기억했다.

上映 shàngyǐng (영화를) 상영하다 | 凌晨 língchén 새벽 | 记性 jìxìng 기억력 | 记 jì 기억하다, 암기하다

■ 我记性不好，背了十多遍才记住。 ▶동작의 발생이 늦음
Wǒ jìxìng bù hǎo, bèi le shí duō biàn cái jì zhù.
나는 기억력이 나빠서 열 번 넘게 외워서야 비로소 기억했다.

⇨ 才는 동작의 발생이 늦게 시작되었음을 나타내므로, 일반적으로 문장 끝에 완성의 의미를 나타내는 조사 了를 쓰지 않는다. ⋯⋯才记住了。(×)

❷ '就'는 '一'와 함께 쓰여서 앞의 동작이 끝나자마자 뒤의 동작 혹은 상태가 바로 발생함을 나타낸다.

■ 我一喝酒就脸红。 나는 술만 마시면 얼굴이 빨개진다.
Wǒ yì hē jiǔ jiù liǎnhóng.

■ 他有事，一下课就回家了。
Tā yǒu shì, yí xiàkè jiù huíjiā le.
그는 일이 있어서 수업이 끝나자마자 집으로 돌아갔다.

☑ mini test

빈칸에 알맞은 부사를 넣어 문장을 완성해 보세요.

① 她二十多岁就结婚了，我三十多岁_____结婚。
그녀는 20대에 이미 결혼을 했고, 나는 30대가 되어서야 결혼했다.

② 我_____考试_____紧张。
나는 시험만 보면 긴장을 한다.

정답 ① 才 ② 一, 就

5 빈도부사 还, 再, 又

❶ '还(아직도, 또)'는 앞에서 말한 내용에 대하여 추가 혹은 보충할 때 사용한다.

■ 我喜欢吃美食、看电影，还喜欢旅行。 ▶보충
Wǒ xǐhuan chī měishí、kàn diànyǐng, hái xǐhuan lǚxíng.
나는 맛있는 음식을 먹고 영화 보는 것을 좋아하고, 여행도 좋아합니다.

■ 周末我吃了很多好吃的，还跟朋友一起看了电影。 ▶추가
Zhōumò wǒ chī le hěn duō hǎochī de, hái gēn péngyou yìqǐ kàn le diànyǐng.
주말에 나는 맛있는 것도 많이 먹고, 친구와 같이 영화도 봤어요.

'还'는 또한 어떤 동작이나 상황이 계속됨을 나타내기도 한다.

背 bèi 외다, 암기하다 | 脸红 liǎnhóng 얼굴이 빨개지다, 부끄러워하다 | 美食 měishí 맛있는 음식

■ 这么晚了，他还在唱歌。 ▶지속
Zhème wǎn le, tā hái zài chànggē.
이렇게 늦은 시간에 그는 아직도 노래를 부르고 있다.

❷ '再(또, 다시)'의 기본 용법은 동일하거나 관련된 동작을 추가하는 것으로, 동사 뒤에는 일반적으로 수량을 나타내는 성분이 온다.

■ 太好听了，再唱一首。 너무 듣기 좋아요. 한 곡 더 불러 주세요.
Tài hǎotīng le, zài chàng yì shǒu.

'再'는 어떤 동작이 끝난 후에 그 동작이 다시 발생하기 바라는 의미를 나타내기도 한다.

■ 欢迎您以后再来韩国。 다음에 다시 한국에 오실 것을 환영합니다.
Huānyíng nín yǐhòu zài lái Hánguó.

■ 希望我们以后能再见面。 우리가 나중에 다시 만날 수 있기를 바랍니다.
Xīwàng wǒmen yǐhòu néng zài jiànmiàn.

❸ '又(또, 다시)'는 주로 이미 완료된 동작이나 상황이 반복하여 발생함을 나타낸다.

■ 太好吃了，我又吃了一个。 ▶완료된 동작
Tài hǎochī le, wǒ yòu chī le yí ge.
너무 맛있어서 나는 하나를 또 먹었다.

■ 昨天我迟到了，今天我又迟到了。 ▶상황의 반복
Zuótiān wǒ chídào le, jīntiān wǒ yòu chídào le.
어제 나는 지각했는데, 오늘 또 지각했다.

'又'는 아직 발생하지 않은 동작이 반복되는 경우에 쓰이기도 한다. 이 경우는 대부분 규칙적으로 반복되는 동작이나 상황을 나타내며, '又是……了' '又要……了' '又该……了'의 형식으로 관용어처럼 사용된다.

■ 明天又是星期一了。 내일은 또 월요일이다.
Míngtiān yòu shì xīngqīyī le.

■ 太高兴了，又要放假了。 너무 기뻐요. 또 방학이에요.
Tài gāoxìng le, yòu yào fàngjià le.

唱歌 chànggē 노래를 부르다 | 首 shǒu 시, 노래를 세는 양사 | 迟到 chídào 지각하다 | 放假 fàngjià 방학하다

'又'는 또한 미래에 반복해서 나타날 수 있는 상황에 대해서 예측할 때 쓰기도 하며, 너무 자주 반복된다는 부정적인 느낌을 표현하기도 한다.

■ **你这样做，她又会生气的。** 당신이 이렇게 하면, 그녀는 또 화를 낼 겁니다.
  Nǐ zhèyàng zuò, tā yòu huì shēngqì de.

■ **听说明天又要下雨。** 내일 또 비가 온다네요.
  Tīngshuō míngtiān yòu yào xiàyǔ.

■ **又要考试了。** 또 시험이야. ▶시험을 자주 보는 것에 대한 부정적인 어감
  Yòu yào kǎoshì le.

 还 vs 再

조동사가 사용된 문장에서 '还'는 조동사 앞에, '再'는 조동사와 동사 사이에 위치한다.

■ **太好吃了，我还想吃一个。** ▶먹는 행위를 또 하고 싶음
  Tài hǎochī le, wǒ hái xiǎng chī yí ge.
  너무 맛있어서 하나 더 먹고 싶어요.

■ **太好吃了，我想再吃一个。** ▶더 먹는 행위를 하고 싶음
  Tài hǎochī le, wǒ xiǎng zài chī yí ge.
  너무 맛있어서 하나 더 먹고 싶어요.

■ **太好吃了，我还想再吃一个。** ▶더 먹는 행위를 또 하고 싶음
  Tài hǎochī le, wǒ hái xiǎng zài chī yí ge.
  너무 맛있어서 하나 더 먹고 싶어요.

☑ mini test

빈칸에 들어갈 알맞은 부사를 골라 보세요.

① 这部电影太好看了，我想_____看一遍。 (还/再/又)
  이 영화는 너무 재미있어서 나는 다시 한 번 보고 싶다.

② 这部电影太好看了，我_____看了一遍。 (还/再/又)
  이 영화는 너무 재미있어서 나는 또 한 번 보았다.

정답 ① 再 ② 又

2 개사

🎧 05-02

'개사'는 명사나 대명사 앞에 위치하여 '개사구(개사+명사/대명사)'를 구성하고, 동작과 관련된 시간, 장소, 방식, 범위, 목적, 대상 등을 나타내는 품사를 말한다.

1 개사의 종류

개사는 다음과 같이 나눌 수 있다.

시간, 장소, 방향	从 cóng ~으로부터 | 离 lí ~으로부터 | 到 dào ~까지 | 在 zài ~에서 | 往 wǎng ~쪽으로 | 自 zì ~에서 | 自从 zìcóng ~에서 | 当 dāng 바로 그 때 | 趁 chèn ~을 이용하여 | 于 yú ~에서 | 顺着 shùnzhe ~을 따라서 | 沿着 yánzhe ~을 따라서
방식, 방법, 근거	用 yòng ~으로 | 以 yǐ ~으로써 | 凭 píng ~에 근거하여 | 按 àn ~에 따라서 | 按照 ànzhào ~에 따라 | 根据 gēnjù ~을 근거하여 | 通过 tōngguò ~을 통하여
동작의 주체 혹은 대상 (전치, 피동)	把(将) bǎ(jiāng) ~을 | 由 yóu ~에게 | 归 guī ~가 (책임지다) | 被 bèi ~에 의하여 (~하게 되다) | 给 gěi ~에게 (주다) | 叫 jiào ~에 의하여 (~하게 되다) | 让 ràng ~에게 (~당하다)
관계된 대상	跟 gēn ~와/과 | 和 hé ~와/과 | 同 tóng ~와/과 | 给 gěi ~에게 | 替 tì ~을 위하여 | 对 duì ~에 대하여 | 对于 duìyú ~에 대하여 | 关于 guānyú ~에 관해서 | 除了 chúle ~을 제외하고
원인, 목적	因 yīn ~에 의하여 | 因为 yīnwèi ~때문에 | 由于 yóuyú ~로 인하여 | 为 wèi ~을 위하여 | 为了 wèile ~을 위하여 | 为着 wèizhe ~을 위하여

2 개사의 특징

1 개사는 단독으로 쓸 수 없고, 명사나 대명사와 결합하여 개사구를 만든다. 개사구는 부사어로 쓰이기 때문에 주로 주어 뒤, 술어 앞에 놓인다.

- 我在图书馆学习。 나는 도서관에서 공부한다.
  Wǒ zài túshūguǎn xuéxí.

- 他对我很好。 그는 나에게 잘해준다.
  Tā duì wǒ hěn hǎo.

- **我从**大一开始**学汉语的。** 나는 대학교 1학년 때부터 중국어를 배웠다.
  Wǒ cóng dà yī kāishǐ xué Hànyǔ de.

2 일부 개사구는 주어 앞에 올 수 있다.

- **为了学好汉语，我常常看中国电视剧和综艺节目。**
  Wèile xué hǎo Hànyǔ, wǒ chángcháng kàn Zhōngguó diànshìjù hé zōngyì jiémù.
  중국어를 잘 배우기 위해 나는 중국 드라마와 예능 프로그램을 자주 본다.

- **关于考试范围，下个星期再告诉你们吧。**
  Guānyú kǎoshì fànwéi, xià ge xīngqī zài gàosu nǐmen ba.
  시험 범위에 대해서는 다음 주에 다시 여러분에게 알려드릴게요.

3 일부 개사구는 술어 뒤에 쓰여 보어의 역할을 한다. 개사구가 문장 뒤에 또 다른 개사구를 보어로 쓰기도 한다.

- **我出生**于首尔**。** 나는 서울에서 태어났다.
  Wǒ chūshēng yú Shǒu'ěr.

- **今天我很累，从早上学习**到晚上**。**
  Jīntiān wǒ hěn lèi, cóng zǎoshang xuéxí dào wǎnshang.
  오늘 난 많이 피곤해. 아침부터 저녁까지 공부했어.

3 자주 쓰는 개사의 용법

1 给

❶ '给'는 사물을 받는 대상을 나타낸다.

- **他**给我**买了很多巧克力。** ▶사물을 받는 대상
  Tā gěi wǒ mǎi le hěn duō qiǎokèlì.
  그는 나에게 초콜릿을 많이 사 주었다.

- **我**给你**发短信吧。** ▶사물을 받는 대상
  Wǒ gěi nǐ fā duǎnxìn ba.
  내가 너에게 문자 보낼게.

综艺 zōngyì 종합 예능 | 节目 jiémù 프로그램 | 范围 fànwéi 범위 | 发 fā 보내다 | 短信 duǎnxìn 문자 메시지

'给+사람'은 '把자문'에서 동사 뒤에 놓여 보어로 쓰이며, 사물이 최종적으로 누구에게 전달 되었는가를 나타낸다.

■ 请把作业交给我。 과제를 저에게 제출하세요.
Qǐng bǎ zuòyè jiāo gěi wǒ.

❷ '给'는 또한 동작이나 행위를 받는 대상을 나타낸다.

■ 你给大家说说你的想法。 ▶동작·행위를 받는 대상
Nǐ gěi dàjiā shuōshuo nǐ de xiǎngfǎ.
당신이 모두에게 당신의 생각을 말해 보세요.

■ 我不想给你们添麻烦。 ▶동작·행위를 받는 대상
Wǒ bù xiǎng gěi nǐmen tiān máfan.
저는 여러분에게 폐를 끼치고 싶지 않습니다.

2 对

'对'는 '~에게'라는 뜻으로, 동작이나 행위가 영향을 미치는 대상을 나타낸다.

❶ 동작을 받는 대상이 사람인 경우

■ 老师对我说："不要紧张。"
Lǎoshī duì wǒ shuō: Bú yào jǐnzhāng."
선생님이 나에게 말했다. "긴장하지 마."

■ 她没说话，只对我笑了笑。
Tā méi shuōhuà, zhǐ duì wǒ xiào le xiào.
그녀는 말을 하지 않고 단지 나에게 웃어주었다.

❷ 동작을 받는 대상이 사물인 경우, 어떤 사물이나 상황에 대한 말하는 사람의 태도나 감정을 나타낸다.

■ 我对家乡的感情很深。 나는 고향에 대한 감정이 매우 깊다.
Wǒ duì jiāxiāng de gǎnqíng hěn shēn.

■ 我对中国的文化很感兴趣。 나는 중국의 문화에 관심이 많다.
Wǒ duì Zhōngguó de wénhuà hěn gǎn xìngqu.
⇨ 对……感兴趣는 '~에 대해서 관심을 갖다'라는 뜻으로, 숙어처럼 쓰이므로 알아두자.

紧张 jǐnzhāng 긴장하다 | 笑 xiào 웃다 | 家乡 jiāxiāng 고향 | 深 shēn 깊다

❸ 동작이 미치는 대상을 이끌어 내는 경우

- **抽烟对身体不好。** 흡연은 건강에 좋지 않다.
  Chōuyān duì shēntǐ bù hǎo.

- **常跟中国人聊天，对提高口语水平有很大的帮助。**
  Cháng gēn Zhōngguórén liáotiān, duì tígāo kǒuyǔ shuǐpíng yǒu hěn dà de bāngzhù.
  중국 사람과 자주 이야기하는 것은 말하기 실력을 향상시키는 데 큰 도움이 된다.

☑ mini test

빈칸에 들어갈 알맞은 단어를 골라 보세요.

① 我_____他产生了好感。 (给/对)
나는 그에게 호감이 생겼다.

② 请您_____大家介绍介绍这个产品。 (给/对)
모두에게 이 제품을 소개 좀 해주세요.

정답 ① 对 ② 给

3 从과 离

'从(~에서부터)'은 뒤에 시간이나 장소를 나타내는 명사를 동반한다. '离(~에서부터)'도 역시 뒤에 시간이나 장소가 오지만 '从'은 출발점(시간 혹은 장소)에서 출발 혹은 시작하는 것을 의미하고, '离'는 어디부터 어디까지라는 공간이나 시간의 간격을 나타낸다.

从A   A에서(부터)
A离B   A에서(부터) B

- **我每天从七点开始学习。** 나는 매일 7시부터 공부한다.   ▶시작 시간
  Wǒ měitiān cóng qī diǎn kāishǐ xuéxí.

- **请问，从这儿到公交车站怎么走？** ▶출발 장소
  Qǐng wèn, cóng zhèr dào gōngjiāo chēzhàn zěnme zǒu?
  실례합니다. 여기에서 버스 정류장까지 어떻게 가나요?

- **离开学没剩几天了。** 개학이 며칠 남지 않았다.   ▶시간 간격
  Lí kāixué méi shèng jǐ tiān le.

- **我家离学校很近。** 우리 집은 학교에서 가깝다.   ▶거리 간격
  Wǒ jiā lí xuéxiào hěn jìn.

提高 tígāo 향상시키다 | 口语 kǒuyǔ 구어, 입말 | 帮助 bāngzhù 도움 | 好感 hǎogǎn 호감 | 产品 chǎnpǐn 제품 | 剩 shèng 남다

4 为와 为了

둘 다 '~을 위하여'라는 의미로, 뒤에는 원인이나 목적을 나타내는 말이 온다. 다만 용법에 다소 차이가 있으므로 유의해야 한다.

❶ '为' 뒤에는 원인이나 목적뿐만 아니라 혜택을 받는 사람이 올 수도 있는데, '为了'에는 이런 용법이 없다.

■ 妈妈为我准备了很多美味的饭菜。 ▶혜택을 받는 대상
Māma wèi wǒ zhǔnbèi le hěn duō měiwèi de fàncài.
엄마는 나를 위해 맛있는 음식을 많이 준비하셨다.

■ 我一直为这件事感到很愧疚。 ▶원인
Wǒ yìzhí wèi zhè jiàn shì gǎndào hěn kuìjiù.
나는 줄곧 이 일 때문에 양심의 가책을 느꼈다.

❷ '为了'는 문장 맨 앞에 쓰여 목적을 나타낼 수 있다.

■ 为了取得好成绩，我学习非常努力。 ▶목적
Wèile qǔdé hǎo chéngjì, wǒ xuéxí fēicháng nǔlì.
좋은 성적을 얻기 위해 나는 매우 열심히 공부했어요.

❸ '为'를 써서 목적을 나타낼 때는 뒤에 자주 '而'이 와서 호응한다.

■ 我们应该为实现自己的梦想而努力奋斗。
Wǒmen yīnggāi wèi shíxiàn zìjǐ de mèngxiǎng ěr nǔlì fèndòu.
우리는 자신의 꿈을 실현하기 위하여 열심히 노력해야 합니다.

☑ mini test

빈칸에 들어갈 알맞은 단어를 골라 보세요.

① 我很愿意_____大家服务。 (为/为了)
저는 여러분을 위해 봉사하고 싶습니다.

② _____提高汉语水平，我每天都学习一个小时汉语。 (为/为了)
중국어 실력을 향상시키기 위해서 나는 매일 한 시간씩 중국어를 공부한다.
정답 ① 为 ② 为了

美味 měiwèi 맛있는 음식 | 饭菜 fàncài 음식, 식사 | 愧疚 kuìjiù 양심의 가책을 느끼다 | 奋斗 fèndòu 분투하다

3 접속사

중국어 문장은 하나의 문장으로 된 단문, 단문과 단문이 연결된 복문으로 구분되는데, 복문에서 단문과 단문, 즉 문장과 문장을 자연스럽게 연결시키는 역할을 접속사가 한다. 앞뒤 문장의 의미를 보다 명확하게 나타내기 위해서는 적절한 접속사를 사용할 줄 알아야 한다.

1 접속사의 특징과 분류

1 접속사는 단어와 단어, 구와 구, 문장과 문장을 연결시켜 논리관계를 표현한다.

- **要多吃蔬菜和水果。** 채소와 과일을 많이 먹어야 한다. ▶단어와 단어 연결
  Yào duō chī shūcài hé shuǐguǒ.

- **他非常有名，无论男女老少都知道他。** ▶명사구와 동사구 연결
  Tā fēicháng yǒumíng, wúlùn nánnǚ lǎoshào dōu zhīdào tā.
  그는 매우 유명해서 남녀노소를 막론하고 모두 그를 안다.

- **虽然汉语很难，但我觉得很有意思。** ▶문장과 문장 연결
  Suīrán Hànyǔ hěn nán, dàn wǒ juéde hěn yǒu yìsi.
  중국어는 어렵지만, 나는 재미있다고 생각한다.

분류	접속사
단어와 단어를 연결	和 hé ~와/과 | 跟 gēn ~와/과 | 与 yǔ ~와/과 | 及 jí 및, ~와/과 | 或 huò 또는
단어나 구를 연결	而 ér ~하고, 그리고 | 而且 érqiě 게다가 | 并且 bìngqiě 또한 | 或者 huòzhě ~이나, ~든지 | 还是 háishi 또는, 아니면 | 要么 yàome ~하든지
문장과 문장을 연결	不但 búduàn ~뿐만 아니라 | 不仅 bùjǐn ~일 뿐만 아니라 | 虽然 suīrán 비록 ~일지라도 | 但是 dànshì 그러나 | 如果 rúguǒ 만약 | 要是 yàoshi 만일 ~이라면 | 因为 yīnwèi ~때문에 | 所以 suǒyǐ 그래서 | 既然 jìrán 이미 이렇게 된 바에야 | 即使 jíshǐ 설령 ~하더라도 | 哪怕 nǎpà 설령, 가령 | 除非 chúfēi 오직 ~하여야 | 宁可 nìngkě 차라리 (~하는 것이 낫다) | 与其 yǔqí ~하느니 (차라리)

蔬菜 shūcài 채소 | 男女老少 nánnǚ lǎoshào 남녀노소 | 难 nán 어렵다

2 접속사는 한 개가 단독으로 쓰이기도 하지만, 두 개가 호응하여 쓰이는 경우가 많으므로 호응관계를 잘 외워야 한다. 접속사는 병렬·순접·인과·양보·선택·조건·가정·점층·전환·목적 등의 관계로 분류할 수 있다.

- **如果**大家想取得好成绩，**就**一定要好好儿复习。
  Rúguǒ dàjiā xiǎng qǔdé hǎo chéngjì, jiù yídìng yào hǎohāor fùxí.
  여러분이 좋은 성적을 얻고 싶다면, 반드시 복습을 잘 해야 합니다. ▶가정관계

- **只有**努力学习、多积累工作经验，**才**能找到好工作。
  Zhǐyǒu nǔlì xuéxí, duō jīlěi gōngzuò jīngyàn, cái néng zhǎo dào hǎo gōngzuò.
  열심히 공부하고 업무 경험을 많이 쌓아야만 비로소 좋은 직장을 구할 수 있다. ▶조건관계

> 접속사 상세 설명
> Chapter 12(p.234)

2 자주 쓰는 접속사의 용법

1 和

❶ 명사와 대명사를 연결한다. 두 개 이상의 단어를 병렬할 경우에는 마지막 두 단어의 사이에 '和'를 쓴다.

- 我**和**她都喜欢逛街。 나와 그녀는 모두 쇼핑을 좋아한다.
  Wǒ hé tā dōu xǐhuan guàngjiē.

- 我喜欢吃苹果、葡萄**和**草莓。 나는 사과, 포도 그리고 딸기를 좋아한다.
  Wǒ xǐhuan chī píngguǒ, pútáo hé cǎoméi.

❷ 형용사(구), 동사(구), 개사구, 문장과 문장을 연결한다. 이때는 주어, 관형어, 목적어가 될 수 있지만 술어는 될 수 없다.

- 亲切**和**热情是我最大的优点。 ▶주어
  Qīnqiè hé rèqíng shì wǒ zuì dà de yōudiǎn.
  친절과 열정이 나의 가장 큰 장점이다.

- 这个饭店热情**和**周到的服务受到了顾客的好评。 ▶관형어
  Zhè ge fàndiàn rèqíng hé zhōudào de fúwù shòudào le gùkè de hǎopíng.
  이 호텔의 열정과 세심한 서비스는 고객들의 호평을 받았다.

积累 jīlěi 쌓다, 축적하다 | 经验 jīngyàn 경험 | 葡萄 pútáo 포도 | 草莓 cǎoméi 딸기 | 亲切 qīnqiè 친절하다 | 优点 yōudiǎn 장점 | 周到 zhōudào 꼼꼼하다, 빈틈없다 | 服务 fúwù 서비스 | 顾客 gùkè 고객 | 好评 hǎopíng 좋은 평가, 호평

- **我的成功离不开大家的鼓励、支持和帮助。** ▶목적어
  Wǒ de chénggōng lí bu kāi dàjiā de gǔlì、zhīchí hé bāngzhù.
  저의 성공은 모두의 격려와 지지, 도움과 뗄 수 없습니다.

- **她聪明和漂亮。** (×)
  → **她很聪明，也很漂亮。** (○) 그녀는 총명하고 예쁘다.
    Tā hěn cōngmíng, yě hěn piàoliang.
  → **她又聪明又漂亮。** (○) 그녀는 총명하고 예쁘다.
    Tā yòu cōngmíng yòu piàoliang.
- **我们一起吃了饭和喝了咖啡。** (×)
  → **我们一起吃了饭，还一起喝了咖啡。** (○)
    Wǒmen yìqǐ chī le fàn, hái yìqǐ hē le kāfēi.
    우리는 같이 밥을 먹고, 같이 커피도 마셨어요.

접속사 '和'와 개사 '和'의 차이

① 접속사로 쓰일 때
- **我和他都想去中国留学。**
  Wǒ hé tā dōu xiǎng qù Zhōngguó liúxué.
  나와 그는 모두 중국에 유학을 가고 싶다. ▶我和他는 주어

② 개사로 쓰일 때
- **我想和他一起去中国留学。**
  Wǒ xiǎng hé tā yìqǐ qù Zhōngguó liúxué.
  나는 그와 함께 중국에 유학을 가고 싶다. ▶和他는 부사

2 或(者)와 还是

'或(者)'와 '还是'는 둘 다 '아니면'이라는 뜻으로 선택관계를 나타내지만, '或(者)'는 평서문에만 쓰이고, '还是'는 의문문에 쓰인다.

- **你明天来或者后天来都行。** 네가 내일 오든지 모레 오든지 다 괜찮아.
  Nǐ míngtiān lái huòzhě hòutiān lái dōu xíng.
  ⇨ 평서문이므로 或者를 써야 한다.

- **你喝咖啡还是牛奶?** 너 커피 마실래, 아니면 우유 마실래?
  Nǐ hē kāfēi háishi niúnǎi?

离不开 lí bu kāi 떨어질 수 없다 | 鼓励 gǔlì 격려하다 | 支持 zhīchí 지지하다

간혹 '知道' '告诉' 등이 술어로 사용된 문장에서는 '还是'로 구성된 선택의문문이 목적어가 되기도 한다.

- **我不知道他说的是真话还是假话。**
  Wǒ bù zhīdào tā shuō de shì zhēnhuà háisi jiǎhuà.
  난 그가 한 말이 진짜인지 아니면 거짓말인지 모르겠어.

  ⇨ 이 경우에 전체 문장은 평서문이지만 还是로 구성된 목적어 자체는 선택의문문이기 때문에 或者가 아니라 반드시 还是를 써야 한다.

'还是……吧'의 형식으로 쓰여 '~하는 편이 더 좋다'라는 의미를 나타내기도 하는데, 이때 '还是'는 접속사가 아닌 부사의 용법이다.

- A **你喝茶还是咖啡?** 차 마실래, 커피 마실래? ▶还是: 접속사
  　　Nǐ hē chá háishi kāfēi?

  B **还是喝茶吧。** 차를 마시는 게 좋겠어. ▶还是: 부사
  　　Háishi hē chá ba.

☑ mini test

빈칸에 들어갈 알맞은 단어를 골라 보세요.

① 我想当汉语老师＿＿＿＿＿＿汉语导游。 (或者/还是)
　난 중국어 선생님이나 아니면 중국어 가이드가 되고 싶어요.

② 你快点告诉我他去＿＿＿＿＿＿不去? (或者/还是)
　빨리 나에게 말해 줘. 그가 간대, 안 간대?

정답 ① 或者 ② 还是

真话 zhēnhuà 참말 | 假话 jiǎhuà 거짓말 | 茶 chá 차

1 다음 문장에서 틀린 부분을 바르게 고쳐 보세요.

1. 她很可爱和聪明。

   ⇨ _____

2. 我喜欢看电视，和我喜欢运动。

   ⇨ _____

3. 我想吃火锅还是北京烤鸭。

   ⇨ _____

4. 他是一个太有意思的人。

   ⇨ _____

5. 今天我不有课。

   ⇨ _____

6. 我下午两点才吃饭了。

   ⇨ _____

7. 我对这个问题很有关心。

   ⇨ _____

8. 不好意思，对您添麻烦了。

   ⇨ _____

풀이 Tip

1. 聪明 cōngmíng
   똑똑하다
3. 火锅 huǒguō
   훠궈, 중국식 샤브샤브
   北京烤鸭 Běijīng
   Kǎoyā 베이징 오리구이

1 빈칸에 들어갈 알맞은 표현을 고르세요.

1. 我 _____ 喜欢吃牛肉。

    A 都   B 才   C 只   D 光

2. _____ 十点了，他还没起床。

    A 只   B 才   C 都   D 就

3. 这件衣服很便宜， _____ 100块。

    A 都   B 才   C 光   D 还

4. 期中考试 _____ 难。

    A 一点儿   B 有点儿   C 一下儿   D 一会儿

5. 我毕业 _____ 北京外国语大学。

    A 在   B 从   C 到   D 于

6. 妈妈 _____ 我寄了很多吃的。

    A 对   B 和   C 给   D 跟

7. 大家都 _____ 这件事感到难过。

    A 为   B 给   C 向   D 为了

8. 我想去欧洲 _____ 美国旅行。

    A 还是   B 一起   C 或者   D 同时

풀이 Tip

1. 牛肉 niúròu 소고기
4. 期中考试 qīzhōng
   kǎoshì 중간고사
8. 欧洲 Ōuzhōu 유럽

117

🌑 상(相) 표지

동작의 완료·실현	동태조사 了
상황이나 상태의 변화·발생	어기조사 了
동작·상태의 지속	동태조사 着
과거의 경험	동태조사 过
동작이나 행위의 진행	부사 正, 在, 正在

Chapter

06

상(相)과 상(相)표지

중국어의 상(相)은 동작이 완료되었는지,
변화되었는지, 지속되고 있는지, 진행되
고 있는지, 경험한 적이 있는지를 나타낸
다. 완료, 지속, 경험의 상은 주로 동사 뒤
에 동태조사 '了/着/过'를 붙여서 나타내
고, 진행의 상은 동사 앞에 부사 '正/在/
正在'를 넣어서 표현한다. 즉 중국어의
상은 일반적으로 완료상, 변화상, 지속
상, 경험상, 진행상으로 구분한다.

▷ 완료를 나타내는 동태조사 了
▷ 변화를 나타내는 어기조사 了
▷ 지속를 나타내는 동태조사 着
▷ 경험를 나타내는 동태조사 过
▷ 진행를 나타내는 부사 正, 在, 正在

동영상 강의

예문 MP3

1 완료를 나타내는 동태조사 了 🎧 06-01

동태조사란 동작의 진행 과정과 상태를 나타내는 조사이다. 동태조사에는 '了' '着' '过'가 있으며, 이 중 동태조사 '了'는 동사 뒤에 쓰여 어떤 동작이나 행위가 이미 완료되었음을 나타낸다.

1 동태조사 '了'의 용법

1 동사 뒤에 동태조사 '了'를 써서 어떤 동작이 이미 실현되었거나 완료되었음을 나타낸다. 과거와 미래의 완료와 실현을 모두 나타낼 수 있다.

- **昨天我买了一双运动鞋。** 어제 나는 운동화 한 켤레를 샀다. ▶과거의 완료
  Zuótiān wǒ mǎi le yì shuāng yùndòngxié.

- **我最近认识了一个中国朋友。** 나는 최근에 한 중국 친구를 알게 되었다. ▶과거의 완료
  Wǒ zuìjìn rènshi le yí ge Zhōngguó péngyou.

- **明天吃了午饭以后，我们去市中心逛逛吧。**
  Míngtiān chī le wǔfàn yǐhòu, wǒmen qù shì zhōngxīn guàngguang ba.
  내일 점심 먹은 후에 우리 시내 구경가자. ▶미래의 완료

- **明年毕了业以后，我想去首尔找工作。**
  Míngnián bì le yè yǐhòu, wǒ xiǎng qù Shǒu'ěr zhǎo gōngzuò.
  내년에 졸업한 후에 나는 서울에 가서 취업하고 싶다. ▶미래의 완료

  ⇨ 세 번째 문장은 미래(내일) 시점을 기준으로 '먹는' 행위가 완료된 후에 쇼핑을 하러 간다는 의미이고, 네 번째 문장은 미래(내년) 시점을 기준으로 '졸업'이란 행위가 완료된 후에 일자리를 찾겠다는 의미이다.

2 '동사+了'로 완료를 나타낼 때, 부정형식은 '没+동사'이며, 이때는 '了'를 쓸 수 없다. 왜냐하면 '没+동사'는 동작이나 행위가 완료되지 않았음을 나타내는데, '了'는 동작이나 행위가 완료되었음을 나타내기 때문에 의미상 충돌되기 때문이다.

- **我还没吃饭。** 나는 아직 밥을 안 먹었다.
  Wǒ hái méi chīfàn.

- **期末考试我还没准备。** 기말고사를 나는 아직 준비하지 않았다.
  Qīmò kǎoshì wǒ hái méi zhǔnbèi.

运动鞋 yùndòngxié 운동화 | 午饭 wǔfàn 점심(밥) | 市中心 shì zhōngxīn 시내 중심 | 期末 qīmò 기말, 학기말

3 의문형식은 문장 끝에 의문사 '吗'를 붙이거나, '동사+了+没有' 형식으로 나타낸다.

- **你吃饭了吗？ / 你吃饭了没有？** 너 밥 먹었어?
  Nǐ chīfàn le ma? / Nǐ chīfàn le méiyǒu?

- **你通过HSK五级了吗？ / 你通过HSK五级了没有？** 너 HSK 5급 통과했어?
  Nǐ tōngguò HSK wǔ jí le ma? / Nǐ tōngguò HSK wǔ jí le méiyǒu?

조사(助词)

조사는 명사, 동사, 형용사 뒤나 문장 끝에 붙어 여러 부가적 의미를 나타내거나 문법적 관계를 나타내는 품사이다. 중국어 조사는 어법 기능에 따라 동태조사, 구조조사, 어기조사로 나뉜다.

---

2 동태조사 '了'의 위치

1 동사가 하나만 쓰인 문장에서 목적어 앞에 목적어를 수식하는 다른 성분이 없다면 '了'는 목적어 뒤에 와야 한다. 하지만 목적어를 수식하는 수량구나 관형어가 있으면 '了'는 동사 바로 뒤에 온다.

> 동사 + 목적어 + 了

- **昨天我买书了。** 어제 나는 책을 샀다.
  Zuótiān wǒ mǎi shū le.

  ⇨ 목적어 书를 수식하는 성분이 없으므로, 了는 목적어 书 뒤에 와야 한다.

> 동사 + 了 + 관형어 + 목적어

- **昨天我买了一本汉语书。**
  Zuótiān wǒ mǎi le yì běn Hànyǔ shū.
  어제 나는 중국어 책을 한 권 샀다.

  ⇨ 목적어 书 앞에 一本(수량구)과 汉语(관형어) 등 목적어를 수식하는 성분이 있으므로, 了는 동사 바로 뒤에 온다.

2 과거에 완료된 몇 가지 동작을 나열할 때는 목적어를 수식하는 성분이 없어도 '了'를 동사 뒤에 쓴다.

- 周末我看了电影、见了朋友，过得非常愉快。
  Zhōumò wǒ kàn le diànyǐng、jiàn le péngyou, guò de fēicháng yúkuài.
  주말에 나는 영화도 보고, 친구도 만나고 매우 즐겁게 보냈다.

3 동태조사 '了'를 쓰지 않는 경우

1 '是' '叫' '姓' '像' '成为' '等于' 등의 관계동사나 '觉得' '希望' '爱' '喜欢' '担心' '值得' '讨厌' 등의 상태동사 뒤에는 동태조사 '了'를 쓸 수 없다.

- 我很喜欢了吃中国菜。(×)
  → 以前我很喜欢吃中国菜。(○) 예전에 나는 중국 음식을 매우 좋아했다.
  Yǐqián wǒ hěn xǐhuan chī Zhōngguó cài.

▷ 시점이 과거일지도 사람의 심리 상태를 나타내는 동사 喜欢 뒤에는 了를 붙이지 못한다. 구체적인 행위를 하는 동사가 아닐 경우 완료의 의미가 없기 때문이다.

2 '每天' '常常' '经常' '总是' '一直' 등의 부사가 쓰여, 습관적이고 반복적으로 발생하는 행위를 나타내는 문장에는 동태조사 '了'를 쓸 수 없다.

- 上个月我常常跟他见面了。(×)
  → 上个月我常常跟他见面。(○) 지난달에 나는 그와 자주 만났다.
  Shàng ge yuè wǒ chángcháng gēn tā jiànmiàn.

3 연동문과 겸어문에서 첫 번째 동사 뒤에는 일반적으로 '了'를 쓸 수 없다.

- 我昨天去超市买了一些水果。 나는 어제 슈퍼마켓에 가서 과일을 조금 샀다.
  Wǒ zuótiān qù chāoshì mǎi le yìxiē shuǐguǒ.

▷ 연동문의 첫 번째 동사 去에는 了를 붙이지 않고, 두 번째 동사인 买 뒤에 了를 붙여서 '가다' '사다'의 동작이 이미 완료되었음을 나타낸다.

연동문, 겸어문 상세 설명
Chapter 09(p.190)

愉快 yúkuài 기분이 좋다, 유쾌하다

■ **他请我去他家吃饭了。** 그는 나를 그의 집에 식사 초대했다.
Tā qǐng wǒ qù tā jiā chīfàn le.

⇨ 겸어문의 첫 번째 동사 去 뒤에는 了를 붙이지 않고, 두 번째 동사인 吃 뒤에 了를 붙인다. 이 문장에서는 吃의 목적어에 수식 성분이 없으므로 了를 동사 吃 뒤가 아니라 목적어 饭 뒤에 썼다.

 연동문: 주어는 하나인데, 동사가 두 개 이상 연속해서 나오는 문장
겸어문: 첫 번째 동사의 목적어가 두 번째 동사의 주어가 되는 문장

4 일부 동사는 단독으로 쓰이거나 혹은 목적어가 간단한 경우에는 '了'를 쓸 수 있지만, 만일 목적어가 문장인 경우에는 '了'를 쓸 수 없다.

■ **我知道了。** (○) 나는 알았다.
Wǒ zhīdào le.

■ **我知道了他是中国人。** (✕)
→ **我知道他是中国人。** (○) 나는 그가 중국 사람인 것을 안다.
Wǒ zhīdào tā shì Zhōngguórén.

 mini test

괄호 안의 단어를 알맞은 위치에 넣어 보세요.

① 我买 A 很多零食 B 。 (了)
나는 간식을 많이 샀다.

② 周末我在家看 A 电影 B 。 (了)
주말에 나는 집에서 영화를 보았다.

정답 ① A ② B

2 변화를 나타내는 어기조사 了

🎧 06-02

말하는 사람이 듣는 사람에게 어떤 사건에 대한 새로운 정보를 알리면서 상황이 변화되었음을 강조할 때, 문장 끝에 어기조사 '了'를 붙여서 '변화의 상(相)'으로 표현한다. 동작이나 행위의 '완료'를 나타내는 동태조사 '了'는 주로 동사의 뒤에만 붙이지만, '변화'를 나타내는 어기조사 '了'는 문장의 끝에 붙이기 때문에, 동사술어문 외에도 명사술어문, 형용사술어문의 끝에도 올 수 있다.

---

1 어기조사 '了'의 용법

1 어기조사 '了'는 문장 끝에 놓여, 상황이나 상태의 변화를 나타낸다.

■ **你瘦了。** 너 살 빠졌어. ▶ 외모의 변화
  Nǐ shòu le.

■ **你已经35岁了，该结婚了。**
  Nǐ yǐjīng sānshíwǔ suì le, gāi jiéhūn le.
  너 벌써 서른다섯 살이야. 결혼해야지. ▶ 나이의 변화

■ **外面刮风了，下雨了。**
  Wàimiàn guāfēng le, xiàyǔ le.
  밖에 바람이 불고 비가 옵니다. ▶ 날씨의 변화

2 동태조사 '了'와 어기조사 '了'는 한 문장에서 같이 쓸 수 있다.

동태조사　　　　어기조사1　　　　어기조사2

■ **他已经喝了五瓶烧酒了，不能再喝了。**
  Tā yǐjīng hē le wǔ píng shāojiǔ le, bù néng zài hē le.
  그는 이미 소주 다섯 병을 마셔서 더 마실 수 없다.

  ⇨ 동사 喝 뒤의 동태조사 了는 '마시다'라는 동작이 완료됨을 나타내고, 첫 번째 어기조사 了는 그가 현재 소주 다섯 병을 마셨음을 알려 주며, 두 번째 어기조사 了는 그의 상태가 더 이상 마실 수 없게 되었음(변화)을 나타낸다.

3 간혹 하나의 '了'가 동태조사와 어기조사의 두 가지 의미를 모두 담는 경우가 있다.

■ **春天来了，花都开了。** 봄이 왔어요. 꽃이 모두 피었어요.
  Chūntiān lái le, huā dōu kāi le.

  ⇨ 이 문장에서 了는 동사 뒤에 쓰이면서 또한 문장의 끝에 놓여서 완료와 변화 두 가지 의미를 나타낸다.

4 완료를 나타내는 '了'와 변화를 나타내는 '了' 사이에 수량사가 오면, 상태가 현재까지 지속되고 있음을 나타낸다.

동태조사   어기조사

■ 他学了一年英语了。
Tā xué le yì nián Yīngyǔ le.
그는 영어를 배운 지 일 년 되었다.   ▶ 현재도 배우고 있음

2 시간의 임박을 나타내는 '了'

1 '要……了' 형식을 사용해 가까운 미래에 발생하거나 나타날 변화를 표현할 수 있다. '要' 앞
에 '就/快'를 더하여, 단시간 내에 곧 발생함을 강조할 수 있다.

■ 要放假了。 곧 방학이야.
Yào fàngjià le.

■ 我明年就要毕业了。 나는 내년에 졸업해.
Wǒ míngnián jiùyào bìyè le.

■ 火车快要开了，快点！ 기차가 곧 출발합니다. 빨리요!
Huǒchē kuàiyào kāi le, kuài diǎn!

2 이때, '要……了' '就要……了' 앞에는 시간사를 쓸 수 있으나, '快要……了'는 '快'가 이미
'곧'이라는 의미를 나타내기 때문에 앞에 구체적인 시간사를 쓸 수 없다.

◎
✕

■ 她下个月要结婚了。/ 她下个月就要结婚了。(○)
Tā xià ge yuè yào jiéhūn le. / Tā xià ge yuè jiùyào jiéhūn le.
그녀는 다음 달에 결혼한다

■ 她下个月快要结婚了。(×)
→ 她快要结婚了。(○) 그녀는 곧 결혼한다.
Tā kuàiyào jiéhūn le.

☑ mini test

밑줄 친 '了'가 동태조사인지 어기조사인지 구분해 보세요.

① 我今天已经喝了两杯咖啡了，不想再喝了。
나는 오늘 이미 커피를 두 잔 마셔서 더 마시고 싶지 않아요.

② 我明年就要毕业了。
나는 내년에 졸업한다.

정답
① 동태조사, 어기조사, 어기조사
② 어기조사

3 지속을 나타내는 동태조사 着 🎧 06-03

동사나 형용사 뒤에 동태조사 '着'를 붙여서, 어떤 행위나 상태가 지속되고 있는 상황임을 나타낸다.

1 상태의 지속을 나타내는 '着'

동사·형용사 뒤에 동태조사 '着'가 오면, 어떤 동작이나 행위가 완료된 후 그 결과나 상태가 지속됨을 나타낸다.

- **门开着，窗户关着。** ▶상태의 지속
  Mén kāi zhe, chuānghu guān zhe.
  문은 열려 있고, 창문은 닫혀 있다.

- **墙上挂着一幅画。** ▶상태의 지속
  Qiáng shang guà zhe yì fú huà.
  벽에 그림 한 폭이 걸려 있다.

2 동작의 지속을 나타내는 '着'

1 동사 뒤에 동태조사 '着'가 와서 동작이나 행위가 지속됨을 나타내기도 한다. 이 경우에는 지속의 의미를 나타내는 부사 '一直' '总(是)' 등과 자주 함께 쓰인다.

- **那个人一直看着我，很奇怪。**
  Nà ge rén yìzhí kàn zhe wǒ, hěn qíguài.
  저 사람 계속 나를 보고 있어. 정말 이상해. ▶동작의 지속

- **我一直爱着你，从来没有忘记过你。**
  Wǒ yìzhí ài zhe nǐ, cónglái méiyǒu wàngjì guo nǐ.
  항상 당신을 사랑하고 있어요. 당신을 한시도 잊은 적이 없어요. ▶동작의 지속

墙 qiáng 벽 | 挂 guà (고리·못 따위에) 걸다 | 幅 fú 포목·종이·그림 등을 세는 양사 | 画 huà 그림 | 奇怪 qíguài 이상하다, 괴상하다 | 从来 cónglái 지금까지, 여태껏

❶ 첫 번째 동사 뒤에 '着'가 오면, 두 번째 동사가 어떤 방식으로 진행되는지를 나타낸다.

> 동사1+着+동사2   동사1 하면서 동사2 하다

- **我喜欢听着音乐做作业。**
  Wǒ xǐhuan tīng zhe yīnyuè zuò zuòyè.
  나는 음악을 들으면서 숙제하는 것을 좋아한다.

- **老师总是站着给我们上课。**
  Lǎoshī zǒngshì zhàn zhe gěi wǒmen shàngkè.
  선생님은 항상 서서 우리에게 수업을 하신다.

❷ 시간부사 '正' '在' '正在'와 함께 쓰여, 구체적인 시간범위 내에서 구체적인 동작이 진행·지속되고 있음을 나타낸다.

- **我正吃着饭呢，他突然来了。** 내가 밥을 먹고 있는데, 그가 갑자기 왔다.
  Wǒ zhèng chī zhe fàn ne, tā tūrán lái le.

- **我们正聊着天呢，电话突然响了。**
  Wǒmen zhèng liáo zhe tiān ne, diànhuà tūrán xiǎng le.
  우리가 한창 이야기를 나누고 있는데, 전화가 갑자기 울렸다.

3 동태조사 '着'의 용법

1 동태조사 '着'는 부정형식으로는 잘 쓰이지 않는다. 다만 상대방의 주장이나 의견을 반박하거나 바로 잡을 때는 부정부사 '没(有)'를 써서 부정한다.

- A **你一整天都在家里呆着吗？** 너 하루 종일 집에만 있었어?
  Nǐ yì zhěngtiān dōu zài jiā li dāi zhe ma?

  B **我没在房间里呆着啊，刚回来。** 나 방에 있지 않았어. 방금 돌아왔어.
  Wǒ méi zài fángjiān li dāi zhe a, gāng huílái.

- A **门关着，咱们就别进去了。** 문이 닫혀 있네요. 우리 들어가지 맙시다.
  Mén guān zhe, zánmen jiù bié jìnqù le.

  B **没关着啊，你看，一推就开了。** 닫혀 있지 않아요. 보세요. 미니까 열렸어요.
  Méi guān zhe a, nǐ kàn, yì tuī jiù kāi le.

站 zhàn 서다 | 突然 tūrán 갑자기 | 响 xiǎng 소리가 나다, 울리다 | 整天 zhěngtiān 온종일, 진종일 | 呆 dāi 머무르다 | 推 tuī 밀다

2 의문형식은 문장 끝에 의문사 '吗'를 붙인다.

■ **怎么这么冷，窗户开着吗？**
Zěmme zhème lěng, chuānghu kāi zhe ma?
왜 이렇게 춥지, 창문이 열려 있니?

3 한 문장에 '着'가 두 번 쓰이기도 한다. '……着……着'의 형식으로 쓰여, 어떤 동작이 반복
되는 과정에서 갑자기 출현되는 또 다른 동작이나 결과, 혹은 변화를 설명한다.

동사1+着+동사1+着+동사2　동사1을 하다가 자신도 모르게 동사2 해 버리다

■ **我们聊着聊着，他突然哭了。**
Wǒmen liáo zhe liáo zhe, tā tūrán kū le.
우리가 이야기를 나누다가 그가 갑자기 울었다.

■ **爸爸在沙发上看电视，看着看着就睡着了。**
Bàba zài shāfā shang kàn diànshì, kàn zhe kàn zhe jiù shuì zháo le.
아빠는 소파에서 TV를 보시다가 잠이 드셨다.

☑ **mini test**

빈칸에 들어갈 알맞은 단어를 골라 보세요.

① 厨房里的灯一直开＿＿＿＿＿。 (了/着)
　주방의 불이 계속 켜져 있다.

② 别总在沙发上躺＿＿＿＿＿，多出去走走。 (了/着)
　소파에 누워만 있지 말고, 자주 나가서 좀 걸어라.

정답
① 着
② 着

哭 kū 울다 | 沙发 shāfā 소파 | 厨房 chúfáng 부엌, 주방 | 灯 dēng 등

4 경험을 나타내는 동태조사 过 06-04

동사나 형용사 뒤에 동태조사 '过'를 붙여서 과거에 어떤 동작이나 행위가 발생한 적이 있음을 나타낸다.

1 동태조사 '过'의 용법

1 동사나 형용사 뒤에 동태조사 '过'를 써서 과거에 이미 발생한 일이나 경험을 나타낸다. 형용사 뒤에 '过'가 오면 비교의 의미를 갖는다. 부사 '曾' '曾经' 등과 자주 함께 쓰인다.

> 주어 + 동사 + 过 + (목적어)

- **我吃过四川菜。** 나는 쓰촨 요리를 먹어 본 적이 있다. ▶경험
  Wǒ chī guo Sìchuān cài.

- **上大学时我谈过两次恋爱。** 대학 다닐 때 나는 연애를 두 번 해 봤어요. ▶경험
  Shàng dàxué shí wǒ tán guo liǎng cì liàn'ài.

- **我也曾年轻过，我年轻的时候很漂亮。**
  Wǒ yě céng niánqīng guo, wǒ niánqīng de shíhou hěn piàoliang.
  나도 젊었던 적이 있고, 내가 젊었을 때는 예뻤어요. ▶형용사+过: 과거와 현재의 비교

2 부정형식은 '동사+过' 앞에 '沒(有)'를 쓴다.

- **我还没去过中国。** 나는 아직 중국에 가 본 적이 없다.
  Wǒ hái méi qù guo Zhōngguó.

- **我从来没迟到过。** 나는 여태껏 지각한 적이 없다.
  Wǒ cónglái méi chídào guo.

3 의문문은 두 가지로 구분된다.

❶ 문장 끝에 의문사 '吗'를 붙이거나, '동사+过+没有'의 형식으로 표현한다.

- **你去过中国吗？ / 你去过中国没有？** 당신은 중국에 가 본 적이 있나요?
  Nǐ qù guo Zhōngguó ma? / Nǐ qù guo Zhōngguó méiyǒu?

谈恋爱 tán liàn'ài 연애하다 | 曾 céng 일찍이, 예전에 | 年轻 niánqīng 젊다

■ **你吃过麻辣烫吗？ / 你吃过麻辣烫没有？** 당신은 마라탕을 먹어 본 적이 있나요?
  Nǐ chī guo málàtāng ma? / Nǐ chī guo málàtāng méiyǒu?

② 긍정형과 부정형을 나란히 배열하여 정반의문문을 만들기도 한다. 이때 앞의 '过'는 생략
  하여 '동사+沒+동사+过'의 형식이 된다.

■ **你去没去过中国？** 당신은 중국에 가 본 적이 있나요?
  Nǐ qù méi qù guo Zhōngguó?

■ **你吃没吃过麻辣烫？** 당신은 마라탕을 먹어 본 적이 있나요?
  Nǐ chī méi chī guo málàtāng?

4 동작의 횟수를 나타내는 동량보어는 '동사+过' 뒤에 놓인다.

■ **我吃过两次北京烤鸭。**
  Wǒ chī guo liǎng cì Běijīng Kǎoyā.
  나는 베이징 오리구이를 두 번 먹어 봤다.

> 동량보어 상세 설명
> Chapter 07(p.161)

■ **我跟她只见过两次面。**
  Wǒ gēn tā zhǐ jiàn guo liǎng cì miàn.
  나는 그녀와 겨우 두 번 만난 적이 있다.

2 동태조사 '过'를 쓰지 않는 경우

1 습관적, 반복적인 동작에는 쓸 수 없다.

■ **我天天打过乒乓球。** (×)
  → **我天天打乒乓球。** (○)　나는 매일 탁구를 쳤다.
  Wǒ tiāntiān dǎ pīngpāngqiú.

■ **以前我常常去爬过山。** (×)
  → **以前我常常去爬山。** (○)　예전에 나는 자주 등산하러 갔다.
  Yǐqián wǒ chángcháng qù páshān.

⇨ 天天은 '매일'이란 뜻으로 '탁구를 치는' 동작이 과거에 반복적으로 발생했음을 나타내고, 常常은 '자주'라는 뜻으
로, '등산을 하는' 동작이 과거에 자주 발생했음을 나타내므로, 경험을 나타내는 동태조사 过는 쓰지 않는다.

麻辣烫 málàtāng 마라탕 | 乒乓球 pīngpāngqiú 탁구 | 爬山 páshān 등산하다

2 일부 감각, 인지를 나타내는 동사 뒤에는 쓸 수 없다.

❶ '知道' '认识' '认得' '爱护' '记得'처럼 감각이나 인지를 나타내는 동사 뒤에서는 쓰지 않는다.

- 以前我认识过这个人。(×)
  → 以前我认识这个人。(○) 예전에 나는 이 사람을 알았다.
  Yǐqián wǒ rènshi zhè ge rén.

❷ 감각이나 인지를 나타내는 '期待' '了解' 등 일부 동사 뒤에서는 사용할 수 있다.

- 我曾经那么期待过。 나는 예전에 그렇게 기대한 적이 있었다.
  Wǒ céngjīng nàme qīdài guo.

- 我跟朋友了解过他的情况。 나는 친구와 그의 상황을 알아본 적이 있다.
  Wǒ gēn péngyou liǎojiě guo tā de qíngkuàng
  ➪ 동태조사 过를 쓰는 동사와 쓰지 않는 동사의 구분은 명확하지 않으므로, 문장의 의미를 잘 파악하며 사용해야 한다.

☑ mini test

빈칸에 들어갈 알맞은 단어를 골라 보세요.

① 昨天我和朋友一起去庆州旅行_____。(了/着/过)
어제 나는 친구와 함께 경주 여행을 갔다.

② 我去_____两次庆州。(了/着/过)
나는 경주에 두 번 가 본 적이 있다.

③ 我喜欢听_____音乐跑步。(了/着/过)
나는 음악을 들으면서 달리기하는 것을 좋아한다.

정답
① 了
② 过
③ 着

曾经 céngjīng 예전에, 일찍이 | 期待 qīdài 기대하다 | 了解 liǎojiě 알아보다 | 庆州 Qìngzhōu 경주

5 진행을 나타내는 부사 正, 在, 正在

동사 앞에 부사 '正' '在' '正在'를 써서 어떤 동작이나 행위가 진행 중에 있음을
나타낸다. 문장 끝에 어기조사 '呢'를 써서 진행의 어기와 말하는 사람의 확신을
나타내기도 한다.

1 부사 '正' '在' '正在'의 용법

1 '正' '在' '正在'는 특정 시점에 어떤 동작이 진행되고 있음을 표현하며, 어기조사 '呢'와 자주
함께 쓰인다.

- A 你在干什么呢? 너 뭐 하고 있니?
  Nǐ zài gàn shénme ne?

  B 我在玩儿游戏(呢)。
  Wǒ zài wánr yóuxì (ne).

  B 我正在玩儿游戏(呢)。
  Wǒ zhèngzài wánr yóuxì (ne).

  B 我正玩儿游戏呢。
  Wǒ zhèng wánr yóuxì ne.
  나는 게임하고 있어.

2 '在'는 비교적 긴 시간 동안 진행되는 동작에도 쓸 수 있다. 예를 들어 '我在学汉语.'는 말하
는 그 순간에 중국어를 공부하는 중임을 뜻하지만, 최근 며칠, 몇 개월, 몇 년 동안 중국어를
공부하고 있다는 의미로도 쓸 수 있으며, 이때는 자주 '一直' '每天' '总是' 등의 부사와 함께
쓰인다. 하지만 '正在'와 '正'에는 이런 용법이 없다.

- 最近三年来我一直都正[正在]学汉语。(✕)
  → 最近三年来我一直都在学汉语。(○)
  Zuìjìn sān nián lái wǒ yìzhí dōu zài xué Hànyǔ.
  최근 3년 동안 나는 계속 중국어를 배우고 있다.

3 한 사람이 동시에 두 가지 동작을 할 경우에는 '在'와 '正在'를 쓸 수 없다.

■ 他们一边在[正在]喝咖啡，一边在[正在]聊天。(×)
　→ 他们一边喝咖啡，一边聊天儿。(○)
　　Tāmen yìbiān hē kāfēi, yìbiān liáotiānr.
　　그들은 커피를 마시면서 이야기를 나누고 있다.

☑ mini test

빈칸에 들어갈 알맞은 단어를 골라 보세요.

① 他来我家的时候，我＿＿＿＿＿吃饭。(在/正在)
그가 우리 집에 왔을 때 나는 밥을 먹고 있었다.

② 我一直都＿＿＿＿＿做兼职。(在/正在)
나는 늘 아르바이트를 하고 있다.

정답
① 在/正在
② 在

1 다음 문장에서 틀린 부분을 바르게 고쳐 보세요.

1. 他还没毕业了。

   ⇨ _____

2. 她下个月快要回国了。

   ⇨ _____

3. 我谈过恋爱两次。

   ⇨ _____

4. 我去了超市买一些吃的。

   ⇨ _____

5. 上个周末我不去首尔了。

   ⇨ _____

6. 我以前不会说汉语了，现在会说一点儿。

   ⇨ _____

7. 毕业以后，我们只见面过一次。

   ⇨ _____

8. 我找过很多次她，她都不见我。

   ⇨ _____

풀이 Tip

1. 毕业 bìyè 졸업하다
3. 谈恋爱 tán liàn'ài
   연애하다

1 빈칸에 들어갈 알맞은 표현을 고르세요.

1. 我们感情很好，从来没有吵_____架。

   A 呢　　　　B 了　　　　C 过　　　　D 着

2. 我后年_____毕业了。

   A 快要　　　B 不要　　　C 就要　　　D 想要

3. 你看，他们_____打乒乓球，打得多好啊！

   A 了　　　　B 正在　　　C 着　　　　D 过

4. 周末我一直在家呆_____，哪儿都没去。

   A 了　　　　B 在　　　　C 着　　　　D 过

5. 最近几年我一直都_____学汉语。

   A 了　　　　B 在　　　　C 着　　　　D 过

6. 我没吃_____这个菜，这是我第一次吃。

   A 了　　　　B 在　　　　C 着　　　　D 过

7. 这个周末我看_____一部中国电影。

   A 了　　　　B 在　　　　C 着　　　　D 过

8. 我的脸已经红_____，不能再喝了。

   A 了　　　　B 在　　　　C 着　　　　D 过

풀이 Tip

1. 吵架 chǎojià 다투다, 말다툼하다
3. 乒乓球 pīngpāngqiú 탁구
6. 第一次 dì-yícì 최초, 처음
8. 脸 liǎn 얼굴

Chapter

07

보어

보어는 동사나 형용사 뒤에서 결과, 상태, 정도, 방향, 가능, 수량 등을 보충 설명하는 성분이다. 중국어의 보어는 비교적 복잡하며 의미에 따라 결과보어, 상태보어, 정도보어, 방향보어, 가능보어, 수량보어로 구분된다.

동영상 강의   예문 MP3

결과보어

주로 동사 뒤에 쓰여 동작이나 행위의 결과를 보충 설명하는 성분을 결과보어 라고 한다. 일반적으로 단음절 동사나 형용사가 결과보어로 쓰인다.

1 자주 쓰이는 결과보어

결과보어는 다른 성분 없이 동사 바로 뒤에 놓이기 때문에 결과보어인지 아닌지 구분하기 어려운 경우가 있다. 따라서 이런 오류를 범하지 않으려면 자주 쓰이는 결과보어와 그 용법을 익혀야 한다.

1 결과보어로 자주 쓰이는 형용사

결과보어	의미	예문
好 hǎo	동작·행위가 완성되다 [바라던 결과를 얻어 만족스러움]	饭做好了。 밥이 다 되었다. Fàn zuò hǎo le.
多 duō	동작·행위의 결과가 많다, 충분하다	你喝多了。 너 많이 마셨어. Nǐ hē duō le.
醉 zuì	행위의 결과로 취하다	我没喝醉。 나는 취하지 않았어요. Wǒ méi hē zuì.
对 duì	동작의 결과가 옳다	你说对了。 네가 말한 것이 맞아. Nǐ shuō duì le.
错 cuò	동작의 결과가 틀리다	他猜错了。 그는 틀렸다. Tā cāi cuò le.
干净 gānjìng	깨끗하다, 하나도 남지 않다	我把房间打扫干净了。 Wǒ bǎ fángjiān dǎsǎo gānjìng le. 나는 방을 깨끗하게 청소했다.

猜 cāi 추측하다

2 결과보어로 자주 쓰이는 동사

결과보어	의미	예문
完 wán	동작·행위가 완료되다	作业做完了。 숙제를 다 했다. Zuòyè zuò wán le.
见 jiàn	감각을 통해서 보고 들은 결과가 드러나다	刚才我看见她了。 방금 나는 그녀를 보았다. Gāngcái wǒ kàn jiàn tā le.
到 dào	~에 이르다, ~을 이루어 내다	票买到了。 표를 샀다. Piào mǎi dào le.
着 zháo	동작의 목적을 달성하다	她睡着了，你小声一点儿。 Tā shuì zháo le, nǐ xiǎoshēng yìdiǎnr. 그녀가 잠들었으니 목소리 좀 낮추세요.
懂 dǒng	알게 되다, 이해하게 되다	电影里的台词，我几乎都听懂了。 Diànyǐng li de táicí, wǒ jīhū dōu tīng dǒng le. 영화 속의 대사를 나는 거의 모두 알아들었다.
成 chéng	사물이 상태가 변하여 다른 것이 되다	请把这句话翻译成汉语。 Qǐng bǎ zhè jù huà fānyì chéng Hànyǔ. 이 말을 중국어로 통역해 주세요.
开 kāi	분리 또는 이동시키다	你能帮我打开一下吗? 좀 열어 주시겠어요? Nǐ néng bāng wǒ dǎ kāi yíxià ma?
住 zhù	동작이나 동작의 대상을 일정한 장소에 고정시키다	我一天能记住100个生词。 Wǒ yì tiān néng jì zhù yìbǎi ge shēngcí. 나는 하루에 새 단어를 100개 외울 수 있다.

2 결과보어의 특징

1 동사와 결과보어의 결합은 매우 긴밀하여 사이에 다른 성분이 들어갈 수 없기 때문에, 동태조사 '了'나 목적어는 결과보어의 뒤에 놓인다.

- **我喝醉了。** ▶동사+결과보어+동태조사 了
  Wǒ hē zuì le.
  나는 취했어요.

  ⇨ 결과보어는 '완료'를 나타내므로, '지속'을 나타내는 동태조사 着는 결과보어와 함께 쓸 수 없다. '경험'을 나타내는 동태조사 过도 결과보어와 함께 쓰는 경우가 매우 드물다.

台词 táicí 대사 │ 几乎 jīhū 거의 │ 翻译 fānyì 번역하다, 통역하다 │ 生词 shēngcí 새 단어

- 我背完今天学的课文了。 ▶동사+결과보어+목적어
  Wǒ bèi wán jīntiān xué de kèwén le.
  나는 오늘 배운 본문을 다 외웠다.

- 妈妈已经做好饭了。 ▶동사+결과보어+목적어
  Māma yǐjīng zuò hǎo fàn le.
  엄마는 벌써 밥을 다 하셨다.

 Tip Tip ③

결과보어가 주어를 설명하는 경우, 동사가 목적어를 가지면 일반적으로 동사를 중복해서 쓰고, 중복된 동사의 뒤에 결과보어를 쓴다.

- 我们爬山爬累了。 우리는 산에 오르느라 지쳤다.
  Wǒmen pá shān pá lèi le.

2 '동사+결과보어' 형식은 기본적으로 동작이 이미 완료된 상태를 나타내므로, 부정문은 일반적으로 동사 앞에 '没'를 쓴다. 뒤에 동태조사 '了'는 생략한다.

- 我没喝醉。 나는 안 취했어.
  Wǒ méi hē zuì.

- 这个问题我没听懂。 이 문제를 못 알아들었어요.
  Zhè ge wèntí wǒ méi tīng dǒng.

3 다만, 조건이나 가정을 나타내는 문장은 '不'로 부정한다.

- 你不做完作业就不能睡觉。 너는 숙제를 다 하지 않으면 잠을 잘 수 없어.
  Nǐ bú zuò wán zuòyè jiù bù néng shuìjiào.

- 如果不修完所有的学分就不能毕业。
  Rúguǒ bù xiū wán suǒyǒu de xuéfēn jiù bù néng bìyè.
  모든 학점을 이수하지 않으면 졸업할 수 없다.

4 의문문은 문장 끝에 의문사 '吗'를 붙이거나, '没有'를 써서 정반의문문을 나타낼 수 있다.

- 你吃完饭了吗? / 你吃完饭了没有? 너 밥 다 먹었어?
  Nǐ chī wán fàn le ma? / Nǐ chī wán fàn le méiyǒu?

- 他找到工作了吗? / 他找到工作了没有? 그는 일자리를 찾았나요?
  Tā zhǎo dào gōngzuò le ma? / Tā zhǎo dào gōngzuò le méiyǒu?

背 bèi 외우다 | 修 xiū (학문·품행 등을) 닦다, 배우다 | 所有 suǒyǒu 모든 | 学分 xuéfēn 학점

5 '在' '给' '到' '向' '自' '于' 등 일부 개사가 동사 뒤에 놓여 결과보어의 역할을 하기도 한다. 이때 결과보어의 뒤에는 반드시 목적어가 와야 한다.

■ **他把手机放在包里了。** ▶在: 동작의 결과 고정된 장소에 위치함
　Tā bǎ shǒujī fàng zài bāo li le.
　그는 핸드폰을 가방 안에 넣었다.

■ **这个你打算送给谁啊?** ▶给: 동작의 결과 대상에게 이동됨
　Zhè ge nǐ dǎsuàn sòng gěi shéi a?
　이것을 누구에게 선물하려고 하니?

■ **我毕业于韩国大学。** ▶于: 동작의 장소를 이끌어 냄
　Wǒ bìyè yú Hánguó Dàxué.
　저는 한국대학교를 졸업했습니다.

⇨ 위와 같은 문장을 개사구가 보어로 쓰였다 하여 '개사구보어' 또는 '개빈보어'라고도 하며, 결과보어와 구분하기도 한다.

☑ mini test

빈칸에 알맞은 결과보어를 넣어 문장을 완성해 보세요.

① 我已经找_____工作了。
　저는 이미 직장을 구했어요.

② 洗_____澡后，我就睡觉了。
　샤워를 마친 후 나는 바로 잠을 잤다.

정답 ① 到 ② 完

向 xiàng ～에, ～에게 | 自 zì ～에서 | 于 yú ～에, ～에서 | 打算 dǎsuàn ～하려고 하다

2 상태보어

동사나 형용사 뒤에 놓여서 동작의 결과나 상태, 정도 등을 묘사·판단·평가하는 보어를 상태보어라고 한다. 상태보어로는 일반적으로 형용사가 주로 쓰이며, 술어와 상태보어 사이에 구조조사 '得'를 사용하여 연결한다. 구조조사 '得'는 다른 의미 없이 뒤의 성분이 보어라는 것을 나타내 준다.

1 상태보어의 특징

1 상태보어는 술어 뒤에서 그 술어의 결과나 상태가 어떠하다는 것을 구체적으로 설명하는 역할을 하며, 기본문형은 '동사/형용사+得+상태보어'이다.

주어	술어	得	상태보어
	동사/형용사		

- **他说得**很流利。 그는 말을 유창하게 한다. ▶평가
  Tā shuō de hěn liúlì.

- **我累得**一句话也不想说。 나는 한마디도 하기 싫을 정도로 피곤하다. ▶묘사
  Wǒ lèi de yí jù huà yě bù xiǎng shuō.

2 형용사가 상태보어로 쓰이면 보통 수식 성분을 수반한다. 만일 상태보어로 쓰인 형용사 앞에 수식 성분이 없으면 대비 혹은 비교의 의미를 나타내기 때문에, 뒤에 다른 연속되는 문장이 와야 한다.

- **中国人睡得**很早。 중국인은 일찍 잔다.
  Zhōngguórén shuì de hěn zǎo.

- **老年人一般睡得比较早，年轻人一般睡得比较晚。** ▶비교의 의미
  Lǎoniánrén yìbān shuì de bǐjiào zǎo, niánqīngrén yìbān shuì de bǐjiào wǎn.
  노인들은 일반적으로 비교적 일찍 자고, 젊은이들은 일반적으로 비교적 늦게 잔다.

老年人 lǎoniánrén 노인 | 年轻人 niánqīngrén 젊은이, 젊은 사람

3 상태보어의 부정형은 부정부사 '不'를 동사 앞이 아닌 보어 앞에 놓아야 한다.

- **他说得不流利。** 그는 유창하게 말하지 못한다.
  Tā shuō de bù liúlì.

- **我唱歌唱得不好。** 나는 노래를 잘 부르지 못한다.
  Wǒ chàng gē chàng de bù hǎo.

4 상태보어의 긍정형과 부정형을 나란히 배열하여 정반의문문을 만들 수 있다.

- **她唱得好不好？** 그녀는 노래를 잘 부르나요?
  Tā chàng de hǎo bu hǎo?

- **你看，我洗碗洗得干不干净？** 봐, 내가 설거지를 깨끗하게 했니?
  Nǐ kàn, wǒ xǐ wǎn xǐ de gān bu gānjìng?

2 상태보어의 용법

1 상태보어는 진행 중인 동작, 자주 발생하는 동작, 완료된 발생한 동작에 대해서 상태를 보충 설명하는 역할을 한다.

- **听，他在唱歌，唱得不错呢。**
  Tīng, tā zài chàng gē, chàng de búcuò ne.
  들어 봐, 그가 노래하고 있어, 잘 부르네. ▶진행 중인 동작

- **我每天睡得很晚，起得也很晚。**
  Wǒ měitiān shuì de hěn wǎn, qǐ de yě hěn wǎn.
  나는 매일 늦게 자고 늦게 일어난다. ▶자주 발생하는 동작

- **我看过《釜山行》，我觉得这部电影拍得非常好。**
  Wǒ kàn guo, 《Fǔshānxíng》, wǒ juéde zhè bù diànyǐng pāi de fēicháng hǎo.
  나는 《부산행》을 본 적 있는데, 이 영화 아주 잘 찍었어. ▶완료된 동작

拍 pāi 촬영하다

2 바람이나 미래에 발생할 동작을 나타내는 문장에서는 상태보어를 쓸 수 없고, 대신 부사어로 동사를 수식한다.

> ▪ 明天九点我有课，我得起得很早。(×)
>   → 明天九点我有课，我得早起。(○)
>   Míngtiān jiǔ diǎn wǒ yǒu kè, wǒ děi zǎo qǐ.
>   내일 9시에 수업이 있어서 나는 일찍 일어나야 해.　▶미래에 발생할 동작

3 간혹 복잡한 구조의 구, 성어, 숙어 등이 상태보어로 쓰여서 술어가 나타내는 상태를 보충 설명한다. 특히 술어가 형용사인 경우에는 대부분 이렇게 복잡한 성분이 상태보어로 쓰인다.

▪ 他做饭做得满头大汗。　그는 땀을 뻘뻘 흘리며 밥을 했다.
  Tā zuò fàn zuò de mǎntóudàhàn.

▪ 我们都饿得肚子咕咕叫了。
  Wǒmen dōu è de dùzi gūgū jiào le.
  우리는 모두 배에서 꼬르륵 소리가 날 정도로 배가 고팠다.

▪ 听到这个好消息，我高兴得跳了起来。
  Tīngdào zhè ge hǎo xiāoxi, wǒ gāoxìng de tiào le qǐlái.
  이 좋은 소식을 듣고 나는 뛸 듯이 기뻤다.

3 상태보어와 목적어

1 문장에 목적어가 있으면, 목적어 뒤에 동사를 한번 더 쓰고 '得+상태보어'를 붙인다.

> ▪ 他说汉语得很流利。(×)
>   → 他(说)汉语说得很流利。(○)　그는 중국어를 유창하게 한다.
>   Tā (shuō) Hànyǔ shuō de hěn liúlì.
>
> ▪ 我做韩国菜得很不错。(×)
>   → 我(做)菜做得很不错。(○)　나는 요리를 꽤 잘한다.
>   Wǒ (zuò) cài zuò de hěn búcuò.

▷ 상태보어는 동작에 대한 평가를 나타내므로, 동사 뒤에 목적어가 있을 경우 동사를 한 번 더 써야 한다.

满头大汗 mǎntóudàhàn 얼굴이 땀투성이다 | 饿 è 배고프다 | 肚子 dùzi 복부 | 咕咕 gūgū 꾹꾹, 꾸르륵 | 跳 tiào 뛰어오르다

2 문장에서 이합동사가 쓰였을 경우에는, 이합동사에서 동사의 역할을 하는 첫 글자를 한 번 더 써 준다.

> ▪ 我睡觉得很晚。(×)
> → 我睡觉睡得很晚。(○) 나는 늦게 잤다.
> Wǒ shuìjiào shuì de hěn wǎn.

▷ 이합동사 睡觉에서 동사의 역할을 하는 睡를 한 번 더 써 준다.

3 목적어를 강조할 때는 목적어를 주어와 동사 사이에 넣기도 한다.

▪ 我韩国菜做得不错。 나는 한국 음식을 잘 만든다.
 Wǒ Hánguó cài zuò de búcuò.

▪ 我汉语说得不错，汉字写得不太好。
 Wǒ Hànyǔ shuō de búcuò, Hànzì xiě de bú tài hǎo.
 나는 중국어는 잘하지만, 한자는 잘 쓰지 못해요.

목적어가 문장의 앞에 놓여 화제를 나타내는 주어가 되기도 한다.

▪ 汉语我说得不错，汉字我写得不太好。
 Hànyǔ wǒ shuō de búcuò, Hànzì wǒ xiě de bú tài hǎo.
 중국어는 잘하지만, 한자는 잘 쓰지 못해요.

4 상태보어와 부사어의 구분

한국어의 보어와 중국어의 보어는 성격이 많이 달라서 중국어 보어는 대부분 한국어의 부사어에 해당된다. 따라서 '地'와 결합된 부사어와 '得'를 이용한 상태보어가 자주 혼용되는 오류가 생기므로, 주의가 필요하다.

1 일부 형용사는 행위자가 어떤 동작을 하는 상태를 묘사하거나 동작의 상태를 평가하기도 한다. 이 경우엔 '형용사+地'의 부사어로 수식하거나 '得+보어'로 표현하기도 한다.

▪ 我们很愉快地过了一个周末。
 Wǒmen hěn yúkuài de guò le yí ge zhōumò.
 우리는 주말을 매우 즐겁게 보냈다.

▪ 这个周末我们过得很愉快。
 Zhè ge zhōumò wǒmen guò de hěn yúkuài.
 이번 주말을 우리는 매우 즐겁게 보냈다.

- **我要**认真、努力**地学习。** 나는 열심히 공부할 것이다.
  Wǒ yào rènzhēn、nǔlì de xuéxí.

- **他学习得**非常认真、非常努力**。** 그는 매우 열심히 공부한다.
  Tā xuéxí de fēicháng rènzhēn、fēicháng nǔlì.

2 상태보어를 써야 하는 경우

- **我把房间干净地打扫了。**（×）
  → **我把房间打扫得**很干净**。**（○） 나는 방을 깨끗하게 청소했다.
  Wǒ bǎ fángjiān dǎsǎo de hěn gānjìng.

- **这件衣服我很便宜地买了。**（×）
  → **这件衣服我买得**很便宜**。**（○） 이 옷을 나는 싸게 샀다.
  Zhè jiàn yīfu wǒ mǎi de hěn piányi.

⇨ 이미 발생한 동작 打扫, 买의 상태에 대해서 평가하는 것이므로 상태보어를 써야 한다.

3 부사어를 써야 하는 경우

- **她说得很紧张。**（×）
  → **她很紧张地说。**（○） 그녀는 매우 긴장하여 말했다.
  Tā hěn jǐnzhāng de shuō.

- **他站得慢慢的。**（×）
  → **他慢慢地站了起来。**（○） 그는 천천히 일어섰다.
  Tā mànman de zhàn le qǐlái.

⇨ 紧张, 慢慢 등은 주로 동작·행위를 진행하는 모습을 생동감 있게 묘사해주는 역할을 하므로 地를 결합한 부사어를 써야 한다.

☑ mini test

빈칸에 알맞은 상태보어를 넣어 문장을 완성해 보세요.

① **我昨晚睡得_____，十二点才睡。**
  나는 어젯밤에 늦게 잤어. 12시에야 잠들었어.

② **我在这儿生活得_____。**
  저는 여기서 잘 살고 있습니다.

정답 ① 很晚 ② 很好

3 정도보어

🎧 07-03

일부 성질형용사나 심리활동을 나타내는 동사(喜欢, 想, 怕, 羡慕 등) 뒤에서 성질의 정도나 심리상태가 어느 정도인지를 나타내는 보어를 정도보어라고 한다. 정도보어는 상태보어와 같이 구조조사 '得'를 가지는 구조와 '得' 없이 술어 뒤에 바로 정도보어가 오는 구조로 나눌 수 있다.

1 정도보어의 특징

1 구조조사 '得'를 쓰는 정도보어

구조조사 '得' 뒤에 '很' '多' '不得了' '要死' '要命' '慌' 등이 정도보어로 쓰이는 경우가 많다.

> 주어 + 술어(성질형용사/심리활동동사) + 得 + 很/多/不得了/要死/要命/慌

- **今天热得很。** 오늘은 매우 더워요.
  Jīntiān rè de hěn.
  ▷ 很은 단독으로 정도보어가 될 수 있다. 이때, 得와 很 사이에는 다른 성분이 들어갈 수 없다.

- **这件衣服她喜欢得不得了。** 이 옷은 그녀가 매우 좋아합니다.
  Zhè jiàn yīfu tā xǐhuan de bù de liǎo.

- **外面吵得要命。** 밖이 시끄러워 죽겠어요.
  Wàimiàn chǎo de yàomìng.

- **整天呆在家里，心里闷得慌。** 온종일 집에 있으니 마음이 갑갑하다.
  Zhěngtiān dāi zài jiā li, xīnlǐ mèn de huāng.

不得了 bù de liǎo 매우 심하다 | 要死 yàosǐ 최고도에 이르다 | 要命 yàomìng 심하다 | 慌 huāng, 견디기 어렵다 | 吵 chǎo 시끄럽다 | 整天 zhěngtiān 온종일, 하루 종일 | 呆 dāi 머무르다 | 闷 mèn 답답하다, 갑갑하다

2 구조조사 '得'를 쓰지 않는 정도보어

'极了(jí le)' '坏了(huài le)' '透了(tòu le)' '死了(sǐ le)' '多了(duō le)' 등이 정도보어로 쓰이면 앞에 구조조사 '得'를 쓸 필요가 없다. 어떤 정도나 상태가 최고 정도에 이르렀음을 나타낸다.

> 주어 + 술어(성질형용사/심리활동동사) + 极了/坏了/透了/死了/多了

- 今天我心情好**极了**。 오늘 기분이 아주 좋아요.
  Jīntiān wǒ xīnqíng hǎo jí le.

- 今天的天气糟**透了**。 오늘 날씨가 최악이야.
  Jīntān de tiānqì zāo tòu le.

- 我快要累**死了**。 나는 힘들어 죽겠어.
  Wǒ kuàiyào lèi sǐ le.

---

2 정도보어의 용법

1 정도보어 자체는 부정형식이 없지만, 부정할 때는 전체 문장에서의 술어를 부정해야 한다.

- 今天热**得很**。 → 今天**不热**。
  Jīntiān rè de hěn.　　Jīntiān bú rè.
  오늘은 매우 더워요.　　오늘은 덥지 않아요.

- 这件衣服她喜欢**得不得了**。 → 这件衣服她**不**喜欢。
  Zhè jiàn yīfu tā xǐhuan de bù de liǎo.　Zhè jiàn yīfu tā bù xǐhuan.
  이 옷은 그녀가 매우 좋아합니다.　　이 옷은 그녀가 좋아하지 않습니다.

2 '慌'과 '透了'는 보통 부정적 의미의 형용사 뒤에서 정도가 깊다는 뜻을 나타낸다. '慌'은 신체적 혹은 정신적 느낌의 정도를 표현할 때 쓰이며, '透了'는 화자가 외부의 사람이나 사물의 상태에 대해서 느끼는 정도를 나타낼 때 쓰인다.

- 知道这事后，我心里堵**得慌**。 이 일을 알게 된 후, 제 마음은 너무 답답해요.
  Zhīdào zhè shì hòu, wǒ xīnlǐ dǔ de huāng.

- 今天我真的倒霉**透了**。 오늘 정말 재수가 없네요.
  Jīntiān wǒ zhēn de dǎoméi tòu le.

糟 zāo 잘못되다, 망치다 | 堵 dǔ 답답하다, 막히다 | 倒霉 dǎoméi 재수 없다, 운수 사납다

累得慌 lèi de huāng	몹시 피곤하다
饿得慌 è de huāng	엄청 배고프다
闷得慌 mèn de huāng	매우 답답하다
闲得慌 xián de huāng	따분해서 견딜 수 없다
堵得慌 dǔ de huāng	(마음이) 매우 답답하다
糟透了 zāo tòu le 糟糕透了 zāogāo tòu le 坏透了 huài tòu le	완전 엉망이다
倒霉透了 dǎoméi tòu le	정말 재수 없다

☑ mini test

빈칸에 알맞은 정도보어를 넣어 문장을 완성해 보세요.

① 听到这个消息，他激动得＿＿＿＿＿＿＿＿＿。
　　이 소식을 듣고, 그는 몹시 흥분했다.

② 最近我心情不太好，心里堵得＿＿＿＿＿＿＿＿＿。
　　요즘 나는 기분이 별로 안 좋아서 가슴이 답답해요.

정답
① 很/不得了/要命/要死
② 慌

激动 jīdòng 흥분하다, 감동하다

4 방향보어

🎧 07-04

방향을 나타내는 동사가 다른 동사 뒤에서 보어로 쓰이며, 어떤 동작에 따라 사람이나 사물이 이동하는 방향을 보충 설명하는 것을 방향보어라고 한다. 방향보어는 단순방향보어와 복합방향보어로 구분된다. 방향보어는 방향의 의미 외에 여러 가지 확장된 의미도 나타낸다.

1 방향보어의 종류

1 단순방향보어

동사 '来'와 '去'는 다른 동사 뒤에 놓여 단순방향보어로 쓰인다. 동작이 말하는 사람을 향해 이루어지면 '来'를 쓰고, 말하는 사람에게서 멀어지면 '去'를 쓴다. '上, 下, 进, 出, 回, 过, 起'도 동사 뒤에서 단순방향보어로 쓰인다.

단순방향보어	来/去
	上/下/进/出/回/过/起

- **她回去了。** 그녀는 돌아갔다.
  Tā huí qù le.

- **你拿来我看看。** 내가 좀 보게 가져와 봐.
  Nǐ ná lái wǒ kànkan.

- **大家都坐下吧。** 여러분 모두 앉으세요.
  Dàjiā dōu zuò xià ba.

2 복합방향보어

단순방향보어 '上, 下, 进, 出, 回, 过, 起' 등이 '来'나 '去'와 결합하여 이음절의 복합방향보어로 쓰인다.

복합방향보어	上	下	进	出	回	过	起
来	上来 올라오다	下来 내려오다	进来 들어오다	出来 나오다	回来 돌아오다	过来 다가오다	起来 일어나다
去	上去 올라가다	下去 내려가다	进去 들어가다	出去 나가다	回去 돌아가다	过去 다가가다	

- **没有车了，咱们走回去吧。** 차가 없으니, 우리 걸어서 돌아가자.
  Méiyǒu chē le, zánmen zǒu huíqù ba.

- **你从南门走进来吧。** 남문으로 걸어 들어오세요.
  Nǐ cóng nánmén zǒu jìnlái ba.

- **你们困的话，可以站起来听课。** 너희들 졸리면 일어서서 수업을 들어도 돼.
  Nǐmen kùn dehuà, kěyǐ zhàn qǐlái tīngkè.

2 방향보어의 위치

문장에서 방향보어의 위치는 목적어의 성격에 따라 달라지므로, 주의가 필요하다.

1 단순방향보어와 목적어

❶ 일반적으로 '来/去' 이외의 단순방향보어는 장소를 나타내는 목적어를 가지기 때문에, '동사+단순방향보어+목적어'의 형식을 취한다.

> 동사 + 上/下/进/出/回/过/起 + 목적어

- **老师走出了教室。** 선생님은 교실을 나가셨다.
  Lǎoshī zǒu chū le jiàoshì.

❷ 단순방향보어 '来/去'는 목적어가 일반목적어일 때 목적어 앞에 와도 되고, 뒤에 와도 된다.

> 동사 + 来/去 + 일반목적어
> 동사 + 일반목적어 + 来/去

- **我带来了一些家乡的特产。 / 我带了一些家乡的特产来。**
  Wǒ dài lái le yì xiē jiāxiāng de tèchǎn. / Wǒ dài le yì xiē jiāxiāng de tèchǎn lái.
  나는 고향의 특산품을 좀 가지고 왔다.

❸ 하지만 장소를 나타내는 목적어가 올 때는 '来/去'는 반드시 목적어 뒤에 놓인다.

> 동사 + 장소목적어 + 来/去

- **明年我要到中国去。** 내년에 나는 중국에 가려고 한다.
  Míngnián wǒ yào dào Zhōngguó qù.

特产 tèchǎn 특산물

■ 他回去家了。(×)
　→ 他回家去了。(○) 그는 집으로 돌아갔다.
　　Tā huí jiā qù le.

⇨ 위 예문에서 목적어 家는 장소명사이므로, 去는 목적어 뒤에 놓인다.

2 복합방향보어와 목적어

❶ 목적어가 장소명사일 경우, 목적어는 반드시 '来/去'의 앞에 와야 한다.

> 동사 + 上/下/进/出/回/过/起 + 장소목적어 + 来/去

■ **学生们笑着走进教室来了。** ▶教室: 장소명사
Xuéshēngmen xiào zhe zǒu jìn jiàoshì lái le.
학생들이 웃으며 교실로 걸어 들어왔다.

■ **他们终于爬上山来了。** ▶山: 장소명사
Tāmen zhōngyú pá shàng shān lái le.
그들은 마침내 산에 올랐다.

⇨ 위 예문에서 목적어 教室, 山은 장소명사이므로, 来나 去의 앞, 즉 복합방향보어 사이에 놓는다.

❷ 목적어가 일반 사물일 경우, 목적어는 복합방향보어의 뒤에 올 수 있으며, 이때 일반적으로 동사 뒤에 '了'를 쓰지 않아도 동작의 완료를 나타낸다.

> 동사 + 복합방향보어 + 일반목적어

■ **妈妈买回来一些蔬菜和水果。** 엄마는 채소와 과일을 좀 사 오셨다.
Māma mǎi huílái yìxiē shūcài hé shuǐguǒ.

■ **他从书包里拿出来一本书。** 그는 책가방에서 책 한 권을 꺼냈다.
Tā cóng shūbāo li ná chūlái yì běn shū.

❸ 목적어가 일반 사물인데 아직 발생하지 않은 일에 대해서 표현할 때는 '동사+목적어+복합방향보어'의 순서로 쓴다.

■ **我明天买一些蔬菜和水果回来。** 내가 내일 채소와 과일을 사 올게.
Wǒ míngtiān mǎi yìxiē shūcài hé shuǐguǒ huílái.

■ **你带点儿那里的特产回来吧。** 그곳의 특산물을 좀 가지고 오세요.
Nǐ dài diǎnr nàlǐ de tèchǎn huílái ba.

蔬菜 shūcài 채소 | 书包 shūbāo 책가방

이 형식에서 만일 동사 뒤에 완료를 나타내는 '了'를 붙이면, 이미 발생한 일임을 나타낼 수 있다.

- 他从书包里拿了一本书出来。 그는 책가방에서 책 한 권을 꺼냈다.
  Tā cóng shūbāo li ná le yì běn shū chūlái.

- 妈妈买了一些蔬菜和水果回来。 엄마는 채소와 과일을 좀 사 오셨다.
  Māma mǎi le yìxiē shūcài hé shuǐguǒ huílái.

3 방향보어의 파생 용법

방향보어는 동작의 방향을 나타내는 것 외에도 여러 가지 파생된 의미를 나타낸다.

방향보어	파생된 의미	예문
上 shàng	닫힘	关上窗户! 창문을 닫으세요! Guān shàng chuānghu!
	동작이 시작되어 지속됨	我喜欢上你了。 저는 당신을 좋아하게 되었어요. Wǒ xǐhuan shàng nǐ le.
	부착, 첨가됨	在这儿写上你的名字。 여기에 네 이름을 써라. Zài zhèr xiě shàng nǐ de míngzi.
	목적이나 목표를 달성함	他考上了首尔大学。 그는 서울대학교에 합격했다. Tā kǎo shàng le Shǒu'ěr Dàxué.
下 xià	분리됨	他放下包，脱下衣服，坐了下来。 Tā fàng xià bāo, tuō xià yīfu, zuò le xiàlái. 그는 가방을 내려놓고 옷을 벗고 앉았다.
	고정됨	他给我留下了深刻的印象。 그는 나에게 깊은 인상을 남겼다. Tā gěi wǒ liú xià le shēnkè de yìnxiàng.
	수용함	这里能坐下五十个人。 여기에 50명이 앉을 수 있다. Zhèlǐ néng zuò xià wǔshí ge rén.
起 qǐ	어떤 동작이나 상황이 시작됨	教室里响起了一片掌声。 Jiàoshì li xiǎng qǐ le yí piàn zhǎngshēng. 교실 안에 박수 소리가 울려 퍼졌다.

上来 shànglái	목표에 다가감	他的成绩终于赶上来了。 Tā de chéngjì zhōngyú gǎn shànglái le. 그의 성적이 마침내 따라잡았다.
	성공적으로 해냄	这个问题我回答不上来。 Zhè ge wèntí wǒ huídá bu shànglái. 이 문제는 내가 대답할 수 없다.
起来 qǐlái	동작이나 상황이 시작되고 계속됨	大家都笑了起来。 모두들 웃기 시작했다. Dàjiā dōu xiào le qǐlái.
	상태가 좋아지고, 정도가 깊어짐	他的身体一天天好起来了。 Tā de shēntǐ yì tiāntiān hǎo qǐlái le. 그의 건강은 나날이 좋아졌다.
	분산된 것이 집중됨	把精力集中起来，好好儿准备考试。 Bǎ jīnglì jízhōng qǐlái, hǎohāor zhǔnbèi kǎoshì. 정신력을 집중하여 시험을 잘 준비해라.
	~하니, ~하기에는	说起来容易，做起来难。 Shuō qǐlái róngyi, zuò qǐlái nán. 말하기는 쉬워도 행하기는 어렵다.
下来 xiàlái	동작이나 상태가 과거에서 부터 현재까지 지속됨	虽然困难很大，但我们还是坚持下来了。 Suīrán kùnnan hěn dà, dàn wǒmen háishi jiānchí xiàlái le. 비록 어려움이 많았지만, 우리는 그래도 끝까지 견지해 냈다.
	사물이 분리, 이탈됨	这是刚从树上摘下来的苹果，特别新鲜。 Zhè shì gāng cóng shù shang zhāi xiàlái de píngguǒ, tèbié xīnxiān. 이건 방금 나무에서 딴 사과라 매우 신선합니다.
	사물을 어떤 장소에 고정시킴	车停下来了。 차가 멈추었다. Chē tíng xiàlái le.
下去 xiàqù	동작이나 상태가 현재에서 미래까지 지속됨	虽然困难很大，但我们一定会坚持下去的。 Suīrán kùnnan hěn dà, dàn wǒmen yídìng huì jiānchí xiàqù de. 비록 어려움이 많지만, 우리는 반드시 견지해 나갈 것이다.
出来 chūlái	동작을 통해 없던 것이 생김	我想出来一个好办法。 Wǒ xiǎng chūlái yí ge hǎo bànfǎ. 나는 좋은 방법을 생각해 냈다.
	동작을 통해 명확하지 않던 것이 명확해 짐	照片里的人是你吧，我认出来了。 Zhàopiàn li de rén shì nǐ ba, wǒ rèn chūlái le. 사진 속의 사람이 너지. 난 알아봤어.

	원래 상태로 회복됨	他终于醒过来了。 그는 마침내 깨어났다. Tā zhōngyú xǐng guòlái le.
过来 guòlái	완성할 능력이 있음 [가능보어의 부정문이나 의문문]	好吃的东西太多了，我都吃不过来了。 Hǎochī de dōngxi tài duō le, wǒ dōu chī bu guòlái le. 맛있는 게 너무 많아서 저는 다 먹을 수가 없어요. 这么多工作，你一个人做得过来吗？ Zhème duō gōngzuò, nǐ yí ge rén zuò de guòlái ma? 이렇게 많은 일을 너 혼자서 할 수 있니?
过去 guòqù	원래의 상태, 정상적인 상태를 잃어버림	他又昏过去了。 그는 또 기절했다. Tā yòu hūn guòqù le.

☑ mini test

빈칸에 들어갈 알맞은 정도보어를 골라 보세요.

① 这是她吗？我差点儿认不_____了。(出来/过来)
이 사람이 그녀예요? 난 하마터면 못 알아볼 뻔했어요.

② 汉语虽然很难，但我会继续学_____的。(下来/下去)
중국어는 어렵지만, 나는 계속 배울 것이다.

정답
① 出来
② 下去

脱 tuō 벗다 | 留 liú 남기다 | 深刻 shēnkè 깊다 | 印象 yìnxiàng 인상 | 掌声 zhǎngshēng 박수 소리 | 精力 jīnglì 정력, 정신
과 체력 | 集中 jízhōng 집중하다 | 坚持 jiānchí 견지하다, 고수하다 | 摘 zhāi 따다 | 醒 xǐng 깨다 | 昏 hūn 기절하다

5 가능보어

가능보어는 동작이 실현될 가능성이 있는지 여부를 나타낸다. 가장 자주 쓰이는 형식은 결과보어나 방향보어 앞에 '得'를 넣어 실현이 가능함을 나타내거나, '得' 대신 '不'를 넣어 실현이 불가능함을 나타내는 것이다.

1 가능보어의 특징

1 **가능보어 긍정문**: 동사와 결과보어 또는 방향보어 사이에 '得'를 쓰면 '~할 수 있다'라는 가능의 의미가 된다.

> 동사 + 得 + 결과보어/방향보어

- **我听得懂。** ▶동사+得+결과보어 懂
  Wǒ tīng de dǒng.
  나는 알아들을 수 있다.

- **车开得进去。** ▶동사+得+방향보어 进去
  Chē kāi de jìnqù.
  차가 들어갈 수 있다.

2 **가능보어 부정문**: '得'를 '不'로 바꾸면 '~할 수 없다'라는 불가능의 의미가 된다. 가능보어는 주로 부정형식으로 쓰인다.

> 동사 + 不 + 결과보어/방향보어

- **我听不懂。** ▶동사+不+결과보어 懂
  Wǒ tīng bu dǒng.
  나는 알아들을 수 없다.

- **车开不进去。** ▶동사+不+방향보어 进去
  Chē kāi bu jìnqù.
  차가 들어갈 수 없다.

1 得了와 不了

술어 뒤에 '得了(de liǎo)'나 '不了(bu liǎo)'를 써서 동작의 실현 가능성을 나타낸다.

> 동사 + 得了 ~할 수 있다
> 동사 + 不了 ~할 수 없다

■ **这几个菜我都吃得了。**
  Zhè jǐ ge cài wǒ dōu chī de liǎo.
  이 몇 가지 요리를 나는 다 먹을 수 있어요.

■ **东西太多，我一个人拿不了。**
  Dōngxi tài duō, wǒ yí ge rén ná bu liǎo.
  물건이 너무 많아서 나 혼자는 들 수 없어요.

2 不得

술어 뒤에 '不得(bu dé)'를 써서 듣는 사람에게 어떤 일을 할 수 없다는 경고 혹은 알림의 뜻을 나타낸다. 동시에 만일 이 동작을 하게 되면 나쁜 결과가 초래될 수 있음을 나타내기도 한다.

> 동사 + 不得 ~할 수 없다 [금지, 경고]

■ **这种药孕妇吃不得。** ▶금지
  Zhè zhǒng yào yùnfù chī bu dé.
  이런 약은 임산부가 먹을 수 없다.

■ **这种危险的游戏，小孩儿玩不得。** ▶경고
  Zhè zhǒng wēixiǎn de yóuxì, xiǎoháir wán bu dé.
  이런 위험한 놀이는 어린아이가 놀아서는 안 된다.

药 yào 약 | 孕妇 yùnfù 임부 | 危险 wēixiǎn 위험하다

1 목적어는 가능보어의 뒤에 놓인다.

- 我记**不住**这么多生词。 나는 이렇게 많은 새 단어를 기억할 수 없다.
  Wǒ jì bu zhù zhème duō shēngcí.

- 这次考试没考好，我拿**不到**奖学金了。
  Zhècì kǎoshì méi kǎo hǎo, wǒ ná bu dào jiǎngxuéjīn le.
  이번 시험을 못 봐서, 나는 장학금을 받을 수 없다.

2 이합동사가 쓰인 문장에서 가능보어는 이합동사 사이에 놓인다.

- 我最近总是睡**不着**觉。　▶이합동사 睡觉 사이에 가능보어 不着가 옴
  Wǒ zuìjìn zǒngshì shuì bu zháo jiào.
  저는 요즘 잠을 잘 못 자요.

- 没有HSK五级证书的话，就毕**不了**业。　▶이합동사 毕业 사이에 가능보어 不了가 옴
  Méiyǒu HSK wǔ jí zhèngshū dehuà, jiù bì bu liǎo yè.
  HSK 5급 증명서가 없으면 졸업할 수 없습니다.

3 의문문은 문장 끝에 의문사 '吗'를 붙이거나 가능보어의 긍정형과 부정형을 병렬하여 정반 의문문으로 표현한다.

- 同学们，我说的话你们听**得**懂吗?
  Tóngxuémen, wǒ shuō de huà nǐmen tīng de dǒng ma?
  여러분, 제가 한 말을 알아들을 수 있나요?

- 这些工作今天做**得**完做**不**完? 이 일들을 오늘 다 할 수 있나요?
  Zhèxiē gōngzuò jīntiān zuò de wán zuò bu wán?

4 能과 가능보어의 차이

❶ 긍정문에서는 '能'과 가능보어를 모두 사용할 수 있다.

- A 大家能听懂吗? 여러분 알아들을 수 있나요?
  Dàjiā néng tīng dǒng ma?

  B 能听懂。 알아들을 수 있어요.
  Néng tīng dǒng

奖学金 jiǎngxuéjīn 장학금 | 证书 zhèngshū 증서, 증명서

■ A 大家听得懂吗? 여러분 알아들을 수 있나요?

　　Dàjiā tīng de dǒng ma?

　B 听得懂。 알아들을 수 있어요.

　　Tīng de dǒng.

❷ 부정문에서는 일반적으로 '能'을 쓰지 않고 가능보어의 부정형식으로 쓴다.

■ A 大家能听懂吗? / 大家听得懂吗? 여러분 알아들을 수 있나요?

　　Dàjiā néng tīng dǒng ma? / Dàjiā tīng de dǒng ma?

　B 听不懂。 못 알아듣겠어요.

　　Tīng bu dǒng.

　　⇨ 不能听懂(×)

'不能'은 주로 허가되지 않거나 동의하지 않음을 나타내며, 가능보어의 부정형식과는 의미가 다르다.

■ 上课的时候，不能睡觉。
　Shàngkè de shíhou, bù néng shuìjiào.
　수업 중에는 잠을 잘 수 없다. ▶잠을 자서는 안 됨

■ 外面太吵了，我实在睡不着。
　Wàimiàn tài chǎo le, wǒ shízài shuì bu zháo.
　밖이 너무 시끄러워서 정말 잠을 잘 수가 없다. ▶객관적인 조건이 잠을 잘 수 없게 함

实在 shízài 참으로, 정말

4 가능보어의 부정형식

많은 학습자가 가능보어의 부정형식에 '了'를 붙이는 오류를 자주 범한다. 하지만 가능보어는 일종의 가능성을 나타내는 것이므로, 이미 발생한 일을 서술하는 것이 아니다. 따라서 완료의 의미를 나타내는 '了'를 붙여서는 안 된다. 만일 이미 발생한 사실을 서술하려면 결과보어를 써야 한다.

- 老师，你说什么，我听不懂了。(×)
  → 老师，你说什么，我没听懂。(○)
  Lǎoshī, nǐ shuō shénme, wǒ méi tīng dǒng.
  선생님, 무슨 말씀인지 못 알아들었어요.

- 昨天我去逛街了，想买一条漂亮的裙子，可是买不到了。(×)
  → 昨天我去逛街了，想买一条漂亮的裙子，可是没买到。(○)
  Zuótiān wǒ qù guàngjiē le, xiǎng mǎi yì tiáo piàoliang de qúnzi, kěshì méi mǎi dào.
  어제 쇼핑을 갔는데, 예쁜 치마를 사려고 했는데 못 샀어요.

가능보어 VS 결과보어 VS 상태보어

	가능보어	결과보어	상태보어
긍정문	看得懂 알아볼 수 있다	看懂了 알아보았다	看得很清楚 잘 보인다
부정문	看不懂 알아볼 수 없다	没看懂 알아보지 못했다	看得不清楚 잘 보이지 않는다
의문문	看得懂吗? 알아볼 수 있나요? 看得懂看不懂? 알아볼 수 있나요?	看懂了吗? 알아보았어요? 看懂了没有? 알아보았어요?	看得清楚吗? 잘 보이나요? 看得清不清楚? 잘 보이나요?
부사 수식	불가	불가	看得非常清楚 매우 잘 보인다

☑ mini test

빈칸에 들어갈 알맞은 단어를 골라 보세요.

① 包太小了，放_____下这么多东西。(得/不)
가방이 너무 작아서 이렇게 많은 물건을 담을 수 없어요.

② 我永远都忘_____他。(得了/不了)
나는 영원히 그를 잊을 수 없어요.

정답
① 不
② 不了

6 수량보어

🎧 07-06

수량보어는 동사나 일부 형용사 뒤에 수량사를 써서 동작의 횟수나 시간의 양을 나타내는 보어이다. 수량보어는 동작의 양을 나타내는 '동량보어'와 시간의 양을 나타내는 '시량보어'로 나눌 수 있다.

1 동량보어

1 동사 뒤에서 동작이나 행위가 진행된 '양(횟수)'를 나타내는 성분을 동량보어라고 한다.

- **我去过**一次。 나는 한 번 가 봤다.
  Wǒ qù guo yícì.

- **我看了**很多遍。 나는 여러 번 보았다.
  Wǒ kàn le hěn duō biàn.

- **我考虑**一下。 제가 생각 좀 해 볼게요.
  Wǒ kǎolǜ yíxià.

2 동량보어와 목적어

동량보어와 목적어가 함께 올 경우, 동량보어의 위치는 목적어의 성격에 따라 달라지므로 주의해야 한다.

❶ 목적어가 일반명사일 경우, 동량보어는 목적어 앞에 놓인다.

- **我吃过**两次烤鸭。 나는 오리구이를 두 번 먹어 봤다.
  Wǒ chī guo liǎng cì kǎoyā.

- **毕业后，我们见过**一次面。 졸업 후에 우리는 한 번 만난 적이 있다.
  Bìyè hòu, wǒmen jiàn guo yí cì miàn.
  ⇨ 두 번째 예문의 见面은 이합동사로, 동량보어는 목적어의 역할을 하는 面의 앞에 쓰인다.

❷ 목적어가 인칭대명사일 경우, 동량보어는 목적어 뒤에 놓인다.

- **妈妈骂了**我一顿。 엄마는 나를 한바탕 꾸짖으셨다.
  Māma mà le wǒ yí dùn.

考虑 kǎolǜ 고려하다, 생각하다 | 烤鸭 kǎoyā 오리구이 | 骂 mà 욕하다, 꾸짖다

- **我看了**她一眼。 나는 그녀를 한 번 보았다.
  Wǒ kàn le tā yì yǎn.

❸ 목적어가 인명이나 호칭, 지명일 경우, 동량보어는 목적어 앞뒤에 모두 올 수 있다.

- **我去见过**两次张老师。 / **我去见过**张老师两次。
  Wǒ qù jiàn guo liǎng cì Zhāng lǎoshī. / Wǒ qù jiàn guo Zhāng lǎoshī liǎng cì.
  나는 장 선생님을 두 번 만나러 간 적이 있다.

- **这个周末我要去**一趟首尔。 / **这个周末我要去**首尔一趟。
  Zhè ge zhōumò wǒ yào qù yí tàng Shǒu'ěr. / Zhè ge zhōumò wǒ yào qù Shǒu'ěr yí tàng.
  이번 주말에 나는 서울에 한 번 다녀오려고 한다.

☑ mini test

주어진 단어가 들어갈 알맞은 위치를 고르세요.

① 我给 _A_ 你打了 _B_ 电话 _C_ 。(很多次)
  나는 너에게 전화를 여러 번 했어.

② 我 _A_ 找过 _B_ 你 _C_ 。(好几次)
  나는 너를 여러 번 찾았어.

1 동사나 일부 형용사 뒤에서 동작이나 행위와 관련된 '시간의 양'을 나타내는 성분을 시량보어라고 한다.

❶ 동작이나 상태가 '지속된 시간'을 나타낸다.

- 昨晚我只睡了五个小时。 어젯밤에 나는 다섯 시간밖에 못 잤다.
  Zuówǎn wǒ zhǐ shuì le wǔ ge xiǎoshí.

- 我今天在健身房运动了一个小时。
  Wǒ jīntiān zài jiànshēnfáng yùndòng le yí ge xiǎoshí.
  나는 오늘 헬스장에서 한 시간 운동했다.

- 今天我忙了一天。 오늘 나는 하루 종일 바빴어요.
  Jīntiān wǒ máng le yì tiān.

❷ 동작이 실현된 이후 말하는 시점까지의 '시간의 양'을 나타낸다. '~한 지 ~되었다'의 의미이다.

- 我来韩国八年了。 ▶ 한국에 온 후 경과된 시간
  Wǒ lái Hánguó bā nián le.
  저는 한국에 온 지 8년이 되었어요.

- 我们俩结婚才一年。 ▶ 결혼 후 경과된 시간
  Wǒmen liǎ jiéhūn cái yì nián.
  우리 둘은 결혼한 지 겨우 1년 되었어요.

- 他毕业一年了，还没找到工作。 ▶ 졸업 후 경과된 시간
  Tā bìyè yì nián le, hái méi zhǎo dào gōngzuò.
  그는 졸업한 지 1년이 되었지만, 아직 직장을 구하지 못했다.

❸ 무엇과 비교하여 차이가 나는 시간을 나타낸다.

- 我比你早到半个小时。 내가 너보다 30분 일찍 도착했어.
  Wǒ bǐ nǐ zǎo dào bàn ge xiǎoshí.

- 飞机晚点了二十分钟。 비행기가 20분 연착했다.
  Fēijī wǎndiǎn le èrshí fēnzhōng.

健身房 jiànshēnfáng 체육관, 헬스장 | 俩 liǎ 두 사람 | 晚点 wǎndiǎn (차·배·비행기 등이) 연착하다

2 시량보어와 목적어

시량보어와 목적어가 함께 올 경우, 시량보어의 위치는 목적어의 성격에 따라 달라진다.

❶ 목적어가 일반명사일 경우, 목적어 뒤에 동사를 중복시키거나 동사와 목적어 사이에 시량보어가 온다.

> 동사 + 목적어 + 동사 + 시량보어
>
> 동사 + 시량보어 + (的) + 목적어

- 我学汉语学了一年了。 나는 중국어를 배운 지 1년 되었다.
  Wǒ xué Hànyǔ xué le yì nián le.

- 我学了一年(的)汉语了。 나는 중국어를 배운 지 1년 되었다.
  Wǒ xué le yì nián (de) Hànyǔ le.

- 昨天我们打电话打了一个小时。 어제 우리는 한 시간 동안 통화했어요.
  Zuótiān wǒmen dǎ diànhuà dǎ le yí ge xiǎoshí.

- 昨天我们打了一个小时(的)电话。 어제 우리는 한 시간 동안 통화했어요.
  Zuótiān wǒmen dǎ le yí ge xiǎoshí (de) diànhuà.

이합동사가 쓰였을 경우, 이 형식과 동일하게 표현한다.

- 昨晚我睡觉睡了七个小时。 ▶睡觉: 이합동사
  Zuówǎn wǒ shuìjiào shuì le qī ge xiǎoshí.
  어젯밤에 나는 7시간 잤다.
  ⇨ 목적어 역할을 하는 觉 뒤에 睡를 중복함.

- 昨晚我睡了七个小时(的)觉。 어젯밤에 나는 7시간 잤다.
  Zuówǎn wǒ shuì le qī ge xiǎoshí (de) jiào.
  ⇨ 睡와 觉 사이에 시량보어가 옴.

❷ 목적어가 인칭대명사이거나 장소일 경우, 시량보어는 목적어 뒤에 놓인다.

- 我们等了你好久。 우리는 당신을 오랫동안 기다렸어요.
  Wǒmen děng le nǐ hǎojiǔ.

- 我来北京一年多了。 내가 베이징에 온 지 1년이 넘었다.
  Wǒ lái Běijīng yì nián duō le.

❸ 목적어가 서로 이미 알고 있는 내용일 경우, 목적어를 문장의 앞으로 도치시키기도 한다.

- **这个问题我想了几天。** 이 문제를 나는 며칠 동안 생각했다.
  Zhè ge wèntí wǒ xiǎng le jǐ tiān.

- **那本书我看了两天就看完了。** 그 책을 나는 이틀 만에 다 보았다.
  Nà běn shū wǒ kàn le liǎng tiān jiù kàn wán le.

3 시량보어와 了

동사 뒤에 '了'가 있고, 문장 끝에 '了'가 없으면, 동작이 이미 발생하여 끝났음을 나타내고, 동사 뒤와 문장 끝에 모두 '了'가 있으면, 말하는 시점에도 이 동작이 지속되고 있고 아직 끝나지 않았음을 나타낸다.

- **我们休息了十分钟。** ▶지금은 쉬지 않음
  Wǒmen xiūxi le shí fēnzhōng.
  우리는 10분 동안 쉬었다.

- **我们休息了十分钟了。** ▶지금도 쉬고 있음
  Wǒmen xiūxi le shí fēnzhōng le.
  우리는 10분째 쉬고 있다.

☑ mini test

다음 문장에서 틀린 부분을 찾아 바르게 고쳐 보세요.

① 我每天学汉语一个小时。
나는 매일 한 시간씩 중국어를 공부한다.

② 他一整天看了电视。
그는 하루 종일 텔레비전을 봤다.

정답
① 我每天学一个小时(的)汉语。/ 我每天学汉语学一个小时。
② 他看了一整天(的)电视。/ 他看电视看了一整天。

1 다음 문장에서 틀린 부분을 바르게 고쳐 보세요.

1. 做作业完以后，我再睡觉。

   ⇨ _____

2. 他很快地开车，非常危险。

   ⇨ _____

3. 我喜欢学汉语，不过我觉得汉语学得很难。

   ⇨ _____

4. 你帮我买回来一些吃的吧。

   ⇨ _____

5. 我一定要把这些生词背得完。

   ⇨ _____

6. 他说得太快，我听不懂了。

   ⇨ _____

7. 我每天学汉语一个小时。

   ⇨ _____

8. 最近又要学习又要打工，我都忙不起来了。

   ⇨ _____

풀이 Tip

2. 危险 wēixiǎn 위험하다

5. 背 bèi 외우다

8. 打工 dǎgōng
   일하다, 아르바이트하다

2 빈칸에 알맞은 보어를 넣어 문장을 완성해 보세요.

보기 | 早　　　　起来　　　错　　　　慌
　　　| 下　　　　动　　　　出来　　　会

1. 我学＿＿＿＿＿唱中国歌了。
　　나는 중국 노래 부르는 것을 배웠다.

2. 我写＿＿＿＿＿了三个字。
　　나는 세 글자를 잘못 썼다.

3. 你来得太＿＿＿＿＿了，我们还没开始准备呢。
　　너는 너무 일찍 왔어. 우리는 아직 준비를 시작하지 않았어.

4. 这个房间太小了，住不＿＿＿＿＿三个人。
　　이 방은 너무 작아서 세 사람이 살 수 없다.

5. 行李太重了，我一个人搬不＿＿＿＿＿。
　　짐이 너무 무거워서 나 혼자 옮길 수 없다.

6. 她的名字，我终于想＿＿＿＿＿了。
　　그녀의 이름이 마침내 생각났다.

7. 看到他以后，我一句话也说不＿＿＿＿＿。
　　그를 본 후, 나는 한 마디도 할 수 없었다.

8. 最近我整天都呆在家里看电视剧，心里闷得＿＿＿＿＿。
　　요즘 하루 종일 집에만 틀어박혀 드라마를 보고 있으니, 가슴이 답답하다.

풀이 Tip

5. 搬 bān 운반하다, 옮기다
8. 整天 zhěngtiān 온종일
　　呆 dāi 머무르다

1 빈칸에 들어갈 알맞은 표현을 고르세요.

1. 看电影的人这么多，能买_____票吗?

   A 完   B 成   C 到   D 住

2. 请把下面的句子翻译_____汉语。

   A 给   B 成   C 懂   D 好

3. 这部电视剧拍_____非常有意思。

   A 地   B 得   C 着   D 了

4. 这件衣服我喜欢得_____。

   A 很   B 慌   C 透   D 极了

5. 这里能坐_____一百来人。

   A 上   B 下   C 上来   D 下去

6. 虽然不容易，但我一定会坚持_____的。

   A 起来   B 下来   C 下去   D 过去

7. 没有HSK六级证书，就_____。

   A 没毕业了 B 毕业不了 C 毕不了业 D 毕不得业

8. 下个星期我要去一_____上海。

   A 趟   B 个   C 遍   D 顿

풀이 💡 Tip

2. 翻译 fānyì 번역하다, 통역하다

6. 坚持 jiānchí 견지하다, 고수하다

2 주어진 어휘를 순서에 맞게 배열하여 문장을 완성해 보세요.

1. 拿 / 出来 / 很多 / 从包里 / 吃的 / 他
   그는 가방에서 먹을 것을 많이 꺼냈다.

   ⇨ _____

2. 非常 / 我 / 做得 / 好 / 韩国菜 / 做
   나는 한국 음식을 아주 잘 만든다.

   ⇨ _____

3. 都 / 学 / 的 / 记住了 / 我 / 过 / 生词
   배운 새 단어를 나는 모두 기억했다.

   ⇨ _____

4. 没 / 也 / 恋爱 / 过 / 我 / 谈 / 一次
   나는 연애를 한 번도 해 본 적이 없다.

   ⇨ _____

5. 学 / 昨天 / 我 / 一个小时 / 在图书馆 / 汉语 / 了
   어제 나는 도서관에서 한 시간 동안 중국어를 공부했다.

   ⇨ _____

6. 给我 / 印象 / 留下 / 了 / 深刻的 / 他
   그는 나에게 깊은 인상을 남겼다.

   ⇨ _____

7. 事 / 容易 / 说起来 / 难 / 这件 / 做起来
   이 일은 말하기는 쉬워도 하기는 어렵다.

   ⇨ _____

풀이 Tip

1. 拿 ná (손으로) 잡다, 들다
3. 记 jì 기억하다, 암기하다
6. 印象 yìnxiàng 인상

특수구문 (1)

'在'자문	'在'가 술어로 쓰여서 주어가 어디에 '존재'함을 나타내는 문장
'有'자문	'有'가 술어로 쓰여서 주어가 어떤 대상을 '소유'하거나 주어가 '존재'함을 나타내는 문장
'是'자문	'是'가 술어로 쓰여서, 어떤 장소에 이미 알고 있거나 정해진 것이 존재하고 있음을 판단하는 문장
존현문	존재, 출현, 소실을 나타내는 문장
'是……的' 구문	(1) 동작이나 상황이 발생한 시간, 장소, 방식, 목적, 조건, 대상 등을 강조
	(2) 화자의 생각이나 태도, 견해 등을 강조

Chapter

08

특수구문 (1)

다양한 의미를 표현하거나 문장 자체에 포괄적 의미를 담기 위해서 기본 문형과 조금 다른 구문을 활용하는 경우가 있다. 이를 특수구문이라고 한다.

이 장에서는 중국어 특수구문 중에서 'A가 B에 있다'라는 의미를 표현하는 '在'자문, '有'자문, '是'자문과 존재, 출현, 소신을 나타내는 존현문, 그리고 동작이나 상황이 발생한 시간, 장소, 방식, 목적, 조건, 대상 등을 강조하는 '是……的' 구문에 대해서 살펴보기로 한다.

▶ '在'자문, '有'자문, '是'자문

▶ 존현문

▶ '是……的' 구문

동영상 강의　　예문 MP3

'在'자문, '有'자문, '是'자문

🎧 08-01

포괄적으로 'A가 B에 있다'라는 의미를 표현하는 방식에는 몇 가지가 있고, 그 방식에 따라 나타내는 의미와 용법 역시 조금씩 달라진다. 현대 중국어에서 이런 표현을 할 때 주로 사용하는 동사가 '在' '有' '是'인데, 그 용법이 조금 다르기 때문에 주의 깊게 살펴야 한다.

1 '在'자문

1 '在'자문은 동사 '在'가 술어로 쓰여서 주어가 어디에 '존재'함을 나타내며, 이때 목적어는 주로 장소를 나타내는 명사가 온다.

> 사람/사물 + 在 + 장소

- **我在咖啡厅。** 나는 카페에 있다.
  Wǒ zài kāfēitīng.

- **我们刚才在电影院。** 우리는 방금 영화관에 있었다.
  Wǒmen gāngcái zài diànyǐngyuàn.

2 주어는 대부분 이미 알고 있거나 무엇을 가리키는지 분명한 사람이나 사물이 쓰인다.

- **你妈妈在家吗?** 너희 어머니 집에 계시니?
  Nǐ māma zài jiā ma?

- **你的书在我这儿。** 네 책은 나한테 있어.
  Nǐ de shū zài wǒ zhèr.

  ⇨ 인칭대명사 我, 你, 他 뒤에 这儿, 那儿 등이 붙으면 장소를 나타낸다. 즉 我这儿은 '내가 있는 곳'이란 뜻이다.

3 '在'는 '존재'만을 나타내지 동작을 나타내지는 못하므로, 동태조사 '了' '着' '过'와 함께 쓸 수 없다.

> - **昨天我在家了。**(×)
>   → **昨天我在家。**(○) 어제 나는 집에 있었다.
>   Zuótiān wǒ zài jiā.

4 '在'를 부정할 때는 부정부사 '不'와 '没'를 모두 쓸 수 있으나, 용법에는 차이가 있다.

- **我不在咖啡厅。** 나는 카페에 있지 않다. ▶지금 존재하지 않음
  Wǒ bú zài kāfēitīng.

- **我刚才没在咖啡厅。** 나는 아까 카페에 있지 않았다. ▶과거의 특정 시간에 존재하지 않았음
  Wǒ gāngcái méi zài kāfēitīng.

 '在'는 '〜에서'라는 뜻의 개사로도 많이 쓰이므로 잘 구분해야 한다.

- **他在书店买了一本书。** 그는 서점에서 책을 한 권 샀다.
  Tā zài shūdiàn mǎi le yì běn shū.

⇨ 여기서 在는 장소명사를 목적어로 가지는 개사이다.

☑ mini test

괄호 안의 단어를 알맞은 위치에 넣어 보세요.

① ___A__ 我们学校 __B__ 市中心, ___C__ 交通很方便。(在)
우리 학교는 도심에 있어서 교통이 매우 편리하다.

② ___A__ 找到了, ___B__ 你的项链 __C__ 这儿。(在)
찾았어. 네 목걸이 여기에 있어.

정답 ① B ② C

---

2 **'有'자문**

1 '有'자문은 동사 '有'가 술어로 쓰여서, 주어가 '존재'함을 나타내는 문장이다. 동사 '有'는 일반적으로 주어가 어떤 대상을 '소유'함을 나타내지만, '有'자문에서의 '有'는 주어가 존재함을 나타낸다.

> 사람/사물/장소 + 有 + 사람/사물

- **我有很多粉丝。** 나는 많은 팔로워를 가지고 있다. ▶소유
  Wǒ yǒu hěn duō fěnsī.

交通 jiāotōng 교통 | 项链 xiàngliàn 목걸이 | 粉丝 fěnsī 팔로워, 팬

- **咖啡厅里有很多人。** 카페에 사람이 많다.　▶존재
  Kāfēitīng li yǒu hěn duō rén.

2 '有'자문의 주어는 말하는 사람과 듣는 사람이 모두 알고 있는 대상이지만, 목적어는 정해진 것이 아니며 듣는 사람에게는 새로운 정보이다. 목적어는 수량사의 수식을 자주 받는다.

- **学校附近有一个医院。** 학교 근처에 병원이 하나 있다.
  Xuéxiào fùjìn yǒu yí ge yīyuàn.

- **那儿有一个很有名的网红咖啡厅。** 저곳에는 매우 유명한 인플루언서 카페가 하나 있다.
  Nàr yǒu yí ge hěn yǒumíng de wǎnghóng kāfēitīng.
  ⇨ 목적어는 불특정한 사람이나 사물이어야 한다.

3 부정형식은 부정부사 '没'를 '有' 앞에 쓴다.

- **咖啡厅里没有人。** 카페에 사람이 없다.
  Kāfēitīng li méiyǒu rén.

- **学校附近没有医院。** 학교 근처에는 병원이 없다.
  Xuéxiào fùjìn méiyǒu yīyuàn.

4 의문형식은 문장 끝에 의문사 '吗'를 붙이거나 '有'의 긍정형과 부정형을 병렬하여 정반의문 문을 만들 수 있다.

- **你们学校附近有医院吗?** 너희 학교 근처에 병원이 있니?
  Nǐmen xuéxiào fùjìn yǒu yīyuàn ma?

- **你们学校附近有没有医院? / 你们学校附近有医院没有?**
  Nǐmen xuéxiào fùjìn yǒu méiyǒu yīyuàn? / Nǐmen xuéxiào fùjìn yǒu yīyuàn méiyǒu?
  너희 학교 근처에 병원이 있니?

---

3 **'是'자문**

1 '是'자문은 동사 '是'가 술어로 쓰여서, 어떤 장소에 이미 알고 있거나 정해진 것이 존재하고 있음을 판단하는 문장을 말한다. 명사(구), 대명사(구), 수량구 등이 목적어로 쓰인다.

> 사람/사물/장소 + 是 + 사람/사물

网红 wǎnghóng 인터넷 스타, 온라인 셀럽

- **正门的右边是运动场。** 정문의 오른쪽은 운동장이다.
  Zhèngmén de yòubiān shì yùndòngchǎng.

- **我的左边是珍雅，我的右边是敏雅。** 내 왼쪽은 진아이고 내 오른쪽은 민아이다.
  Wǒ de zuǒbiān shì Zhēnyǎ, wǒ de yòubiān shì Mǐnyǎ.

- **那家面包店旁边是一家化妆品店。** 그 빵집 옆은 화장품 가게이다.
  Nà jiā miànbāodiàn pángbiān shì yì jiā huàzhuāngpǐn diàn.

2 부정형식은 부정부사 '不'를 '是' 앞에 쓴다.

- **食堂的旁边是图书馆，不是主楼。** 식당 옆은 본관이 아니라 도서관이다.
  Shítáng de pángbiān shì túshūguǎn, bú shì zhǔlóu.

- **我记得那家面包店旁边不是文具店，而是一家化妆品店。**
  Wǒ jìde nà jiā miànbāodiàn pángbiān bú shì wénjùdiàn, érshì yì jiā huàzhuāngpǐn diàn.
  그 빵집 옆에는 문구점이 아니라 화장품 가게가 있던 걸로 기억해요.

3 의문형식은 문장 끝에 의문사 '吗'를 붙이거나 '是'의 긍정형과 부정형을 병렬하여 정반의문문을 만들 수 있다.

- **食堂的旁边是图书馆吗?** 식당 옆은 도서관인가요?
  Shítáng de pángbiān shì túshūguǎn ma?

- **食堂的旁边是不是图书馆?**
  Shítáng de pángbiān shì bu shì túshūguǎn?
  식당 옆은 도서관인가요?

4 '是'는 행위를 나타내는 동사가 아니기 때문에 뒤에 동태조사 '了' '着' '过'와 함께 쓸 수 없다.

☑ mini test

빈칸에 들어갈 알맞은 단어를 골라 보세요.

① 教室旁边_____洗手间。 (有/是)
  교실 옆은 화장실이다.

② 校园里_____很多漂亮的花。 (有/是)
  캠퍼스에는 예쁜 꽃들이 많다.

정답 ① 是 ② 有

正门 zhèngmén 정문 | 右边 yòubiān 오른쪽 | 运动场 yùndòngchǎng 운동장 | 左边 zuǒbiān 왼쪽 | 面包店 miànbāodiàn
빵집 | 旁边 pángbiān 옆, 측면 | 化妆品 huàzhuāngpǐn 화장품 | 主楼 zhǔlóu 본관 | 文具店 wénjùdiàn 문구점

사람/사물 + 在 + 장소	书店在**银行旁边**。 서점은 은행 옆에 있다. Shūdiàn zài yínháng pángbiān. ▶ 말하는 사람과 듣는 사람이 어느 은행인지 알고 있음
장소 + 有 + 사람/사물	**银行旁边**有**一个书店**。 은행 옆에 서점이 하나 있다. Yínháng pángbiān yǒu yí ge shūdiàn. ▶ 서점은 듣는 사람에게 새로운 정보임. 목적어 불특정
장소 + 是 + 사람/사물	**银行旁边**是**书店**。 은행 옆은 서점이다. Yínháng pángbiān shì shūdiàn. ▶ 말하는 사람과 듣는 사람이 어느 서점인지 알고 있음

1 在와 有의 차이

사람이나 사물이 '어디어디에 있다'라는 표현은 '在'를 쓴다. 이때 사람이나 사물은 이미 알고 있거나 무엇을 가리키는지 분명한 것이어야 한다.

- 你永远有我心里。(×)
  → 你永远在我心里。(○) 당신은 언제나 제 마음속에 있어요.
  Nǐ yǒngyuǎn zài wǒ xīn li.

- 你的手机有书桌上。(×)
  → 你的手机在书桌上。(○) 네 핸드폰은 책상 위에 있어.
  Nǐ de shǒujī zài shūzhuō shang.

2 有와 是의 차이

'有'자문의 목적어는 일반적으로 듣는 사람이 모르는 사람·사물이며, 유일한 존재가 아니다. '是'자문의 목적어는 듣는 사람이 이미 알고 있는 사람·사물이어야 하며, 그 장소의 유일한 존재이다.

永远 yǒngyuǎn 영원히, 언제나

- 正门的右边有运动场。(×)
  - → 正门的右边是运动场。(○)
    Zhèngmén de yòubiān shì yùndòngchǎng.
    정문의 오른쪽은 운동장이다.　▶듣는 사람이 이미 알고 있는 운동장

- 我的左边有珍雅，我的右边有敏雅。(×)
  - → 我的左边是珍雅，我的右边是敏雅。(○)
    Wǒ de zuǒbiān shì Zhēnyǎ, wǒ de yòubiān shì Mǐnyǎ.
    내 왼쪽은 진아이고, 내 오른쪽은 민아이다.　▶진아와 민아는 그 장소의 유일한 존재

3 在와 是의 차이

'在'는 사람이나 사물이 존재하는 위치를 설명할 때 쓰고, '是'는 구체적으로 존재하는 대상이 무엇인가를 설명할 때 쓴다.

- A 食堂在哪儿? 식당은 어디에 있나요?
  Shítáng zài nǎr?

  B 食堂在图书馆的旁边。 식당은 도서관 옆에 있어요.
  Shítáng zài túshūguǎn de pángbiān.

- A 食堂的旁边是什么? 식당의 옆은 무엇입니까?
  Shítáng de pángbiān shì shénme?

  B 食堂的旁边是图书馆。 식당 옆은 도서관입니다.
  Shítáng de pángbiān shì túshūguǎn.

☑ mini test

빈칸에 들어갈 알맞은 단어를 골라 보세요.

① 银行的旁边＿＿＿＿＿邮局。 (在/有/是)
은행 옆은 우체국이다.

② 邮局＿＿＿＿＿银行的旁边。 (在/有/是)
우체국은 은행 옆에 있다.

③ 银行的旁边＿＿＿＿＿一家饭店。 (在/有/是)
은행 옆에는 식당이 하나 있다.

정답 ① 是 ② 在 ③ 有

존현문

🎧 08-02

존현문은 '~에 있다'라는 '존재'와 '~에 왔다' '~으로부터 갔다'라는 '출현'이나 '소실'을 나타내는 문장이다. 일반 문장과 다른 점은 장소·시간이 주어가 되고 사람·사물이 목적어 자리에 와서, 주어로 쓰인 장소·시간을 강조한다는 점이다. 또한 목적어에 놓이는 사람·사물이 불특정한 것이어야 존현문으로 표현이 가능하다.

1 '존재' 표현

존재 표현은 주로 어느 장소에 불특정한 사람이나 사물이 어떻게 존재하는가를 나타내는데, 동사 뒤에는 주로 '지속'의 의미를 나타내는 동태조사 '着'가 온다.

> 주어(장소) + 동사 + 着 + 목적어(사람/사물)

■ **教室里**坐着**很多学生。** 교실 안에 많은 학생이 앉아 있다.
　Jiàoshì li zuò zhe hěn duō xuéshēng.

■ **书桌上**放着**很多书。** 책상 위에 많은 책이 놓여 있다.
　Shūzhuō shang fàng zhe hěn duō shū.

　⇨ 존현문의 목적어에 위치한 很多学生(사람), 很多书(사물)는 불특정한 대상이어야 한다.

　⇨ 书桌(책상)는 보통명사지만, 이 문장에서는 장소를 나타내기 때문에, 뒤에 방위사 上을 붙여야 한다.

2 '출현'과 '소실' 표현

1 어떤 장소 혹은 공간에서 불특정한 사람이나 사물이 출현하거나 소실되는 것을 나타내며, 이때 동사 뒤에는 동작의 완료를 나타내는 동태조사 '了'가 온다.

> 주어(장소/시간) + 출현·소실을 나타내는 동사 + 了 + 목적어(사람/사물)

■ **今天我们家里**来了**一个客人。** ▶출현
　Jīntiān wǒmen jiā li lái le yí ge kèrén.
　오늘 우리 집에 손님 한 분이 오셨다.

■ 最近我脸上长了一些痘痘。 ▶출현
Zuìjìn wǒ liǎn shang cháng le yìxiē dòudòu.
최근에 내 얼굴에 여드름이 좀 났다.

■ 农场里死了一头牛。 ▶소실
Nóngchǎng li sǐ le yì tóu niú.
농장에 소 한 마리가 죽었다.

2 존현문은 출현 혹은 소실된 대상 보다는 공간이나 장소를 강조하는 표현이다.

■ 昨天我们学校来了一位老师。 ▶존현문: '우리 학교'를 강조함
Zuótiān wǒmen xuéxiào lái le yí wèi lǎoshī.
어제 우리 학교에 선생님 한 분이 오셨다.

■ 昨天那位老师来我们学校了。 ▶일반 문장: '선생님'을 강조함
Zuótiān nà wèi lǎoshī lái wǒmen xuéxiào le.
어제 저 선생님이 우리 학교에 오셨다.

☑ mini test

주어진 단어를 바르게 배열하여, 문장을 완성해 보세요.

① 客人 / 来 / 饭店里 / 了 / 几位外国
호텔에 외국인 손님이 몇 분 오셨다.

② 结婚照 / 挂 / 一张 / 房间里 / 着 / 他们的
방 안에 그들의 결혼 사진이 한 장 걸려 있다.

정답
① 饭店里来了几位外国客人。
② 房间里挂着一张他们的结婚照。

客人 kèrén 손님 | 脸 liǎn 얼굴 | 痘痘 dòudòu 여드름 | 农场 nóngchǎng 농장 | 死 sǐ 죽다 | 牛 niú 소 | 结婚照 jiéhūnzhào
결혼 사진

3 '是……的' 구문

'是……的' 구문은 두 가지 용법에 차이가 있으므로 '是……的' 구문(1)과 '是……的' 구문(2)로 나누어 살펴보기로 한다.

1 '是……的' 구문 (1)

1 이미 발생한 어떤 동작이나 상황에 대해 말하는 사람이 구체적인 시간, 장소, 대상, 방식, 조건, 목적 등을 강조하고자 할 때 '是……的' 구문(1)을 쓴다.

> 주어 + (是) + 강조할 내용(시간/장소/방식/목적 등) + 동사 + 的

- A 你是什么时候去中国的?　당신은 언제 중국에 갔어요?
  Nǐ shì shénme shíhou qù Zhōngguó de?

  B 我是去年去的。　저는 작년에 갔어요.　▶시간을 강조
  Wǒ shì qùnián qù de.

- A 你是跟谁一起去的?　누구와 함께 갔어요?
  Nǐ shì gēn shéi yìqǐ qù de?

  B 我是跟我的家人一起去的。　저는 가족들과 함께 갔어요.　▶대상을 강조
  Wǒ shì gēn wǒ de jiārén yìqǐ qù de.

- A 这条裙子你是在哪儿买的?　이 치마를 어디에서 샀어요?
  Zhè tiáo qúnzi nǐ shì zài nǎr mǎi de?

  B 我是在王府井百货买的。　왕푸징백화점에서 샀어요.　▶장소를 강조
  Wǒ shì zài Wángfǔjǐng Bǎihuò mǎi de.

- A 你是怎么去王府井百货的?　왕푸징백화점에 어떻게 갔어요?
  Nǐ shì zěnme qù Wángfǔjǐng Bǎihuò de?

  B 我是坐地铁去的。　지하철을 타고 갔어요.　▶방식을 강조
  Wǒ shì zuò dìtiě qù de.

裙子 qúnzi 치마 ┃ 王府井百货 Wángfǔjǐng Bǎihuò 왕푸징백화점

■ A 你是来旅行的吗? 여행 오셨나요?
　　Nǐ shì lái lǚxíng de ma?

　　B 不是，我是来留学的。 아니요, 저는 유학 왔어요. ▶목적을 강조
　　Bú shì, wǒ shì lái liúxué de.

■ A 这条裙子是用什么材料做的? 이 치마는 어떤 재료로 만든 겁니까?
　　Zhè tiáo qúnzi shì yòng shénme cáiliào zuò de?

　　B 是用丝绸做的。 실크로 만든 겁니다. ▶재료를 강조
　　Shì yòng sīchóu zuò de.
　　⇨ 是……的 구문에서 是는 생략할 수 있지만, 的는 생략해서는 안 된다.

2 동사가 목적어를 가지면 목적어는 '的'의 앞에 올 수 있다. 그러나 회화에서는 목적어를 '的'의 뒤에 놓는 경우가 많다.

■ 我是一年前开始学汉语的。 나는 1년 전에 중국어를 배우기 시작했다.
　Wǒ shì yì nián qián kāishǐ xué Hànyǔ de.

■ 我是一年前开始学的汉语。 나는 1년 전에 중국어를 배우기 시작했어. ▶회화체
　Wǒ shì yì nián qián kāishǐ xué de Hànyǔ.

■ 郭老师是去年开始教我们的。 ▶我们: 인칭대명사
　Guō lǎoshī shì qùnián kāishǐ jiāo wǒmen de.
　궈 선생님은 작년부터 우리를 가르치셨어요.
　⇨ 만약 목적어가 인칭대명사이면 일반적으로 的 앞에 목적어를 넣는다.

3 행위의 주체가 '누구'인지를 알고 싶거나 혹은 분명히 하고 싶을 때는 목적어를 문장의 맨 앞에 놓을 수 있다.

■ A 这件事是谁告诉你的? 이 일은 누가 당신에게 알려 주었습니까?
　　Zhè jiàn shì shì shéi gàosu nǐ de?

　　B 是他告诉我的。 그가 제게 알려 주었습니다.
　　Shì tā gàosu wǒ de.

■ A 这篇作文是谁写的? 이 작문은 누가 쓴 것인가요?
　　Zhè piān zuòwén shì shéi xiě de?

　　B 是我写的。 제가 쓴 것입니다.
　　Shì wǒ xiě de.

材料 cáiliào 재료 | 丝绸 sīchóu 실크, 비단 | 作文 zuòwén 작문

4 '是……的' 구문은 이미 발생한 일에만 쓰므로, 미래에 발생할 일에 대해서는 쓸 수 없다.

- 我是明年结婚的。(×)
  → 我明年结婚。(○) 나는 내년에 결혼한다.
  Wǒ míngnián jiéhūn.

5 '是……的' 사이에 연동구가 오면, '的'는 마지막 동사(구)의 뒤에 넣는다.

- 我是来的北京学汉语。(×)
  → 我是来北京学汉语的。(○)
  Wǒ shì lái Běijīng xué Hànyǔ de.
  나는 중국어를 배우러 베이징에 왔어요. ▶是……的 사이에 연동구(来北京学汉语)가 옴

6 '是……的' 구문의 부정형식은 '是' 앞에 '不'를 넣는다. '是……的' 구문의 긍정문에서 '是' 는 생략할 수 있지만, 부정문 '不是'에서 '是'는 생략할 수 없다.

- 我不是坐地铁来的，我是打车来的。
  Wǒ bú shì zuò dìtiě lái de, wǒ shì dǎchē lái de.
  나는 지하철을 타고 온 것이 아니라 택시를 타고 왔어요.

- 我不是来旅行的，我是来留学的。
  Wǒ bú shì lái lǚxíng de, wǒ shì lái liúxué de.
  나는 여행을 온 것이 아니라 유학 온 거예요.

☑ mini test

다음 문장에서 틀린 부분을 찾아 바르게 고쳐 보세요.

① 我弟弟是明年毕业的。
   내 동생은 내년에 졸업합니다.

② 他们是上个星期来韩国了。
   그들은 지난주에 한국에 왔어요.

정답
① 我弟弟明年毕业。
② 他们是上个星期来韩国的。

打车 dǎchē 차를 잡다, 택시를 타다

동태조사 了 vs 是……的 구문

'是……的' 구문은 동작의 완료를 나타내는 동태조사 '了'와 마찬가지로 '~했다'처럼 과거 시제로 번역되기 때문에 서로 자주 혼동되지만, 두 용법은 표현하는 의미에 차이가 있다. 동태조사 '了'는 과거 시간에 어떤 동작이 객관적으로 완료되었음을 진술하지만, '是……的' 구문은 이미 완료된 어떤 동작이 '언제, 어디서, 누구와 함께, 어떻게' 진행된 것인가를 강조하는 표현이다.

A 听说他们已经结婚了。 그들은 이미 결혼했대요.
Tīngshuō tāmen yǐjīng jiéhūn le.

B 他们是什么时候结的婚? 그들은 언제 결혼했어요?
Tāmen shì shénme shíhou jié de hūn?

A 上个月结的。 지난달에 결혼했어요.
Shàng ge yuè jié de.

B 他们办婚礼了吗? 그들은 결혼식을 올렸어요?
Tāmen bàn hūnlǐ le ma?

A 办了。 听说他们是在香格里拉酒店办的婚礼。
Bàn le. Tīngshuō tāmen shì zài Xiānggélǐlā Jiǔdiàn bàn de hūnlǐ.
올렸어요. 그들은 상그리라 호텔에서 결혼식을 올렸대요.

⇨ 위 대화를 보면, 동태조사 '了'는 결혼이 이미 '완료'되었음을 객관적으로 진술하고, '是……的' 구문은 이미 완료된 결혼이 '언제, 어디서' 진행된 것인가를 강조한다는 것을 알 수 있다.

2 '是……的' 구문 (2)

1 '是……的' 구문(2)는 말하는 사람의 생각이나 태도, 견해 등을 강조하여, 어감을 명확하고 단정적으로 만들어 주는 역할을 한다. 강조할 내용을 '是……的' 사이에 두며 '是'와 '的'는 생략해서는 안 된다.

> 주어 + 是 + 술어 + 的

- 韩国的冬天很冷。   →   韩国的冬天是很冷的。
Hánguó de dōngtiān hěn lěng.   Hánguó de dōngtiān shì hěn lěng de.
한국의 겨울은 매우 춥다.   ▶술어인 很冷을 是와 的 사이에 넣어서 강조함

办 bàn 하다, 처리하다 | 婚礼 hūnlǐ 결혼식, 혼례

■ 这个问题很容易解决。 → 这个问题是很容易解决的。
Zhè ge wèntí hěn róngyi jiějué. Zhè ge wèntí shì hěn róngyi jiějué de.
이 문제는 해결하기 쉽다. ▶술어인 很容易解决를 是와 的 사이에 넣어서 강조함

■ 你可以通过HSK5级。 → 你是可以通过HSK5级的。
Nǐ kěyǐ tōngguò HSK wǔ jí. Nǐ shì kěyǐ tōngguò HSK wǔ jí de.
너는 HSK 5급을 통과할 수 있다. ▶술어인 可以通过HSK5级를 是와 的 사이에 넣어서 강조함

2 '是……的' 구문(2)의 부정형식은 '是'와 '的' 사이에 있는 술어 앞에 '不'를 넣는다.

■ 这是可能的。 → 这是不可能的。
Zhè shì kěnéng de. Zhè shì bù kěnéng de.
이것은 가능하다. 이것은 불가능하다.

⇨ 是……的 구문(1)의 부정형식은 我不是来旅行的。처럼 是 앞에 不를 넣어 부정한다.

3 '是……的' 구문(2)에서 자주 범하는 오류를 예문을 통해 살펴보자.

■ 这件事我不是会做的。(✕) ▶不의 위치가 틀림
→ 这件事我是不会做的。(○) 이 일은 나는 하지 않을 거야.
Zhè jiàn shì wǒ shì bú huì zuò de.

■ 你跟十年前是一样，没有什么变化。(✕) ▶的를 생략할 수 없음
→ 你跟十年前是一样的，没有什么变化。(○)
Nǐ gēn shí nián qián shì yíyàng de, méiyǒu shénme biànhuà.
너는 10년 전과 같구나. 변한 게 없어.

☑ mini test

다음 문장에서 틀린 부분을 찾아 바르게 고쳐 보세요.

① 他是很能喝酒。
그는 술을 아주 잘 마신다.

② 我不是会相信他的。
나는 그를 믿지 않아요.

정답
① 他是很能喝酒的。
② 我是不会相信他的。

1 다음 문장에서 틀린 부분을 바르게 고쳐 보세요.

1. 食堂旁边有这家咖啡厅。

   ⇨ _____

2. 我的包桌子上有。

   ⇨ _____

3. 食堂里是很多人。

   ⇨ _____

4. 前面一个人走过来。

   ⇨ _____

5. 你汉语说得真好，你什么时候学汉语？

   ⇨ _____

6. 他们是明年结婚的。

   ⇨ _____

7. 只要坚持下去，你是能找到好工作。

   ⇨ _____

8. 放心吧，这件事我不是会告诉她的。

   ⇨ _____

> 풀이 Tip
>
> 1. 旁边 pángbiān 옆, 곁, 부근
> 8. 放心 fàngxīn 마음을 놓다, 안심하다

2 빈칸에 알맞은 단어를 넣어 문장을 완성해 보세요.

在　有　是

풀이 Tip

2. 酒店 jiǔdiàn 호텔
大海 dàhǎi 대해, 큰 바다

1. 书桌上＿＿＿＿很多书。

2. 这家酒店前面＿＿＿＿一片大海。

3. 图书馆＿＿＿＿宿舍的旁边。

3 '是……的'구문을 사용해 대화를 완성해 보세요.

1. A 我昨天去釜山玩儿了。

   B ＿＿＿＿＿＿＿＿＿＿＿＿＿＿＿＿＿？

풀이 Tip

1. 开车 kāichē 차를 몰다,
운전하다
高铁 gāotiě 고속열차

   A 我跟妈妈一起去的。

   B 你们怎么去的?

   A ＿＿＿＿＿＿＿＿＿＿＿＿＿＿＿＿＿。

2. A 你看，这是我新买的裙子。

   B 真漂亮，＿＿＿＿＿＿＿＿＿＿＿＿＿＿

1 주어진 어휘를 순서에 맞게 배열하여 문장을 완성해 보세요.

1. 是 / 学 / 什么时候 / 的 / 你 / 汉语
   너는 언제 중국어를 배웠어?

   ⇨ _____

2. 你 / 能 / 是 / 的 / 成功
   당신은 성공할 수 있어요.

   ⇨ _____

3. 坐着 / 很多 / 礼堂里 / 观众
   강당에 많은 관중이 앉아 있다.

   ⇨ _____

4. 是 / 这个 / 克服 / 我们 / 的 / 能 / 困难
   이 어려움을 우리는 극복할 수 있습니다.

   ⇨ _____

5. 做 / 是 / 能 / 的 / 这件事 / 好 / 我
   나는 이 일을 잘 할 수 있다.

   ⇨ _____

6. 我们俩 / 刻着 / 这对 / 的 / 名字 / 情侣戒指上
   이 커플링에는 우리 둘의 이름이 새겨져 있다.

   ⇨ _____

7. 附近 / 我 / 吃 / 的 / 麻辣烫 / 是 / 在学校东门
   나는 학교 동문 근처에서 마라탕을 먹었다.

   ⇨ _____

풀이 Tip

3. 礼堂 lǐtáng 강당
4. 克服 kèfú 극복하다
   困难 kùnnan 어려움
6. 刻 kè 새기다
   情侣 qínglǚ 애인, 연인
   戒指 jièzhi 반지
7. 麻辣烫 málàtāng 마라탕

특수구문 (2)

연동문	한 문장에 주어는 하나이나 동사가 두 개 이상인 문장
겸어문	첫 번째 동사의 목적어가 두 번째 동사의 주어를 겸하는 문장

Chapter

09

특수구문(2)

중국어 문장 중에는 하나의 문장, 하나의 주어에 동사가 연속되어 나오는 문장이 있는데 이를 '연동문'이라고 한다. 또한 사역의 의미를 담기 위하여 첫 번째 술어의 목적어가 두 번째 술어의 주어를 겸하는 문장이 있는데, 이를 '겸어문'이라고 한다.

이 장에서는 중국어 문장 중에서 연동문과 겸어문에 대해서 살펴보기로 한다.

동영상 강의   예문 MP3

▷ 연동문

▷ 겸어문

연동문

🎧 09-01

'나는 백화점에 가서 옷을 샀다.'처럼 한 문장에 주어(나)는 하나인데, 동사(가다, 사다)가 두 개 이상 연속해서 나오는 문장을 연동문이라고 한다. 이 때 각각의 동사는 목적어를 가질 수 있다.

1 연동문의 형식

'주어+동사1(+목적어1)+동사2(+목적어2)'의 형식으로, 주어는 두 동작의 행위자이다.

> 주어 + 동사1 + (목적어1) + 동사2 + (목적어2)

■ **我去图书馆学习汉语。**
Wǒ qù túshūguǎn xuéxí Hànyǔ.
나는 도서관에 가서 중국어를 공부한다.

2 연동문의 분류

연동문은 두 동사의 의미 관계에 따라 몇 가지로 분류할 수 있다.

1 첫 번째 동사가 두 번째 동사를 하기 위한 방식이나 수단을 나타낸다.

■ **我每天坐地铁来学校。**
Wǒ měitiān zuò dìtiě lái xuéxiào.
나는 매일 지하철을 타고 학교에 온다.　　▶학교에 오는 수단 → 지하철을 탐

■ **中国人常用微信和支付宝付钱。**
Zhōngguórén cháng yòng wēixìn hé zhīfùbǎo fù qián.
중국 사람은 자주 위챗과 알리페이로 계산을 한다.　　▶계산의 방식 → 위챗과 알리페이를 씀

微信 wēixìn 웨이신, 위챗 | 支付宝 zhīfùbǎo 즈푸바오, 알리페이 | 付 fù 지불하다

2 두 번째 동사가 첫 번째 동사의 **목적**을 나타낸다.

- 我想去中国留学。 나는 중국으로 유학을 가고 싶다. ▶유학이 중국에 가는 목적임
  Wǒ xiǎng qù Zhōngguó liúxué.

- 我去机场接你吧。 제가 공항으로 마중 나갈게요. ▶마중하는 것이 공항에 가는 목적임
  Wǒ qù jīchǎng jiē nǐ ba.

3 연이어 발생하는 동작의 선후 관계를 나타낸다.

- 我打开瓶子喝了几口水。 나는 병을 열고 물을 몇 모금 마셨다.
  Wǒ dǎkāi píngzi hē le jǐ kǒu shuǐ.

- 他走过来抱住了她。 그는 다가와 그녀를 안았다.
  Tā zǒu guòlái bào zhù le tā.

4 두 번째 동사가 첫 번째 동사의 결과를 나타낸다.

- 她听到这个好消息高兴得跳了起来。
  Tā tīng dào zhè ge hǎo xiāoxi gāoxìng de tiào le qǐlái.
  그녀는 이 좋은 소식을 듣고 기뻐서 펄쩍펄쩍 뛰었다.

5 첫 번째 동사와 두 번째 동사가 서로 보충하고 관계를 설명한다.

- 醒来后，我总是躺在床上不起来。
  Xǐng lái hòu, wǒ zǒngshì tǎng zài chuáng shang bù qǐlái.
  잠에서 깨면 나는 항상 침대에 누워 일어나지 않는다.

- 他紧紧地握着我的手不放。 그는 내 손을 꽉 잡고 놓지 않았다.
  Tā jǐnjǐn de wò zhe wǒ de shǒu bú fàng.

동사 '有'를 사용하는 연동문

첫 번째 동사가 '有'나 '沒有'인 연동문은 '有'의 목적어가 두 번째 동사의 전제가 되거나, 행동 조건이 되는 경우가 많다. '有'를 사용하는 연동문은 대부분 두 번째 동사를 먼저 해석한다.

- 我有很多话跟你说。 나는 당신에게 할 얘기가 많아요.
  Wǒ yǒu hěn duō huà gēn nǐ shuō.

- 我没有时间恋爱。 나는 연애할 시간이 없어요.
  Wǒ méiyǒu shíjiān liàn'ài.

接 jiē 맞이하다, 마중하다 | 瓶子 píngzi 병 | 抱 bào 안다, 포옹하다 | 躺 tǎng 눕다, 드러눕다 | 紧紧 jǐnjǐn 바짝, 꽉 | 握 wò 쥐다

1 부정부사와 조동사는 일반적으로 첫 번째 동사 앞에 온다.

- **我没去中国留过学。** 나는 중국에 유학 간 적이 없다.
  Wǒ méi qù Zhōngguó liú guo xué.

- **我非常想去欧洲旅游。** 나는 유럽 여행을 너무 가고 싶어요.
  Wǒ fēicháng xiǎng qù Ōuzhōu lǚyóu.

2 정반의문문은 첫 번째 동사의 긍정형과 부정형을 병렬하여 만든다.

- **你去不去中国留学?** 너는 중국에 유학 갈 거야?
  Nǐ qù bu qù Zhōngguó liúxué?

- **你今天去没去上课?** 너는 오늘 수업을 갔니?
  Nǐ jīntiān qù méi qù shàngkè?

3 연동문과 동태조사 '了'

❶ 첫 번째 동작은 발생했지만, 두 번째 동작은 아직 완료되지 않은 경우, 동태조사 '了'는
 문장 끝에 붙인다.

- **他今天来上课了。** 그는 오늘 수업에 왔다.　　▶ 두 번째 동작(上课)은 완료되지 않음
  Tā jīntiān lái shàngkè le.

- **她去超市买东西了。** ▶ 두 번째 동작(买)은 완료되지 않음
  Tā qù chāoshì mǎi dōngxi le.
  그녀는 물건을 사러 슈퍼마켓에 갔다.

❷ 두 번째 동사의 동작이 이미 완료되었고 두 번째 동사의 목적어가 수량구 혹은 관형구와
 같은 수식 성분이 있을 경우, '了' 는 두 번째 동사의 뒤에 쓴다.

- **她去超市买了很多吃的。** ▶ 두 번째 동작(买)도 완료됨
  Tā qù chāoshì mǎi le hěn duō chī de.
  그녀는 슈퍼마켓에 가서 먹을 것을 많이 샀다.

- **我去邮局寄了一个快递。** ▶ 두 번째 동작(寄)도 완료됨
  Wǒ qù yóujú jì le yí ge kuàidì.
  나는 우체국에 가서 택배를 하나 부쳤다.

  ⇨ 이때, 목적어는 수량사나 형용사 등의 관형어를 가지거나 동사 뒤에 동량보어를 수반해야 한다.

欧洲 Ōuzhōu 유럽 | 寄 jì 부치다, 보내다 | 快递 kuàidì 택배

2 겸어문

'선생님이 나에게 본문을 읽으라고 하셨다.'라는 문장은 '선생님이 나에게 시켰다'와 '나는 본문을 읽는다'라는 두 개의 문장으로 나눌 수 있는데, 이때 첫 문장의 목적어인 '나'는 두 번째 문장의 주어인 '나'와 동일하다. 중국어 문법에서는 이렇게 첫 문장의 목적어가 두 번째 문장의 주어를 겸하는 문장을 '겸어문'이라고 한다.

1 겸어문의 형식

'주어1+동사1+목적어1[주어2]+동사2+(목적어2)'의 형식으로, 동사 1의 목적어가 동사2의 주어가 된다.

> 주어1 + 동사1 + <u>목적어1[주어2]</u> + 동사2 + (목적어2)
>   겸어

- **妈妈让我打扫房间。** ▶我는 让의 목적어이자 打扫의 주어임
  Māma ràng wǒ dǎsǎo fángjiān.
  엄마가 나에게 방을 청소하라고 하셨다.

- **昨天我的中国朋友请我吃中国菜了。** ▶我는 请의 목적어이자 去의 주어임
  Zuótiān wǒ de Zhōngguó péngyou qǐng wǒ chī Zhōngguó cài le.
  어제 내 중국 친구가 나에게 중국 음식을 대접했다.

2 겸어문의 분류

겸어문은 첫 번째 동사의 의미에 따라 크게 '~에게 ~하도록 시키다'라는 사역의 의미를 가진 겸어문과 사역의 의미가 없는 겸어문으로 구분된다.

1 사역 겸어문

첫 번째 동사에 '请' '让' '叫' '使'와 같이 부탁이나 명령의 의미를 가진 동사를 써서 '사역' '명령' '요청' 등을 표현한다.

겸어문에서 자주 쓰이는 동사	请 qǐng 청하다 | 叫 jiào ~하게 하다 | 让 ràng ~하게 하다 | 使 shǐ ~하게 하다 | 拜托 bàituō 부탁하다 | 麻烦 máfan 귀찮게 하다 | 派 pài 파견하다 | 安排 ānpái 안배하다, 처리하다 | 邀请 yāoqǐng 초청하다 | 鼓励 gǔlì 격려하다 | 催 cuī 재촉하다 | 逼 bī 핍박하다 | 命令 mìnglìng 명령하다

- **我请你们吃饭。** 내가 너희에게 밥 살게.
  Wǒ qǐng nǐmen chīfàn.

- **这件事让我感到很不安。** 이 일은 나를 매우 불안하게 한다.
  Zhè jiàn shì ràng wǒ gǎndào hěn bù'ān.

- **公司派她去国外工作一年。** 회사는 그녀를 1년 동안 외국에 파견하여 일하게 했다.
  Gōngsī pài tā qù guówài gōngzuò yì nián.

2 비사역 겸어문

❶ 첫 번째 동사가 '有'인 겸어문

동사 '有'가 겸어문에 쓰이면 두 번째 동사는 주어를 설명하거나 묘사하는 역할을 한다.

- **我有一个中国朋友叫王平。** 나는 '왕핑'이라는 중국 친구가 한 명 있다.
  Wǒ yǒu yí ge Zhōngguó péngyou jiào Wáng Píng.

- **她有一个哥哥又帅又有钱，性格又好。**
  Tā yǒu yí ge gēge yòu shuài yòu yǒu qián, xìnggé yòu hǎo.
  그녀는 잘생기고 돈도 많고 성격도 좋은 오빠가 한 명 있다.

❷ 첫 번째 동사가 호칭이나 인정을 나타내는 겸어문

첫 번째 동사는 '称(chēng, 칭하다)' '叫(jiào, 부르다)' '选(xuǎn, 선택하다)' '推荐(tuījiàn, 추천하다)', 두 번째 동사는 '做(作)' '为' '当' '是' 등이 오는 경우가 많다.

- **人们称李白为"诗仙"。** 사람들은 이백을 '시선'이라고 부른다.
  Rénmen chēng Lǐ Bái wéi "shīxiān".

- **我们选他当学生会会长。** 우리는 그를 학생 회장으로 뽑았다.
  Wǒmen xuǎn tā dāng xuéshēnghuì huìzhǎng.

- **老师推荐我参加比赛。** 선생님이 나를 시합에 참가하라고 추천하셨다.
  Lǎoshī tuījiàn wǒ cānjiā bǐsài.

不安 bù'ān 불안하다 | 会长 huìzhǎng 회장

❸ 감사나 호감 혹은 혐오를 나타내는 겸어문

첫 번째 동사에 '谢谢' '感谢' '喜欢' '怪(guài, 책망하다)' '埋怨(mányuàn, 원망하다)' '讨厌(tǎoyàn, 싫어하다)' '羡慕(xiànmù, 부러워하다)' '佩服(pèifú, 감탄하다)' 등이 오면, 두 번째 동사는 그 이유를 설명하는 역할을 한다.

- **我非常感谢你告诉我这个好消息。** ▶ 因为你告诉我这个好消息，所以我感谢你。
  Wǒ fēicháng gǎnxiè nǐ gàosu wǒ zhè ge hǎo xiāoxi.
  저에게 이런 좋은 소식을 알려 주셔서 매우 감사합니다.

- **我常常埋怨他不给我发短信。** ▶ 因为他不给我发短信，所以我埋怨他。
  Wǒ chángcháng mányuàn tā bù gěi wǒ fā duǎnxìn.
  나는 늘 그가 나에게 문자를 보내지 않아서 원망해요.

- **我羡慕他中文说得那么好。** ▶ 因为他中文说得那么好，所以我羡慕他。
  Wǒ xiànmù tā Zhōngwén shuō de nàme hǎo.
  나는 그가 중국어를 그렇게 잘 하는 것이 부럽다.

---

3 겸어문의 특징

1 일반적으로 부정부사나 조동사는 첫 번째 동사 앞에 온다.

- **别让她一个人去旅行，很危险。** 그녀 혼자 여행 가게 하지 마세요, 위험해요.
  Bié ràng tā yí ge rén qù lǚxíng, hěn wēixiǎn.

- **我没叫她做这件事。** 나는 그녀에게 이 일을 하라고 하지 않았어요.
  Wǒ méi jiào tā zuò zhè jiàn shì.

- **我不会让你失望的。** 나는 너를 실망시키지 않을 거야.
  Wǒ bú huì ràng nǐ shīwàng de.

2 겸어문이 과거의 동작이나 행위를 나타낼 때 '了'는 두 번째 동사 뒤나 문장의 끝에 놓이며, '过'는 두 번째 동사 뒤에 놓인다.

- **公司派她去北京了。** 회사는 그녀를 베이징으로 파견했다.
  Gōngsī pài tā qù Běijīng le.

- **昨天他让我做了很多事。** 어제 그는 나에게 많은 일을하게 했다.
  Zuótiān tā ràng wǒ zuò le hěn duō shì.

  ⇨ 목적어를 수식하는 성분이 없으면 了는 문장 끝에, 수식 성분이 있으면 두 번째 동사 뒤에 온다.

危险 wēixiǎn 위험하다 | 失望 shīwàng 실망하다

- **他让我做过这件事。** 그는 나에게 이 일을 하게 했다.
  Tā ràng wǒ zuò guo zhè jiàn shì.

3 겸어문을 읽을 때는 첫 번째 동사 뒤에서 멈추지 않고, 첫 번째 동사의 목적어(두 번째 동사의 주어) 다음에 잠시 끊어 읽는다.

- **我想邀请他' 来北京。** 나는 그를 베이징에 초대하고 싶다.
  Wǒ xiǎng yāoqǐng tā lái Běijīng.

- **公司派她' 去北京。** 회사에서 그녀를 베이징에 파견했다.
  Gōngsī pài tā qù Běijīng.
  ⇨ 겸어문은 겸어 뒤에서 끊어 읽는다.

 주술술어문 VS 겸어문

주술술어문의 형식은 겸어문과 비슷하지만, 문장에서 첫 번째 동사에 명령의 의미가 전혀 없으므로 잘 구분해야 한다. 또한 읽을 때도 겸어문과 달리 첫 번째 동사 뒤에서 잠시 끊어 읽어야 한다.

- **我知道' 他想来北京。** 나는 그가 베이징에 오고 싶어하는 것을 안다.
  Wǒ zhīdào tā xiǎng lái Běijīng.

- **我希望' 你去北京。** 나는 네가 베이징에 가길 바란다.
  Wǒ xīwàng nǐ qù Běijīng.

4 1인칭 대명사 '我'가 주어일 때, 첫 번째 동사로 '请' '麻烦' '拜托' '谢谢' '感谢' 등이 오면 주어 '我'는 보통 생략한다.

- **麻烦你帮我一个忙。** 번거로우시겠지만 저를 좀 도와주세요.
  Máfan nǐ bāng wǒ yí ge máng.

- **感谢你总是帮助我。** 항상 저를 도와주셔서 감사합니다.
  Gǎnxiè nǐ zǒngshì bāngzhù wǒ.

4 겸어문과 다른 문장의 결합

1 한 문장에 겸어문과 연동문이 함께 쓰인 문장

- **他让我跟他一起去中国旅行。** ▶他让我(겸어문), 我跟他一起去中国旅行(연동문)
  Tā ràng wǒ gēn tā yìqǐ qù Zhōngguó lǚyóu.
  그는 나에게 그와 함께 중국 여행을 가자고 했다.

- **公司已经安排她去中国出差了。** ▶公司已经安排她(겸어문), 她去中国出差了(연동문)
  Gōngsī yǐjīng ānpái tā qù Zhōngguó chūchāi le.
  회사는 이미 그녀가 중국 출장을 가도록 처리했다.

2 한 문장에 겸어문과 '把'자문이 함께 쓰인 문장

- **他让我把这瓶酒喝完。** 그는 나에게 이 술을 다 마시라고 했다.
  Tā ràng wǒ bǎ zhè píng jiǔ hē wán.

- **老板叫我今天一定要把这些工作做完。**
  Lǎobǎn jiào wǒ jīntiān yídìng yào bǎ zhèxiē gōngzuò zuò wán.
  사장은 나에게 오늘 반드시 이 일들을 다 끝내라고 했다.

> '把'자문 상세 설명
> Chapter 10(p.202)

☑ mini test

다음 문장에서 틀린 부분을 찾아 바르게 고쳐 보세요.

① 我请他没来过我家。
  나는 그를 우리 집에 초대한 적이 없다.

② 领导派了他去首尔出差。
  상사는 그를 서울로 출장 보냈다.

정답
① 我没请他来过我家。
② 领导派他去首尔出差了。

出差 chūchāi 출장 가다 | 老板 lǎobǎn 주인, 사장

1 다음 문장에서 틀린 부분을 바르게 고쳐 보세요.

1. 我去了超市买很多吃的。

   ⇨ _____

2. 昨天我去明洞没买东西。

   ⇨ _____

3. 父母很爱我，我也让父母没失望。

   ⇨ _____

4. 公司派了他去上海。

   ⇨ _____

> 풀이 Tip
>
> 2. 明洞 Míngdòng 명동
> 4. 派 pài 파견하다
>   上海 Shànghǎi 상하이

2 보기에서 알맞은 단어를 골라 괄호 안에 넣어 보세요.

보기 | 选   请   感谢   鼓励

1. 我想_____你们吃中国菜。

2. 大家都_____他当班长。

3. 非常_____你帮助我。

4. 她总是_____我不要放弃。

> 풀이 Tip
>
> 2. 班长 bānzhǎng 반장
> 4. 放弃 fàngqì 포기하다

1 주어진 어휘를 순서에 맞게 배열하여 문장을 완성해 보세요.

1. 要 / 我 / 去 / 我男朋友 / 机场 / 接
   나는 남자 친구를 마중하러 공항에 가려고 한다.

   ⇨ _____

2. 我朋友 / 吃饭 / 我 / 去 / 请 / 他家
   내 친구가 나를 그의 집에 밥을 먹으러 오라고 초대했다.

   ⇨ _____

3. 他说的话 / 让 / 很感动 / 大家
   그가 한 말은 모두를 감동시켰다.

   ⇨ _____

4. 常 / 我的生活 / 我 / 在微信朋友圈 / 分享 / 用手机
   나는 위챗 모멘트에 내 생활을 공유하려고 자주 핸드폰을 사용한다.

   ⇨ _____

5. 一起 / 跟她 / 去釜山 / 让我 / 旅行 / 她
   그녀는 나에게 그녀와 함께 부산으로 여행을 가자고 했다.

   ⇨ _____

6. 老师 / 演讲 / 推荐 / 比赛 / 我 / 参加 / 汉语
   선생님이 나를 중국어 말하기 대회에 참가하도록 추천했다.

   ⇨ _____

7. 派 / 公司 / 去香港 / 已经 / 出差了 / 她
   회사는 이미 그녀를 홍콩으로 출장 보냈다.

   ⇨ _____

풀이 Tip

3. 感动 gǎndòng
   감동시키다
4. 朋友圈 péngyou quān
   모멘트, 위챗 내의 한 기능
   分享 fēnxiǎng 공유하다
6. 演讲 yǎnjiǎng
   강연(하다), 웅변(하다)
   推荐 tuījiàn 추천하다
   比赛 bǐsài 경기, 시합
7. 香港 Xiānggǎng 홍콩

특수구문 (3)

'把'자문 (능동구문)	개사 '把'가 행위 대상을 이끎 [목적어가 어떻게 되었는지 강조]
'被'자문 (피동구문)	개사 '被'가 행위 주체를 이끎 [주어가 (목적어에 의해) 어떻게 되었는지 강조]

Chapter

10

특수구문(3)

중국어의 기본 어순은 주어+술어+목적어이다. 하지만 개사 '把'를 사용하여 목적어를 동사의 앞에 놓을 수 있는데, 이를 '把'자문이라고 한다. 또한 중국어 표현 중에도 피동의 의미를 나타낼 경우가 있는데 이때는 개사 '被(叫, 让)'를 이용하여 표현한다.

동영상 강의   예문 MP3

▶ '把'자문

▶ '被'자문

'把'자문

중국어의 기본 어순은 '주어+술어(동사)+목적어'이다. 하지만 상황에 따라서는 목적어를 동사 앞에 놓아야 할 필요가 있는데, 이때는 개사 '把'를 써서 목적어를 동사 앞에 놓아 목적어를 강조하고, 동작을 능동적으로 표현한다. 이러한 문형을 '把'자문이라고 한다.

또한 '把'자문은 주어가 목적어를 어떻게 처치하였는지의 결과와 변화를 나타내기 때문에 '처치문'이라고도 한다.

1 '把'자문의 형식

'把'자문은 개사 '把'를 이용하여 목적어를 동사 앞으로 이동시킨다.

일반 문장

> 주어 + 동사 + 목적어

- **我洗干净了衣服。** 나는 옷을 깨끗이 빨았다.
  Wǒ xǐ gānjìng le yīfu.
  ⇨ 객관적 사실을 진술

把자문

> 주어(행위 주체) + 把 + 목적어(행위 대상) + 동사 + 기타성분

- **我把衣服洗干净了。** 나는 옷을 깨끗이 빨았다.
  Wǒ bǎ yīfu xǐ gānjìng le.
  ⇨ 衣服(옷)에 洗(빨다)라는 행위를 가해 干净(깨끗하다)이라는 결과가 나타남을 강조한다.

위의 예문은 '把'자문의 이해를 돕기 위한 것으로, 모든 문장을 '把'자문으로 표현할 수 있는 것은 아니다. 즉 '把'자문의 가장 중요한 특징과 기능은 개사 '把'를 이용하여 동사의 영향을 받는 목적어를 동사 앞에 놓아서 주어의 동작이나 행위가 목적어에 어떤 영향을 주었는지, 어떤 결과나 변화를 만들었는지를 강조하는 것으로, 이때 '把+목적어'는 문장에서 부사어의 역할을 한다.

'把'자문은 나타내는 의미에 따라 몇 가지 유형으로 나뉜다.

1 목적어가 존재하고 있는 위치가 변화됨을 나타낸다.

❶ 주어 + 把 + 목적어 + 给(동사)……

> ▪ **快把手机给我。** 빨리 핸드폰을 나에게 줘.
> Kuài bǎ shǒujī gěi wǒ.

> ▪ **请把这本书给老师看一下。** 이 책을 선생님께 보여 주세요.
> Qǐng bǎ zhè běn shū gěi lǎoshī kàn yíxià.

❷ 주어 + 把 + 목적어 + 동사 + 在/到/给……

> ▪ **老师把这些书放在桌子上了。** 선생님은 이 책들을 책상 위에 놓으셨다.
> Lǎoshī bǎ zhèxiē shū fàng zài zhuōzi shang le.

> ▪ **他把我送到仁川机场了。** 그는 나를 인천공항까지 배웅해 주었다.
> Tā bǎ wǒ sòng dào Rénchuān Jīchǎng le.

> ▪ **你把那本书借给我吧。** 네가 그 책을 나에게 빌려 줘.
> Nǐ bǎ nà běn shū jiè gěi wǒ ba.

❸ 주어 + 把 + 목적어 + 동사 + 방향보어

> ▪ **请大家把课本拿出来。** 여러분 교과서를 꺼내세요.
> Qǐng dàjiā bǎ kèběn ná chūlái.

> ▪ **他已经把那些东西搬出去了。** 그는 이미 그 물건들을 밖으로 옮겼다.
> Tā yǐjīng bǎ nàxiē dōngxi bān chūqù le.

2 동사의 영향을 받은 목적어에 어떤 결과가 나타났음을 나타낸다.

❶ 주어 + 把 + 목적어 + 동사 + 결과보어

仁川机场 Rénchuān Jīchǎng 인천공항 | 课本 kèběn 교과서, 교재

- **太热了，我把窗户打开了。**　▶동사술어문: 太热了，我打开了窗户。
  Tài rè le, wǒ bǎ chuānghu dǎ kāi le.
  너무 더워서 나는 창문을 열었어요.

- **我已经把行李准备好了。**　▶동사술어문: 我已经准备好了行李。
  Wǒ yǐjīng bǎ xíngli zhǔnbèi hǎo le.
  나는 이미 짐을 다 준비했어요.

이 유형의 '把'자문은 일반 문장, 즉 동사술어문으로도 쓸 수 있다. 하지만 문장의 의미에는 약간의 차이가 있다. 즉 '把'자문으로 표현하면, 동사의 영향을 받는 목적어에 어떤 변화나 결과가 생겼는지를 강조하지만, 동사술어문은 이런 의미 없이 객관적인 사실만 진술한다.

- **我把饭吃完了。**　▶'把'자문: 밥을 다 먹어서 '지금은 밥이 없다'는 결과를 강조
  Wǒ bǎ fàn chī wán le.
  나는 밥을 다 먹었다.

- **我吃完饭了。**　▶동사술어문: 밥을 다 먹었다는 객관적 사실만 진술
  Wǒ chī wán fàn le.
  나는 밥을 다 먹었다.

❷ ┌─────────────────────────────────────┐
  │ 주어 + 把 + 목적어 + 동사 + 成/作……   │
  └─────────────────────────────────────┘

- **请把这个句子翻译成汉语。**　▶목적어 句子의 형식이 바뀜
  Qǐng bǎ zhè ge jùzi fānyì chéng Hànyǔ.
  이 문장을 중국어로 번역하세요.

- **我一直把你当作我的亲妹妹。**　▶목적어 你의 성격이 바뀜
  Wǒ yìzhí bǎ nǐ dāng zuò wǒ de qīn mèimei.
  나는 줄곧 너를 내 친동생으로 여겼어.
  ⇨ 동사의 영향으로 목적어의 형식이나 성격이 변화되는 경우에는 결과보어로 成이나 作를 주로 쓴다.

3 목적어가 소실, 분리되거나 손상을 입었음을 나타낸다.

┌─────────────────────────────────┐
│ 주어 + 把 + 목적어 + 동사 + 了   │
└─────────────────────────────────┘

- **我今天把钱包丢了。**　나는 오늘 지갑을 잃어버렸다.　▶소실
  Wǒ jīntiān bǎ qiánbāo diū le.

- **太热了，你把大衣脱了吧。**　너무 더우니 외투를 벗으세요.　▶분리
  Tài rè le, nǐ bǎ dàyī tuō le ba.

翻译 fānyì 번역하다, 통역하다 | 韩语 Hányǔ 한국어 | 钱包 qiánbāo 지갑 | 脱 tuō 벗다

- **公司把他解雇**了。　회사는 그를 해고했다.　▶손상
  Gōngsī bǎ tā jiěgù le.

4 말하는 사람이 상대방에게 무엇을 요구, 부탁, 권유, 명령하는 듯한 어기를 나타낸다.

> 주어 + 把 + 목적어 + 술어 + 동사중첩

- **你把房间**打扫打扫。　너는 방을 청소 좀 해.
  Nǐ bǎ fángjiān dǎsǎo dǎsǎo.

- **你把会议的内容给大家再**说说。　회의 내용을 모두에게 다시 말해 주세요.
  Nǐ bǎ huìyì de nèiróng gěi dàjiā zài shuōshuo.

- **你把答案再**检查检查。 / **你把答案再**检查一下。
  Nǐ bǎ dá'àn zài jiǎnchá jiǎnchá. / Nǐ bǎ dá'àn zài jiǎnchá yíxià.
  너는 답안을 다시 검토해라.

  ⇨ 동사 중첩은 동작이 가볍거나 진행 시간이 짧음을 나타내므로, '동사+동사'를 '동사+一下'로 표현하기도 한다.

---

3 '把'자문에서 주의할 점

1 '把'자문의 술어에는 주로 동작성이 강한 동사가 쓰인다.

'把'자문의 술어가 될 수 없는 동사

존재와 관계를 나타내는 동사	有 yǒu 있다 | 是 shì ~이다 | 在 zài ~에 있다 | 等于 děngyú ~과 같다 | 不如 bùrú ~만 못하다
단순 이동을 나타내는 동사	去 qù 가다 | 来 lái 오다 | 上 shàng 오르다 | 下 xià 내려가다 | 进 jìn 들다 | 出 chū 나가다 | 上来 shànglái 올라오다
감각이나 인지를 나타내는 동사	看见 kànjiàn 보이다 | 听见 tīngjiàn 들리다 | 感到 gǎndào 느끼다 | 觉得 juéde ~라고 여기다 | 以为 yǐwéi 생각하다 | 知道 zhīdào 알다 | 认为 rènwéi 생각하다
심리를 나타내는 동사	生气 shēngqì 화나다 | 喜欢 xǐhuan 좋아하다 | 怕 pà 두려워하다 | 关心 guānxīn 관심을 갖다 | 担心 dānxīn 걱정하다 | 讨厌 tǎoyàn 싫어하다

解雇 jiěgù 해고하다 | 会议 huìyì 회의 | 答案 dá'àn 답안 | 检查 jiǎnchá 검사하다, 조사하다

- 我把女朋友有了。（×）
  - → 我有女朋友了。（○） 나 여자 친구 생겼어.
    Wǒ yǒu nǔ péngyou le.
- 我把这件事知道了。（×）
  - → 我知道这件事了。（○） 나는 이 일을 알게 되었다.
    Wǒ zhīdào zhè jiàn shì le.
- 妈妈把北京去了。（×）
  - → 妈妈去北京了。（○） 엄마는 베이징에 가셨다.
    Māma qù Běijīng le.

2 '把'자문으로 표현하기 위해서는 술어 성분인 동사가 아래의 조건 중 적어도 하나는 충족해야 한다.

① 동사 뒤에 보어나 목적어를 수반해야 한다.
② 동사 뒤에 동태조사 '了'를 붙여야 한다.
③ 동사의 중첩형식으로 써야 한다.

- 我把面包吃。（×） ▶결과보어가 없음
  - → 我把面包吃完了。（○） 나는 빵을 다 먹었다.
    Wǒ bǎ miànbāo chī wán le.
- 我把那本书送给了。（×） ▶목적어가 없음
  - → 我把那本书送给中国朋友了。（○） 나는 그 책을 중국 친구에게 선물했다.
    Wǒ bǎ nà běn shū sòng gěi Zhōngguó péngyou le.
- 我把手机丢。（×） ▶동태조사가 없음
  - → 我把手机丢了。（○） 나는 핸드폰을 잃어버렸다.
    Wǒ bǎ shǒujī diū le.
- 你把房间收拾。（×） ▶동사를 중첩하지 않음
  - → 你把房间收拾收拾。（○） 너는 방을 좀 정리해라.
    Nǐ bǎ fángjiān shōushi shōushi.

3 '把'자문의 목적어는 서로가 이미 알고 있는 것이거나 무엇을 지칭하는지 명확한 것이어야 한다.

- **请把书给我。** 책을 나에게 주세요.
  Qǐng bǎ shū gěi wǒ.

■ **请把那本书给我。** 저 책을 나에게 주세요.
　Qǐng bǎ nà běn shū gěi wǒ.

■ **请把一本书给我。**（✕）

⇨ 첫 번째 문장의 书는 수식 성분은 없지만, 말하는 사람과 듣는 사람이 이미 어떤 책인지 알고 있는 것으로 판단할 수 있다. 두 번째 문장의 那本书는 구체적으로 '저 책'이라고 함으로써 말하는 사람이 어떤 책을 지칭한 것인지 알 수 있다. 하지만 세 번째 문장의 一本书는 불특정한 한 권의 책을 뜻하므로, 듣는 사람이 무엇을 지칭하는지 알수 없어 목적어로 쓸 수 없다.

4 조동사(想/要/能/愿意/应该……), 부정부사(不, 没), 시간사, 대부분의 부사(马上, 才, 终于……)는 '把' 앞에 와야 한다.

■ **我想把这件事告诉她。** 나는 이 일을 그녀에게 말하고 싶다.
　Wǒ xiǎng bǎ zhè jiàn shì gàosu tā.

■ **我没把这件衣服洗干净。** 나는 이 옷을 깨끗하게 빨지 않았다.
　Wǒ méi bǎ zhè jiàn yīfu xǐ gānjìng.

■ **我终于把作业做完了。** 나는 드디어 숙제를 다 했다.
　Wǒ zhōngyú bǎ zuòyè zuò wán le.

☑ mini test

주어진 단어가 들어갈 알맞은 위치를 고르세요.

① 我 A 把这个任务 B 完成 C 的。(会)
　나는 이 임무를 완수할 것이다.

② 她 A 把这件事 B 告诉 C 我。(没)
　그녀는 이 일을 나에게 말하지 않았어요.

정답 ① A ② A

任务 rènwù 임무

2 '被'자문

🎧 10-02

일반적으로 중국어 문장에서 주어는 행위나 동작의 주체이고, 목적어는 이 행위나 동작의 영향을 받는 대상이 온다. 하지만 간혹 어떤 동작이나 행위의 영향이 목적어가 아니라 주어에게 미치는 것을 표현할 때가 있는데, 이런 경우 '被'자문을 사용한다. 즉 '被'자문은 동작의 영향을 받는 대상(의미상의 목적어)이 주어의 위치에 오고, 동작을 하는 주체(의미상의 주어)가 목적어에 옴으로써 피동의 의미를 나타낸다. 회화에서 '被'자문은 주로 유쾌하지 않은 일이나 바라지 않았던 일이 발생할 때 사용한다.

1 '被'자문의 형식

1 '被'자문에서 주어의 자리에는 동사의 영향을 받는 행위의 대상이 오고, 목적어의 자리에는 실제 동작·행위를 하는 주체가 온다. 주로 '~은 ~에 의해 ~되다'라는 피동의 의미를 나타낸다.

> 주어(행위 대상) + 被 + 목적어(행위 주체) + 동사 + 기타성분

- **昨天买的面包被姐姐吃完了。**
  Zuótiān mǎi de miànbāo bèi jiějie chī wán le.、
  어제 산 빵은 언니가 다 먹었다.

- **那棵树被大风刮倒了。**
  Nà kè shù bèi dàfēng guā dǎo le.
  그 나무는 큰 바람에 의해 쓰러졌다.

- **这个问题已经被他解决了。**
  Zhè ge wèntí yǐjīng bèi tā jiějué le.
  이 문제는 이미 그가 해결했다.

棵 kè 그루 | 大风 dàfēng 큰 바람, 대풍 | 刮 guā 바람이 불다 | 倒 dǎo 뒤집히다, 거꾸로 되다

1 말하는 사람이 동작의 결과만 강조하려고 하는 경우, '被' 뒤의 행위 주체(의미상의 주어)는
생략할 수 있다.

- **面包被吃完了。** 빵을 다 먹었다.
  Miànbāo bèi chī wán le.

- **那棵树被刮倒了。** 그 나무는 쓰러졌다.
  Nà kè shù bèi guā dǎo le.

- **这个问题已经被解决了。** 이 문제는 이미 해결되었다.
  Zhè ge wèntí yǐjīng bèi jiějué le.

- **这个问题已经被我解决了。** 이 문제는 이미 내가 해결했다.
  Zhè ge wèntí yǐjīng bèi wǒ jiějué le.

  ⇨ 마지막 문장은 被 뒤에 행위 주체인 我를 생략하지 않은 것으로, 즉 '내'가 해결했음을 강조한다.

2 회화에서는 '被' 대신 '叫' '让' '给'를 쓰기도 하는데, 이때 '叫' '让' '给' 뒤에 오는 행위 주체
(의미상의 주어)는 생략할 수 없다.

- **昨天买的面包都叫他吃完了。** 어제 산 빵은 그가 다 먹었다.
  Zuótiān mǎi de miànbāo dōu jiào tā chī wán le.

- **那棵树让风刮倒了。** 그 나무는 바람에 쓰러졌다.
  Nà kè shù ràng fēng guā dǎo le.

- **那个杯子已经给弟弟打碎了。** 그 컵은 이미 동생이 깨뜨렸다.
  Nà ge bēizi yǐjīng gěi dìdi dǎ suì le.

3 간혹 '被'자문의 동사 성분 앞에 '给'를 써서 회화체 성격이 강한 '被……给……' 형식으로
표현하기도 하는데, 여기서 '给'는 개사가 아니라 조사이며, 회화체 문장 성격을 강조하는
역할을 한다.

- **那个杯子已经被弟弟给打碎了。** 그 컵은 이미 동생이 깨뜨렸어.
  Nà ge bēizi yǐjīng bèi dìdi gěi dǎ suì le.

- **我的电脑叫(让)弟弟给弄坏了。** 내 컴퓨터는 동생이 고장 냈어.
  Wǒ de diànnǎo jiào(ràng) dìdi gěi nòng huài le.

打碎 dǎ suì 깨지다, 부서지다 | 弄坏 nòng huài 망가뜨리다, 고장 내다

1 '被'자문은 '把'자문과 마찬가지로 동사 단독으로 술어가 될 수 없다. 반드시, 동태조사 '了' 및 각종 보어 등 기타 성분과 함께 써야 한다.

- **我的钱包被**偷了。 내 지갑을 소매치기 당했다.
  Wǒ de qiánbāo bèi tōu le.

- **那本书已经被**翻译成**韩语了。** 그 책은 이미 한국어로 번역되었다.
  Nà běn shū yǐjīng bèi fānyì chéng Hányǔ le.

2 '被'자문의 주어(의미상의 목적어)는 일반적으로 서로가 이미 알고 있는 것이나 정해진 것이어야 한다.

- **一块巧克力被弟弟吃了。**(✗) ▶一块巧克力(초콜릿 한 개)는 어떤 초콜릿인지 특정되지 않음
  → **那块巧克力被弟弟吃了。**(○) 그 초콜릿은 동생이 먹었다.
     Nà ge qiǎokèlì bèi dìdi chī le.

- **一件衣服被小狗撕破了。**(✗) ▶一件衣服(옷 한 벌)는 어떤 옷인지 특정되지 않음
  → **那件衣服被小狗撕破了。**(○) 저 옷은 강아지가 찢었다.
     Nà jiàn yīfu bèi xiǎo gǒu sīpò le.

3 조동사, 부정부사, 시간사, 대부분의 부사는 '被' 앞에 놓인다.

- **手机已经被他找回来了。** 핸드폰은 이미 그가 되찾았다.
  Shǒujī yǐjīng bèi tā zhǎo huílái le.

- **我要被他气死了。** 나는 그에게 화가 나서 죽을 것 같아.
  Wǒ yào bèi tā qì sǐ le.

巧克力 qiǎokèlì 초콜릿 ｜ 撕破 sīpò 찢다, 찢어 버리다

4 의미상의 피동문

'被'자문으로 피동의 의미를 나타내기도 하지만, 실제로 많은 경우에는 '被'자문 대신 동작의 영향을 받는 의미상의 목적어를 문장의 맨 앞에 '주제어'로 놓고, 뒤에서 설명하는 형식으로 피동의 의미를 표현하는데, 이런 문장을 '의미상의 피동문'이라고 한다.

- 东西带来了吗? 물건을 가지고 왔나요?
  Dōngxi dài lái le ma?

- 这个问题已经解决了。 이 문제는 이미 해결되었다.
  Zhè ge wèntí yǐjīng jiějué le.

- 这个月的生活费都花光了。 이번 달 생활비를 다 써버렸다.
  Zhè ge yuè de shēnghuófèi dōu huā guāng le.

위 예문에서 가장 앞에 놓인 '东西' '这个问题' '这个月的生活费'는 모두 동작의 영향, 즉 '带来' '解决' '花光'의 대상이 되는 의미상의 목적어인데, 이처럼 문장의 가장 앞에 놓음으로써 피동의 의미를 나타낼 수 있다.

5 '被'자문과 '把'자문

1 같은 내용이라도 경우에 따라 '被'자문으로 쓸지, 아니면 '把'자문으로 쓸지를 결정할 수 있다.

- 我把书放在桌子上了。 나는 책을 책상 위에 놓았다.
  Wǒ bǎ shū fàng zài zhuōzi shang le.

- 书被我放在桌子上了。 책은 내가 책상 위에 놓았다.
  Shū bèi wǒ fàng zài zhuōzi shang le.

- 我把钥匙弄丢了。 나는 열쇠를 잃어버렸다.
  Wǒ bǎ yàoshi nòng diū le.

- 钥匙被我弄丢了。 열쇠는 내가 잃어버렸다.
  Yàoshi bèi wǒ nòng diū le.

2 '被'자문을 쓸지, 아니면 '把'자문을 쓸지는 앞뒤 문맥을 보고 결정한다. 예를 들어 앞뒤 문장의 맥락이 '행위의 주체'가 중심이라면 보통 '把'자문을 쓰고, 앞뒤 문장의 맥락이 '행위가 미치는 대상'이 중심이라면 보통 '被'자문을 쓴다.

- 他不爱干净，总是喜欢把衣服扔在床上。

  Tā bú ài gānjìng, zǒngshì xǐhuan bǎ yīfu rēng zài chuáng shang.

  그는 깔끔하지 않아서, 항상 옷을 침대 위에 던져 두는 것을 좋아한다.

  ⇨ 행위 주체인 他가 중심이므로 '把'자문으로 씀

- 他的房间到处都是衣服，很多衣服都被扔在床上。

  Tā de fángjiān dàochù dōu shì yīfu, hěn duō yīfu dōu bèi rēng zài chuáng shang.

  그의 방은 온통 옷으로 가득 차 있고, 많은 옷들이 침대 위에 내버려져 있었다.

  ⇨ 행위가 미치는 대상인 衣服가 중심이므로 '被'자문으로 씀

	'把'자문	'被'자문
용법	**능동구문**: 개사 '把'가 행위 대상을 이끔	**피동구문**: 개사 '被'가 행위 주체를 이끔
의미	목적어가 어떻게 되었는지 처리 결과를 강조	주어가 (목적어에 의해) 어떻게 되었는지 결과나 변화를 강조
형식	주어(행위 주체)+把+목적어(행위 대상)+술어+기타성분	주어(행위 대상)+被+목적어(행위 주체)+술어+기타성분

☑ mini test

'把'자문은 '被'자문으로, '被'자문은 '把'자문으로 고쳐 보세요.

① 我把她弄哭了。

나는 그녀를 울렸다.

② 这个月的生活费被我花光了。

이번 달 생활비를 내가 다 썼다.

정답
① 她被我弄哭了。
② 我把这个月的生活费花光了。

扔 rēng 던지다, 내버리다 ｜ 到处 dàochù 도처, 곳곳

1 빈칸에 알맞은 단어를 넣어 문장을 완성해 보세요.

把   被

1. 儿子 _____ 爸爸骂哭了。

2. 我 _____ 房间打扫得干干净净的。

3. 他工作不认真，_____ 公司解雇了。

4. 请 _____ 这篇文章翻译成韩语。

5. 我 _____ 手机放在包里了。

6. 我 _____ 你气死了。

7. 那么多酒，都 _____ 他一个人喝完了。

8. 一个人在家看恐怖电影时，我 _____ 吓坏了。

9. 弟弟 _____ 我的手机弄坏了。

10. 钱包已经 _____ 他找回来了。

2 '把'자문은 '被'자문으로, '被'자문은 '把'자문으로 고쳐 보세요.

1. 他把我骗了。

   ⇨ _____

풀이 Tip

2. 脏 zāng 더럽다

2. 弟弟把我的衣服弄脏了。

   ⇨ _____

3. 这只小猫被那条大狗吓到了。

   ⇨ _____

4. 奶奶的病被医生治好了。

   ⇨ _____

3 다음 문장에서 틀린 부분을 바르게 고쳐 보세요.

1. 我把她认识。

   ⇨ _____

풀이 Tip

4. 电脑 diànǎo 컴퓨터

2. 太冷了，你把一件衣服穿上吧。

   ⇨ _____

3. 我把这件事没告诉她。

   ⇨ _____

4. 她放电脑在桌子上了。

   ⇨ _____

1 주어진 어휘를 순서에 맞게 배열하여 문장을 완성해 보세요.

1. 那封信 / 我 / 寄给了 / 父母 / 把

   나는 그 편지를 부모님께 부쳤다.

   ➡ _____

2. 英语 / 我说的话 / 把 / 翻译 / 成 / 请

   제가 하는 말을 영어로 통역해 주세요.

   ➡ _____

3. 最好的 / 我 / 把 / 朋友 / 一直 / 你 / 当作

   나는 항상 너를 가장 좋은 친구로 생각해.

   ➡ _____

4. 特点 / 你 / 介绍介绍 / 把 / 产品 / 给 / 客户 / 的

   당신이 제품의 특징을 고객에게 소개해 주세요.

   ➡ _____

5. 这个月 / 已经 / 的 / 花光了 / 零花钱 / 把 / 我

   나는 이번 달 용돈을 이미 다 써버렸다.

   ➡ _____

6. 了 / 我 / 深深地 / 这部电影 / 感动 / 被

   나는 이 영화에 깊이 감동했다.

   ➡ _____

7. 昨天 / 零食 / 我 / 都 / 吃完了 / 被姐姐 / 买的

   내가 어제 산 간식을 언니가 다 먹었다.

   ➡ _____

풀이 Tip

1. 信 xìn 편지
   寄 jì 부치다
3. 当作 dāngzuò ~로 여기
   다, ~로 간주하다
4. 特点 tèdiǎn 특징, 특성
   客户 kèhù 고객
5. 零花钱 línghuāqián
   용돈
7. 零食 língshí 간식

215

🔘 비교문

차이를 강조하는 비교문	같고 다름을 나타내는 비교문
A는 B보다 ~하다	A는 B와 같다
A는 B보다 더 ~하다	A는 B와 다르다
A는 B보다 조금 ~하다	A는 B처럼 ~하다
A는 B보다 훨씬 ~하다	
A가 B보다 ~하지 않다	
A는 B만큼 (그렇게) ~하다	
A는 B만큼 (그렇게) ~하지 않다	

Chapter

11

비교문

비교문은 사람 혹은 사물의 성질, 정도 등의 차이를 비교하는 문장으로 크게 두 가지로 구분된다. 하나는 비교 대상의 성질, 정도, 수량 등의 차이를 강조하는 것이고, 다른 하나는 사물이나 성질 등의 같고 다름을 비교하는 것이다.

동영상 강의

예문 MP3

▷ 차이를 강조하는 비교문

▷ 같고 다름을 나타내는 비교문

1 차이를 강조하는 비교문

 🎧 11-01

비교 대상의 성질, 정도, 수량 등의 차이를 강조한다.

1 '比'를 이용한 비교문

A + 比 + B + 비교 결과	A는 B보다 ~하다
A + 比 + B + 还/更 + 비교 결과	A는 B보다 더 ~하다
A + 比 + B + 비교 결과 + 一点儿	A는 B보다 조금 ~하다
A + 比 + B + 비교 결과 + 得多	A는 B보다 훨씬 ~하다
A + 没有 + B + 비교 결과	A가 B보다 ~하지 않다

1 '比' 비교문의 구조

'比' 비교문의 구조는 'A+比+B+형용사/동사'이며, 'A가 B보다 ~하다'라는 의미를 나타낸다. 개사 '比(~보다)'가 비교 대상을 이끄는데, '比' 앞에는 비교 주체가, '比' 뒤에는 비교 대상과 비교 결과가 온다.

비교 주체(A)	+	比	+	비교 대상(B)	+	비교 결과(형용사/동사)
今年 Jīnnián		比 bǐ		去年 qùnián		热。 rè.

올해는 작년보다 덥다.

2 '比' 비교문의 분류

'A+比+B+비교 결과' 형식에 부사나 보어를 더하면 다양한 정도의 차이를 표현할 수 있다.

❶ 비교 결과(형용사/동사) 앞에 정도부사 '更'이나 '还'를 더하여 'A가 B보다 한층 더 정도가 강함'을 나타낸다.

- **今年比去年更热。** 올해는 작년보다 더 덥다.
  Jīnnián bǐ qùnián gèng rè.

- **今年的物价比去年还高。** 올해의 물가는 작년보다 더 높다.
  Jīnnián de wùjià bǐ qùnián hái gāo.

부사 '更'과 '还'는 비교 대상과의 비교 정도를 나타내므로 비교문에서 쓸 수 있지만, '很' '非常' '特别' '最'와 같은 일반적인 정도를 나타내는 정도부사는 비교문에서 쓸 수 없다.

- 今年比去年非常热。(×)

❷ 비교 결과 뒤에 보어 '一点儿' '一些'를 더하면, '비교의 차이가 크지 않음'을 나타낸다.

- **上海的房价比北京贵一点儿。**
  Shànghǎi de fángjià bǐ Běijīng guì yìdiǎnr.
  상하이의 집값은 베이징보다 조금 비싸다.

- **他比我大一些。** 그는 나보다 나이가 조금 많아요.
  Tā bǐ wǒ dà yìxiē.

- 他的汉语比我一点儿好。(×)
  → 他的汉语比我好一点儿。(○) 그의 중국어는 나보다 조금 나아요.
  Tā de Hànyǔ bǐ wǒ hǎo yìdiǎnr.

⇨ 한국어 어순의 영향으로 '조금 낫다'를 一点儿好로 잘못 쓰는 경우가 많은데, 유의해야 한다.

❸ 비교 결과 뒤에 '得多' '多了' 등의 보어를 더하면, '비교의 차이가 상당히 큼'을 나타낼 수 있다.

- **他比我大得多。** 그는 나보다 나이가 훨씬 많아요.
  Tā bǐ wǒ dà de duō.

- **她比我有钱多了，也比我有能力多了。**
  Tā bǐ wǒ yǒu qián duō le, yě bǐ wǒ yǒu nénglì duō le.
  그녀는 나보다 돈도 훨씬 많고, 나보다 훨씬 능력 있어요.

- 他比我很高。(×)
  → 他比我高得多。/ 他比我高多了。(○) 그는 나보다 키가 훨씬 크다.
  Tā bǐ wǒ gāo de duō. / Tā bǐ wǒ gāo duō le.

物价 wùjià 물가 | 上海 Shànghǎi 상하이 | 房价 fángjià 집값

④ 비교 결과 뒤에 수량보어를 더하면, 비교 주체와 비교 대상의 구체적인 차이를 나타낼 수 있다.

◎
✕
■ 他比我两岁大。(✕)

→ 他比我大两岁。(○) 그는 나보다 두 살 많아요.
Tā bǐ wǒ dà liǎng suì.

⇨ 한국어 어순의 영향을 받아 수량보어의 위치를 잘못 쓰는 경우가 많은데, 수량보어는 비교 결과의 뒤에 놓아야 한다.

3 '比'자문의 특징

❶ 만약 A와 B, 즉 비교 주체와 비교 대상에 동일한 성분이 있다면, B에서 동일한 성분을 생략할 수 있으며, 만일 중심어 앞에 관형어가 있다면 '的'도 생략할 수 있다.

　　　　A　　　　　　　　B
■ 上海的房价比北京(的)(房价)贵。
Shànghǎi de fángjià bǐ Běijīng (de) (fángjià) guì.
상하이의 집값은 베이징(의 집값)보다 비싸다.

　　　　A　　　　　　　　　B
■ 她的汉语水平比我(的)(汉语水平)好。
Tā de Hànyǔ shuǐpíng bǐ wǒ (de) (Hànyǔ shuǐpíng) hǎo.
그녀의 중국어 실력은 나(의 중국어 실력)보다 좋다.

❷ 비교 결과에는 주로 형용사가 오지만, 경우에 따라 심리동사나 상태를 나타내는 '有+명사'가 올 수도 있다.

■ 他比我喜欢中国菜。그는 나보다 중국 음식을 좋아한다.
Tā bǐ wǒ xǐhuan Zhōngguó cài.

■ 她比我有钱、有能力。그녀는 나보다 돈도 많고 능력도 있다.
Tā bǐ wǒ yǒu qián、yǒu nénglì.

❸ 부정형식은 일반적으로 '比' 대신 '没有'를 써서 A가 B의 정도에 미치지 못함을 나타낸다. 비교 결과 앞에는 '这么'나 '那么'를 넣어 정도를 표시할 수 있다.

■ 去年没有今年热。작년은 올해만큼 덥지 않았다.
Qùnián méiyǒu jīnnián rè.

■ 去年没有今年这么热。
Qùnián méiyǒu jīnnián zhème rè.
작년은 올해만큼 이렇게 덥지 않았다. ▶올해가 무척 더움을 강조

❹ '比' 앞에 '不'를 넣어 'A＋不比＋B＋비교 결과'의 형식으로도 부정의 의미를 나타내는데, '没有'를 이용한 부정문과는 의미와 쓰임에 차이가 있다. 즉 '不比'를 사용하면 말하는 사람이 판단할 때 A와 B의 차이가 크지 않음을 나타낸다.

A＋没有＋B＋비교 결과	A는 B만큼 ~하지 않다	A＜B
A＋不比＋B＋비교 결과	A는 B보다 ~하지는 않다	A≤B

▪ **他不比我高。**
　Tā bù bǐ wǒ gāo.
　그는 나보다 키가 크지는 않다.　　▶A와 B의 키 차이가 크지 않다고 생각함

▪ **我的汉语不比他差。**
　Wǒ de Hànyǔ bù bǐ tā chà.
　내 중국어는 그보다 못하지는 않는다.　　▶A와 B의 중국어 수준이 비슷하다고 생각함

'不比'를 써서 부정하는 경우에는 스스로에게 물어보는 '자문'의 어기가 있으며, 뒤에 다른 문장이 이어지는 경우가 많다.

▪ **我的汉语不比他差，我怎么总是通不过HSK6级呢？**
　Wǒ de Hànyǔ bù bǐ tā chà, wǒ zěnme zǒngshì tōng bu guò HSK liù jí ne?
　내 중국어는 그보다 못하지 않는데, 나는 왜 항상 HSK 6급을 통과하지 못할까?

❺ 비교 결과에 상태보어가 오는 경우에는 '比＋비교 대상'은 동사 앞에 오거나 구조조사 '得' 뒤에 온다. 또한 상태보어 뒤에는 수량사를 쓸 수 없기 때문에 수량사 대신 '一些' '一点 儿' 등을 쓴다.

▪ **姐姐比妹妹长得漂亮。 / 姐姐长得比妹妹漂亮。**
　Jiějie bǐ mèimei zhǎng de piàoliang. / Jiějie zhǎng de bǐ mèimei piàoliang.
　언니가 동생보다 예쁘다.

▪ **他唱歌比我唱得好一些。 / 他唱歌唱得比我好一些。**
　Tā chànggē bǐ wǒ chàng de hǎo yìxiē. / Tā chànggē chàng de bǐ wǒ hǎo yìxiē.
　그는 나보다 노래를 조금 더 잘 부른다.

▪ **他说汉语比我说得流利一点儿。 / 他说汉语说得比我流利一点儿。**
　Tā shuō Hànyǔ bǐ wǒ shuō de liúlì yìdiǎnr. / Tā shuō Hànyǔ shuō de bǐ wǒ liúlì yìdiǎnr.
　그는 나보다 중국어를 조금 더 유창하게 말한다.

差 chà 못하다, 나쁘다 ｜ 流利 liúlì 유창하다

❻ 만일 비교 결과에 일반 동사가 온다면 '早' '晚' '多' '少' 등을 동사 앞에 부사어로 써야 한다.

■ **他比我早来半个小时。** 그는 나보다 30분 일찍 왔다.
Tā bǐ wǒ zǎo lái bàn ge xiǎoshí.

■ **我比他多付了五万韩币。** 나는 그보다 5만원을 더 냈다.
Wǒ bǐ tā duō fù le wǔ wàn Hánbì.

☑ mini test

다음 문장에서 틀린 부분을 찾아 바르게 고쳐 보세요.

① 汉语比英语一点儿容易。 중국어는 영어보다 조금 쉬워요.
② 这个菜比那个菜不好吃。 이 요리는 저 요리보다 맛이 없어요.

정답
① 汉语比英语容易一点儿。
② 这个菜没有那个菜好吃。

---

2 '有'나 '没有'를 이용한 비교문

1 'A+有+B+(这么/那么)+비교 결과'의 형식으로 쓰이며, 주로 의문문으로 쓰여 B가 비교의 기준이 되고 A의 상태가 B만큼 되는지를 나타낸다.

A + 有 + B + (这么/那么) + 비교 결과	A는 B만큼 (그렇게) ~하다
A + 没有 + B + (这么/那么) + 비교 결과	A는 B만큼 (그렇게) ~하지 않다

■ **今天有昨天热吗?** 오늘은 어제만큼 더워요?
Jīntiān yǒu zuótiān rè ma?

■ **韩国菜有四川菜那么辣吗?** 한국 요리는 쓰촨 요리만큼 그렇게 매워요?
Hánguó cài yǒu Sìchuān cài nàme là ma?

2 부정형식은 'A+没有+B+(这么/那么)+비교 결과'로, 'A는 B만큼 ~하지 않다'는 뜻을 나타낸다.

■ **成都没有上海那么热。** 청두는 상하이만큼 그렇게 덥지 않아요.
Chéngdū méiyǒu Shànghǎi nàme rè.

■ **这次考试没有上次那么难。** 이번 시험은 지난번만큼 그렇게 어렵지 않았어요.
Zhècì kǎoshì méiyǒu shàngcì nàme nán.

韩币 Hánbì 한국 화폐, 한화 | 成都 Chéngdū 청두 [지명]

1 'A+不如+B' 구문은 'A가 B만 못하다'라는 뜻을 나타내며, '比'자문의 부정문인 'A+没有+B'
와 유사한 것처럼 보이지만 나타내는 의미가 다르므로 유의해야 한다.

A + 不如 + B + (비교 결과)	A는 B만큼 ~하지 않다

- **他没有你聪明。** 그는 너만큼 똑똑하지 않아. ▶단순 비교
  Tā méiyǒu nǐ cōngmíng.

- **他不如你聪明。**
  Tā bùrú nǐ cōngmíng.
  그는 너만큼 똑똑하지 않아. ▶그가 너처럼 똑똑하기를 바랐지만, 그렇지 않음을 나타냄

- **我这次的成绩没有上次好。**
  Wǒ zhècì de chéngjì méiyǒu shàngcì hǎo.
  제 이번 성적은 지난번만큼 좋지 않아요. ▶단순 비교

- **我这次的成绩不如上次好。**
  Wǒ zhècì de chéngjì bùrú shàngcì hǎo.
  제 이번 성적은 지난번만큼 좋지 않아요.
  ▶이번 성적이 지난번처럼 좋기를 바랐지만, 실현되지 않았음을 나타냄

  ⇨ 이 형식은 말하는 사람이 A가 B만큼의 정도나 상태가 되기를 바라지만 그렇지 않다는 의미도 포함하고 있어서
  'A+没有+B+비교 결과' 형식과 의미상의 차이가 있다.

2 '没有'를 이용한 비교문에서는 비교 결과를 생략할 수 없지만, '不如'를 이용한 비교문에서
는 비교 결과를 생략할 수 있다.

- **我的英语水平不如你(好)。** 내 영어 실력은 너만 못해.
  Wǒ de Yīngyǔ shuǐpíng bùrú nǐ (hǎo).

- **我的英语水平没有你好。** 내 영어 실력은 너만큼 좋지 않아.
  Wǒ de Yīngyǔ shuǐpíng méiyǒu nǐ hǎo.

4 기타 비교문

그 외에 '比起A来' '跟A相比' '跟A比起来' 등의 구조로 비교문을 만들 수 있는데, 이때는 비교 대상을 문장 앞에 두어야 한다.

比起A来，更……	A보다 더 ~하다
跟A相比	A에 비해
跟A比起来	A에 비하면

■ 比起跑步来，我更喜欢游泳。
　 Bǐqǐ pǎobù lái, wǒ gèng xǐhuan yóuyǒng.
　 나는 달리기보다 수영을 더 좋아한다.

■ 跟中国菜相比，韩国菜清淡一些。
　 Gēn Zhōngguó cài xiāngbǐ, Hánguó cài qīngdàn yìxiē.
　 중국 음식에 비해 한국 음식은 좀 담백하다.

■ 跟小公司比起来，大公司的待遇更好一些。
　 Gēn xiǎo gōngsī bǐqǐlái, dà gōngsī de dàiyù gèng hǎo yìxiē.
　 작은 회사에 비해 큰 회사의 대우가 좀 더 좋다.

☑ mini test

빈칸에 알맞은 단어를 넣어 문장을 완성해 보세요.

① 我觉得他_____你。
　 나는 그가 너만 못하다고 생각해.

② 比起咖啡来，我_____喜欢喝奶茶。
　 나는 커피보다 밀크티 마시는 것을 더 좋아해요.

정답 ① 不如 ② 更

相比 xiāngbǐ 비교하다 | 清淡 qīngdàn 담백하다 | 待遇 dàiyù 대우 | 奶茶 nǎichá 밀크티

2 같고 다름을 나타내는 비교문 🎧 11-02

비교 대상의 성질, 특성이 같거나 다름을 나타낸다.

1 '跟[和]……一样'을 이용한 비교문

A + 跟 + B + 一样	A는 B와 같다
A + 跟 + B + 不一样	A는 B와 다르다
A + 跟 + B + 一样 + 비교 결과	A는 B처럼 ~하다

1 기본형식은 'A+跟[和]+B+一样'으로, A와 B를 비교한 결과, 'A는 B와 같다'라는 의미를 나타낸다.

▪ 我的爱好跟他一样。　나의 취미는 그와 같아요.
　Wǒ de àihào gēn tā yíyàng.

▪ 我的想法跟你(的想法)一样。　내 생각은 당신(의 생각)과 같아요.
　Wǒ de xiǎngfǎ gēn nǐ (de xiǎngfǎ) yíyàng.
　⇨ A와 B에 동일한 성분이 있을 경우, B에서 동일한 성분을 생략할 수 있다.

2 'A+跟[和]+B+一样' 뒤에 비교 결과를 더하여, 어떤 면에서 같은지 A와 B의 비교 내용을 구체적으로 표현할 수 있다. 이때 비교 결과에는 형용사나 심리활동을 나타내는 동사(爱, 怕, 喜欢, 讨厌, 希望 등)가 주로 온다.

| 비교 주체(A) | + | 跟 | + | 비교 대상(B) | + | 一样 | + | 비교 결과(형용사/동사) |

这件衣服　　　　跟　　　　那件　　　　一样　　　　贵。
Zhè jiàn yīfu　　　gēn　　　nà jiàn　　　yíyàng　　　guì.
이 옷은 저 옷만큼 비싸다.

想法 xiǎngfǎ 생각, 의견

■ **他的脾气跟他爸爸一样急。** 그의 성격은 그의 아버지처럼 급하다.
　Tā de píqi gēn tā bàba yíyàng jí.

■ **我女朋友跟我一样爱吃辣的。** 내 여자 친구는 나처럼 매운 것을 좋아한다.
　Wǒ nǚ péngyou gēn wǒ yíyàng ài chī là de.

3 부정형식은 'A+跟[和]+B+不一样'이다.

■ **南方人的性格跟北方人不一样。** 남방 사람의 성격은 북방 사람과 다르다.
　Nánfāngrén de xìnggé gēn Běifāngrén bù yíyàng.

■ **韩国的饮食文化跟中国不太一样。** 한국의 음식 문화는 중국과 좀 다르다.
　Hánguó de yǐnshí wénhuà gēn Zhōngguó bú tài yíyàng.

　⇨ 一样 앞에 差不多, 几乎, 不太, 完全 등의 부사를 쓸 수 있다. 단 很, 非常과 같은 정도부사는 쓸 수 없다.

4 '一样' 외에도 '相同(xiāngtóng, 서로 같다)' '差不多(chàbuduō, 비슷하다)' '相似(xiāngsì, 비슷하다)' '类似(lèisì, 비슷하다)' 등도 'A+跟+B+一样'의 형식으로 쓸 수 있다.

■ **这个字的声调跟那个字相同。** 이 글자의 성조는 저 글자와 같다.
　Zhè ge zì de shēngdiào gēn nà ge zì xiāngtóng.

■ **我的想法跟你差不多。** 내 생각은 당신과 비슷해요.
　Wǒ de xiǎngfǎ gēn nǐ chàbuduō.

■ **这部电影的情节跟那部电影类似。** 이 영화의 줄거리는 그 영화와 비슷하다.
　Zhè bù diànyǐng de qíngjié gēn nà bù diànyǐng lèisì.

脾气 píqi 성격, 기질 | 急 jí 급하다 | 饮食 yǐnshí 음식 | 声调 shēngdiào 성조 | 情节 qíngjié 줄거리

2 '像'을 이용한 비교문

1 기본형식은 'A+像+B+一样+비교 결과'이며 'A가 B처럼 ~하다'라는 의미를 나타낸다.

A + 像 + B + 一样 + 비교 결과	A는 B처럼 ~하다

- 他的脾气像他爸爸一样急。 그의 성질은 그의 아버지처럼 급하다.
  Tā de píqi xiàng tā bàba yíyàng jí.

- 我希望我像他一样能干。 내가 그 사람처럼 유능했으면 좋겠어.
  Wǒ xīwàng wǒ xiàng tā yíyàng nénggàn.

2 비교 결과 앞에 '这样'이나 '那样'을 넣을 수 있으며, 이런 문장은 주로 가정문에서 쓰인다.

- 我的汉语像她那样好就好了。 내가 그녀처럼 중국어를 잘하면 좋겠어.
  Wǒ de Hànyǔ xiàng tā nàyàng hǎo jiù hǎo le.

- 要是我的皮肤像你这样白、个子像你这样高，该多好啊。
  Yàoshi wǒ de pífū xiàng nǐ zhèyàng bái、gèzi xiàng nǐ zhèyàng gāo, gāi duō hǎo a.
  내 피부가 너처럼 이렇게 하얗고, 키가 너처럼 이렇게 크면 얼마나 좋을까.

☑ mini test

다음 문장을 중국어로 바꿔 보세요.

① 내가 아빠처럼 책임감이 있으면 좋겠어요.

② 내가 중국인처럼 중국어를 잘하면 좋겠어요.

정답
① 我希望我像爸爸一样有责任感。
② 我的汉语像中国人那样好就好了。

能干 nénggàn 능력이 뛰어나다, 유능하다 | 皮肤 pífū 피부 | 该 gāi 얼마나, 정말로

1 다음 문장에서 틀린 부분을 바르게 고쳐 보세요.

1. 今天比昨天非常热。

   ⇨ _____

2. 他的汉语比我一点儿好。

   ⇨ _____

3. 中国的物价比韩国的物价不高。

   ⇨ _____

4. 她游泳游得快一些比我。

   ⇨ _____

5. 她打扮得很好看，演员一样。

   ⇨ _____

풀이 Tip

3. 物价 wùjià 물가

5. 演员 yǎnyuán 배우

2 괄호 안의 표현을 이용하여 대화를 완성해 보세요.

1. A 你觉得汉语难还是英语难？

   B _____(A比B……一点儿)
   나는 영어가 중국어보다 조금 더 어려운 것 같아.

2. A 你有你爸爸那么高吗？

   B _____(A没有B那么……)
   나는 아빠만큼 크지 않아요.

HSK 실전문제

1 빈칸에 들어갈 알맞은 표현을 고르세요.

1. 今年冬天比去年_____。

   A 很冷　　　B 不冷　　　C 一点冷　　　D 冷多了

2. 小城市的物价_____大城市贵。

   A 不有　　　B 没有　　　C 一样　　　D 差不多

3. _____散步来，我更喜欢去健身房锻炼。

   A 比较　　　B 相比　　　C 比起　　　D 比起来

4. 要是我的英语_____你这样好，该多好啊。

   A 跟　　　B 比　　　C 像　　　D 相同

풀이 Tip

2. 城市 chéngshì 도시
4. 该 gāi 얼마나, 정말로

2 주어진 어휘를 순서에 맞게 배열하여 문장을 완성해 보세요.

1. 半个小时 / 晚 / 比我 / 到 / 他

   그는 나보다 30분 늦게 도착했다.

   ⇨ _____

2. 我 / 这个学期 / 的 / 成绩 / 没有 / 上个学期 / 好

   내 이번 학기 성적은 지난 학기만큼 좋지 않다.

   ⇨ _____

3. 一样 / 我 / 和 / 爱看 / 恐怖电影 / 我弟弟

   내 남동생은 나처럼 공포영화를 즐겨 본다.

   ⇨ _____

풀이 Tip

3. 恐怖 kǒngbù 공포

복문

연합관계 복문	수식관계 복문
병렬관계	가정관계
순접관계	역접관계
점층관계	인과관계
선택관계	목적관계
	조건관계
	양보관계

Chapter

12

복문과 접속사

중국어 문장은 하나의 주어와 술어로 구성된 단문과 두 개 이상의 단문으로 구성된 복문으로 나뉜다. 복문을 구성하는 단문과 단문은 의미를 보다 명확하게 전달하기 위하여 단문과 단문 사이에 적절한 접속사를 사용하기도 한다. 본 장에서는 복문의 특징과 자주 사용되는 접속사에 대해서 살펴보기로 한다.

동영상 강의

예문 MP3

▷ 복문의 정의와 특징
▷ 복문의 유형

복문의 정의와 특징

🎧 12-01

중국어 문장은 문장 구조에 따라 크게 단문과 복문으로 구분된다. 단문은 하나의
주어와 술어로 구성된 문장이며, 복문은 두 개 이상의 단문으로 구성된 문장을 말
한다.

1 복문의 정의

我会说英语和汉语。 나는 영어와 중국어를 할 줄 안다. Wǒ huì shuō Yīngyǔ hé Hànyǔ.	단문
我会说英语，也会说汉语。 나는 영어를 할 줄 알고, 중국어도 할 줄 안다. Wǒ huì shuō Yīngyǔ, yě huì shuō Hànyǔ.	복문
我知道他是一个很努力的学生。 나는 그가 노력하는 학생이라는 것을 안다. Wǒ zhīdào tā shì yí ge hěn nǔlì de xuéshēng.	단문
我知道他，他是一个很努力的学生。 나는 그를 안다. 그는 노력하는 학생이다. Wǒ zhīdào tā, tā shì yí ge hěn nǔlì de xuéshēng.	복문

복문을 구성하는 단문을 '절(分句)'이라고 한다. 절과 절 사이는 쉼표로 연결하며, 읽거나 말할
때 잠시 쉰다.

- 他不仅长得帅，性格好，而且演技很好，所以我很喜欢他。
  Tā bùjǐn zhǎng de shuài, xìnggé hǎo, érqiě yǎnjì hěn hǎo, suǒyǐ wǒ hěn xǐhuan tā.
  그는 잘생기고 성격이 좋을 뿐만 아니라 연기도 잘해서 나는 그를 좋아한다.

不但……，而且…… búdàn……érqiě ~일 뿐만 아니라 게다가 ~이다 | 演技 yǎnjì 연기 | 虽然……，但是…… suīrán……
dànshì…… 비록 ~하지만, (그러나) ~하다 | 如果……，就…… rúguǒ……jiù…… 만약 ~라면 ~이다 | 照 zhào (사진·영화를) 찍다,
촬영하다 | 照片 zhàopiàn 사진

1 절과 절이 의미상 밀접한 연관관계가 있을 경우에는 접속사나 일부 부사를 써서 연결한다. 접속사는 주어 앞이나 뒤에 올 수 있지만, 부사는 반드시 주어 뒤에만 올 수 있다.

- **我虽然[虽然我]很忙，但是每天都坚持学习汉语。**
  Wǒ suīrán [Suīrán wǒ] hěn máng, dànshì měitiān dōu jiānchí xuéxí Hànyǔ.
  나는 바쁘지만 매일 꾸준히 중국어를 공부한다.

  ⇨ 접속사 虽然은 주어 我의 앞이나 뒤에 모두 올 수 있다.

- **如果天气好，我们就去旅行吧。**
  Rúguǒ tiānqì hǎo, wǒmen jiù qù lǚxíng ba.
  날씨가 좋으면 우리 여행 가자.

  ⇨ 부사 就는 주어 我们의 뒤에 놓여야 한다.

2 앞뒤 절의 주어는 같을 수도, 다를 수도 있는데, 같은 경우에는 뒤 절의 주어는 생략해도 된다.

- **不管天气好不好，我都会出去锻炼身体。**　▶앞뒤 절의 주어가 다름
  Bùguǎn tiānqì hǎo bu hǎo, wǒ dōu huì chūqù duànliàn shēntǐ.
  날씨가 좋든 나쁘든 나는 운동하러 나갈 거야.

- **不管他做什么事，(他)总是很认真。**　▶앞뒤 절의 주어가 같음
  Bùguǎn tā zuò shénme shì, (tā) zǒngshì hěn rènzhēn.
  그는 무슨 일을 하든 항상 성실하다.

  ⇨ 앞뒤 절의 주어가 같으므로, 뒤 절의 주어 他는 생략 가능하다.

3 복문이더라도 반드시 접속사나 부사를 써서 연결해야 하는 것은 아니다.

- **我知道他，他的汉语说得很好。**　나는 그를 안다. 그는 중국어를 매우 잘한다.
  Wǒ zhīdào tā, tā de Hànyǔ shuō de hěn hǎo.

- **这儿的风景太美了，帮我照(一)张照片吧。**
  Zhèr de fēngjǐng tài měi le, bāng wǒ zhào (yì) zhāng zhàopiàn ba.
  이곳의 풍경이 너무 아름다워요. 저 사진 한 장 찍어주세요.

☑ mini test

빈칸에 알맞은 접속사를 넣어 문장을 완성해 보세요.

① _____身体不舒服，_____回家休息吧。
만약 몸이 안 좋으면 집에 가서 쉬세요.

② _____很累，_____我还是会做完作业的。
비록 피곤하지만 나는 그래도 숙제를 다 할 거예요.

정답 ① 如果, 就 ② 虽然, 但(是)

2 복문의 유형

🎧 12-02

복문은 절과 절의 의미 관계에 따라 크게 연합관계를 나타내는 복문과 수식관계를 나타내는 복문으로 구분된다.

1 연합관계 복문

연합관계 복문은 각 절 사이의 관계가 대등하며, 의미상으로 종속관계가 아니다. 연합관계 복문은 각 절의 의미 관계에 따라 다시 병렬·순접·점층·선택관계 유형으로 나뉜다.

1 병렬관계: 사람이나 사물, 어떤 사실에 대해 여러 각도에서 설명하거나 묘사할 때 쓰인다. 각 절은 각각 의미를 나타내며, 경우에 따라 접속사 없이도 단문을 나열할 수 있다.

既……又[也]……	~하기도 하고, ~하기도 하다
又……又……	~하면서 ~하다
也……也……	~하기도 하고, ~하기도 하다 [주어가 두 개 일 수 있음]
一边[一面]……, 一边[一面]……	~하면서 ~하다
一方面…, 一方面……	한편으로는 ~하고, (다른) 한편으로는 ~하다
不是……, 而是……	~이 아니라, ~이다

▪ **和中国人聊天，既可以学习汉语，也可以了解中国人。**
Hé Zhōngguórén liáotiān, jì kěyǐ xuéxí Hànyǔ, yě kěyǐ liǎojiě Zhōngguórén.
중국인과 이야기를 나누면 중국어도 배우고, 중국인에 대해서도 알 수 있다.

▪ **春天来了，树绿了，花也开了。**
Chūntiān lái le, shù lǜ le, huā yě kāi le.
봄이 왔어요, 나무가 푸르러지고, 꽃도 피었어요.

▪ **我一边上学，一边做兼职，每天都很累。**
Wǒ yìbiān shàngxué, yìbiān zuò jiānzhí, měitiān dōu hěn lèi.
나는 학교를 다니면서 아르바이트를 해서 매일 피곤하다.

了解 liǎojiě 알다, 이해하다 | 绿 lǜ 푸르다 | 兼职 jiānzhí 아르바이트, 겸직하다 | 勇气 yǒngqì 용기 | 告白 gàobái 고백하다 | 礼貌 lǐmào 예의, 예의 바르다 | 篇 piān 편, 장 [문장·종이 등을 세는 단위] | 课文 kèwén 본문

■ 我不是不喜欢她，而是没有勇气告白。
Wǒ bú shì bù xǐhuan tā, érshì méiyǒu yǒngqì gàobái.
나는 그녀를 좋아하지 않는 것이 아니라, 고백할 용기가 없어요.

'一边……一边……'은 두 가지 동작이 동시에 진행됨을 나타내며, 구체적인 동작을 나타내는 동사와 함께 쓰인다. 추상적인 의미를 나타내는 동사나 형용사는 쓸 수 없다.

■ 他一边长得很帅，一边很有礼貌。(×)
⇨ 长과 有는 동작을 나타내는 동사가 아니므로 접속사 一边……一边……과 쓸 수 없다.

2 순접관계: 연속적으로 이어지는 동작이나 사건을 시간의 순서대로 서술한다.

首先……，然后……	먼저 ~하고, 이어서 ~하다
先……，再……	먼저 ~하고, 다시 ~하다
……，就……	~해야 ~하다
……，于是……	~해서 ~하다
……，后来……	~하고 나중에 ~하다

■ 我们先去吃饭，然后再去看电影。
Wǒmen xiān qù chīfàn, ránhòu zài qù kàn diànyǐng.
우리 먼저 밥 먹으러 가고, 그다음에 영화를 보러 가자.

■ 把这篇课文学完，就可以下课了。
Bǎ zhè piān kèwén xué wán, jiù kěyǐ xiàkè le.
이 본문을 다 공부해야 수업을 마칠 수 있어요.

■ 早上起晚了，于是我只能饿着肚子去上课。
Zǎoshang qǐ wǎn le, yúshì wǒ zhǐ néng è zhe dùzi qù shàngkè.
아침에 늦게 일어나서 나는 밥을 굶고 수업에 갈 수밖에 없었다.

3 점층관계: 뒤 절은 앞 절보다 한층 심화되거나 발전된 내용을 서술한다.

不但[不仅/不只]……，而且[还/也]……	~일 뿐만 아니라 게다가 ~이다
……，甚至……	~하여 심지어 ~하다
……，何况[况且]……	~하는데, 하물며 ~
不但不[不但没]……反而……	~하지 않을 뿐만 아니라 오히려 ~하다
别说……，连……也……	~은 말할 것도 없고, ~조차 ~하다

- 这里的东西**不但**价格便宜，而且质量**也**不错。
  Zhèlǐ de dōngxi búdàn jiàgé piányi, érqiě zhìliàng yě búcuò.
  이곳의 물건은 가격이 저렴할 뿐만 아니라 품질도 좋다.

- 这个问题老师都不知道，**何况**我们呢？
  Zhè ge wèntí lǎoshī dōu bù zhīdào, hékuàng wǒmen ne?
  이 문제는 선생님도 모르는데, 하물며 우리는?

- 最近我太忙了，**别说**看电影，**连**睡觉的时间**都**没有。
  Zuìjìn wǒ tài máng le, biéshuō kàn diànyǐng, lián shuìjiào de shíjiān dōu méiyǒu.
  요즘 나는 너무 바빠서 영화 보는 건 고사하고 잠잘 시간도 없어.

'不但[不仅/不只]……，而且[还/也]……'를 사용한 복문에서 앞뒤 절의 주어가 같으면 뒤 절의 주어는 생략할 수 있고, 앞 절의 주어는 '不但[不仅/不只]' 앞에 와야 한다. 그러나 주어가 다르면 '不但[不仅/不只]'과 '而且[还/也]' 뒤에 각각 주어가 놓여야 한다.

- 我们的老师**不但**亲切、热情，**而且**很有责任感。
  Wǒmen de lǎoshī búdàn qīnqiè、rèqíng, érqiě hěn yǒu zérèngǎn.
  우리 선생님은 친절하고 열정적일 뿐만 아니라, 책임감이 있으시다.

  ⇨ 주어가 같으므로 뒤 절의 주어는 생략 가능하고, 不但 앞에 주어가 위치한다.

- **不仅**中国人喜欢吃麻辣香锅，**而且**外国人**也**喜欢。
  Bùjǐn Zhōngguórén xǐhuan chī málàxiāngguō, érqiě wàiguórén yě xǐhuan.
  마라샹궈는 중국인 뿐만 아니라, 외국인도 좋아한다.

  ⇨ 주어가 다르므로 뒤 절의 주어는 생략할 수 없다. 不但과 而且 뒤에 주어가 위치한다.

뒤 절에 부사 '还'나 '也'가 올 경우, 뒤 절의 주어 뒤, 술어 앞에 놓아야 한다.

- 这里的东西不但便宜，还质量不错。（×）
  → 这里的东西**不但**便宜，质量**还**不错。（○）
  Zhělǐ de dōngxi búdàn piányi, zhìliàng hái búcuò.
  이곳의 물건은 저렴할 뿐만 아니라 품질도 좋다.

- 这儿不仅风景很美，也空气好。（×）
  → 这儿**不仅**风景很美，空气**也**好。（○）
  Zhèr bùjǐn fēngjǐng hěn měi, kōngqì yě hǎo.
  이곳은 풍경이 아름다울 뿐만 아니라 공기도 좋다.

质量 zhìliàng 질, 품질 | 麻辣香锅 málàxiāngguō 마라샹궈 | 空气 kōngqì 공기

뒤 절이 예상 밖의 결과나 의외의 상황을 설명하는 경우에는 '而且' 대신 '反而'을 써야 한다.

■ 吃了药以后，病不但没好，反而更严重了。
Chī le yào yǐhòu, bìng búdàn méi hǎo, fǎn'ér gèng yánzhòng le.
약을 먹은 후 병이 낫기는커녕 오히려 더 심해졌다.

■ 最近我每天都运动，可我不但没瘦，反而更重了。
Zuìjìn wǒ měitiān dōu yùndòng, kě wǒ búdàn méi shòu, fǎn'ér gèng zhòng le.
요즘 나는 매일 운동하는데, 살이 빠지기는커녕 오히려 더 무거워졌다.

4 선택관계: 두 가지 혹은 몇 가지 상황 중에서 한 가지를 선택하는 것을 나타낸다.

或者……，或者……	~하거나 ~하거나
要么……，要么……	~하든지 ~하든지
是……，还是……	~인가 ~인가?
不是……，就是……	~가 아니면 ~이다
不是……，而是……	~가 아니라 ~이다
与其……不如[宁可]……	~하느니 차라리 ~하다
宁可[宁愿]……也不……	~할지언정 ~않는다

❶ 평서문에서는 주로 '或者……或者……'나 '要么……要么……'를 쓰고 의문문에서는 '是……还是……'를 쓴다.

■ 或者去釜山，或者去济州岛，我都行。
Huòzhě qù Fǔshān, huòzhě qù Jìzhōudǎo, wǒ dōu xíng.
부산에 가든지 제주도에 가든지 나는 다 좋아요.

■ 要么吃火锅，要么吃麻辣香锅，你选吧。
Yàome chī huǒguō, yàome chī málàxiāngguō, nǐ xuǎn ba.
훠궈를 먹든지 마라샹궈를 먹든지 네가 선택해.

■ 你是喝茶，还是喝咖啡?
Nǐ shì hē chá, háishi hē kāfēi?
넌 차를 마실래, 아니면 커피를 마실래?

严重 yánzhòng 심각하다, 중대하다 | 火锅 huǒguō 훠궈 | 选 xuǎn 선택하다

❷ 두 가지 중에서 반드시 하나를 선택해야 한다면, '不是……就是……'를 써서 표현한다.

■ **不是你走，就是我走，你看着办吧。**
   Bú shì nǐ zǒu, jiù shì wǒ zǒu, nǐ kàn zhe bàn ba.
   네가 가지 않으면 내가 갈 거니까, 네가 알아서 해.

■ **这里的天气很不好，不是刮风，就是下雨。**
   Zhèlǐ de tiānqì hěn bù hǎo, bú shì guāfēng, jiù shì xiàyǔ.
   이곳의 날씨는 매우 안 좋아요. 바람이 불지 않으면 비가 와요.

❸ 선택한 상황에 대해 후회하거나 선택이 잘못되었음을 나타내고자 할 때는 '与其……不如[宁可]……'를 써서 표현하는데, '宁可'는 주어가 있는 경우에는 주어 뒤에 써야 한다.

■ **与其看这么无聊的电视剧，不如学习一会儿汉语。**
   Yǔqí kàn zhème wúliáo de diànshìjù, bùrú xuéxí yíhuìr Hànyǔ.
   이렇게 지루한 드라마를 보느니, 차라리 중국어 공부를 하는 게 낫겠어.

■ **与其在家里睡觉，我宁可出去散散步。**
   Yǔqí zài jiā li shuìjiào, wǒ nìngkě chūqù sànsàn bù.
   집에서 잠을 자느니, 나는 차라리 나가서 산책 하는 게 낫겠어.

❹ '宁可[宁愿]……也不……'를 써서 '~할지언정 ~은 안 한다'의 의미를 나타내기도 한다.

■ **我宁可单身，也不跟他结婚。**
   Wǒ nìngkě dānshēn, yě bù gēn tā jiéhūn.
   나는 독신일지언정 그와 결혼하지는 않겠어.

■ **我宁愿学会儿汉语，也不看那么无聊的电视剧。**
   Wǒ nìngyuàn xué huìr Hànyǔ, yě bú kàn nàme wúliáo de diànshìjù.
   나는 차라리 중국어를 좀 배울지언정 그렇게 지루한 드라마는 보지 않겠어.

☑ mini test

빈칸에 알맞은 접속사를 넣어 문장을 완성해 보세요.

① 这家餐厅的菜不好吃，_____咸，_____淡。
   이 식당의 음식은 맛이 없어요. 짜지 않으면 싱거워요.

② 她_____学习好，而且性格_____很好。
   그녀는 공부를 잘할 뿐만 아니라 성격도 매우 좋아요.

   정답 ① 不是, 就是 ② 不但, 也

刮风 guāfēng 바람이 불다 | 无聊 wúliáo 지루하다 | 单身 dānshēn 독신 | 咸 xián (맛이) 짜다 | 淡 dàn (맛이) 싱겁다

수식관계 복문은 두 문장이 주절과 종속절의 관계를 이루는 복문을 말한다. 주절은 복문의 기본 의미를 나타내고, 종속절은 주절을 수식하거나 제한하는 보조적인 역할을 한다. 수식관계 복문은 각 절의 의미 관계에 따라 다시 가정·역접·인과·목적·조건·양보관계 유형으로 나뉜다.

1 가정관계

앞 절에서 가정이나 가설을 나타내고, 뒤 절에서 이러한 가설 하에 생길 수 있는 결과를 나타낸다. 만일 뒤 절에 주어가 있으면 '就' 등의 부사는 뒤 절의 주어 뒤, 술어의 앞에 와야 한다.

如果[假如]……(的话)，就……	만약 ~라면, ~하다
要是……(的话)，就……	만약 ~라면, ~하다
……的话，就……	~하다면, ~하다

▪ **如果你不喜欢我，就直接告诉我吧。**
Rúguǒ nǐ bù xǐhuan wǒ, jiù zhíjiē gàosu wǒ ba.
만약 네가 나를 좋아하지 않는다면 나에게 직접 말해 줘.

▪ **要是中了彩票，我就去周游世界。**
Yàoshi zhòng le cǎipiào, wǒ jiù qù zhōuyóu shìjiè.
만약 복권에 당첨 된다면 나는 세계 일주를 할 것이다.

▪ **成都离首尔有点儿远，坐飞机的话，要四个小时。**
Chéngdū lí Shǒu'ěr yǒudiǎnr yuǎn, zuò fēijī dehuà, yào sì ge xiǎoshí.
청두는 서울에서 조금 멀다. 비행기를 타면 네 시간 걸린다.

2 역접관계

앞뒤 절의 내용이 서로 대립되거나 상반되는 의견을 제시하는 복문이다.

虽说[尽管]……，但是[可是/不过]……	비록 ~하지만, (그러나) ~하다
……，其实	~하지만, 사실은 ~하다
……，(但是/可是)却	~하지만, 오히려 ~하다

▪ **这件衣服很适合你，不过有点儿贵。**
Zhè jiàn yīfu hěn shìhé nǐ, búguò yǒudiǎnr guì.
이 옷은 너에게 잘 어울리지만, 좀 비싸네.

中 zhòng 당첨되다 | 彩票 cǎipiào 복권 | 周游 zhōuyóu 일주하다, 여러 곳을 돌아다니다 | 适合 shìhé 알맞다, 어울리다

- **她虽然很漂亮，但是脾气太不好了。**
Tā suīrán hěn piàoliang, dànshì píqi tài bù hǎo le.
그녀는 예쁘지만 성격이 너무 안 좋아요.

- **虽然这次考试不太难，但是我没考好。**
Suīrán zhècì kǎoshì bú tài nán, dànshì wǒ méi kǎo hǎo.
비록 이번 시험은 그다지 어렵지 않았지만, 나는 시험을 못 봤다.

부사 '却'는 단독으로 쓰이거나 접속사 '不过/可是/但是/然而' 등과 같이 쓰이기도 한다. 단독으로 쓰이던 접속사와 함께 쓰이던 '却'는 부사이기 때문에 항상 뒤 절의 주어 뒤에 놓여야 한다.

- **他喜欢了我很久，却我不知道。** (×)
  → **他喜欢了我很久，我却不知道。** (○)
  Tā xǐhuan le wǒ hěn jiǔ, wǒ què bù zhīdào.
  그는 나를 오랫동안 좋아했지만 난 몰랐어요.

- **尽管她脾气不好，可是却我很喜欢她。** (×)
  → **尽管她脾气不好，可是我却很喜欢她。** (○)
  Jǐnguǎn tā píqi bù hǎo, kěshì wǒ què hěn xǐhuan tā.
  비록 그녀의 성격이 나빠도 난 그녀를 좋아합니다.

3 인과관계: 앞 절에서 이유나 원인을 설명하고, 뒤 절에서 그에 따른 결과를 나타낸다.

因为……，所以……	～이기 때문에 그래서 ～하다
由于……，所以……	～이기 때문에 그래서 ～하다
(由于)……，因此……	～(이기 때문에), 그러므로 ～하다
之所以……，是因为……	～한 까닭은 ～때문이다
既然……就……	기왕 ～인 이상 ～하다

- **因为他不太成熟、还很自私，所以我跟他分手了。**
Yīnwèi tā bú tài chéngshú、hái hěn zìsī, suǒyǐ wǒ gēn tā fēnshǒu le.
그가 성숙하지 못하고 이기적이었기 때문에 나는 그와 헤어졌다.

脾气 píqi 성격 | 久 jiǔ 오랫동안 | 成熟 chéngshú 성숙하다 | 自私 zìsī 이기적이다 | 分手 fēnshǒu 헤어지다

- (由于)上个学期没考好，因此这个学期我没拿到奖学金。
  Yóuyú shàng ge xuéqī méi kǎo hǎo, yīncǐ zhè ge xuéqī wǒ méi ná dào jiǎngxuéjīn.
  지난 학기에 시험 못 봐서 이번 학기에 나는 장학금을 받지 못했다.

만약 앞뒤 절의 인과관계가 매우 명확하다면 접속사나 부사를 쓰지 않거나 뒤 절에 '因为' '所以'만 써도 된다.

- 今天我有事，不能去上课了。 오늘 제가 일이 있어서 수업에 못 갈 것 같아요.
  Jīntiān wǒ yǒu shì, bù néng qù shàngkè le.

- 我觉得汉语很难，因为我以前完全没学过。
  Wǒ juéde Hànyǔ hěn nán, yīnwèi wǒ yǐqián wánquán méi xué guo.
  나는 중국어가 어려워. 왜냐하면 전에 배운 적이 전혀 없기 때문이야.

- 他又大方又幽默，所以大家都很喜欢他。
  Tā yòu dàfāng yòu yōumò, suǒyǐ dàjiā dōu hěn xǐhuan tā.
  그는 대범하고 유머러스해서 모두가 그를 좋아한다.

앞뒤 절의 인과관계를 추측할 수 있는 복문에서는 '既然……就……'를 사용하여 표현할 수 있다. 이때 앞 절의 '既然' 뒤에는 전제 조건이 오고, 뒤 절에는 제안 혹은 결론의 내용이 온다.

- 既然你这么喜欢他，那就向他告白吧。
  Jìrán nǐ zhème xǐhuan tā, nà jiù xiàng tā gàobái ba.
  기왕 네가 이렇게 그를 좋아하는 이상 그에게 고백해.

- 既然你身体不舒服，那就在家好好儿休息。
  Jìrán nǐ shēntǐ bù shūfu, nà jiù zài jiā hǎohāor xiūxi.
  몸이 아픈 이상, 집에서 푹 쉬세요.

- 既然想取得好成绩，那你平时就应该认真学习。
  Jìrán xiǎng qǔdé hǎo chéngjì, nà nǐ píngshí jiù yīnggāi rènzhēn xuéxí.
  기왕 좋은 성적을 얻고 싶다면, 너 평소에 열심히 공부해야 해.

学期 xuéqī 학기 | 大方 dàfāng (언행이) 대범하다, 시원시원하다 | 幽默 yōumò 유머러스하다

4 목적관계: 앞 절은 목적을 나타내고, 뒤 절은 그 목적을 달성하기 위한 행동과 방법을 나타 낸다.

为[为了]……, ……	~하기 위해서 ~하다
以便……, ……	~(하기에 편리)하도록 ~하다
……, 免得[以免]……	~하지 않도록 ~하다

- 为了挣一些生活费，我每个周末都去做兼职。
  Wèile zhèng yìxiē shēnghuófèi, wǒ měi ge zhōumò dōu qù zuò jiānzhí.
  생활비를 벌기 위해서 나는 주말마다 아르바이트를 하러 간다.

- 大家上课时要好好儿做笔记，以便考试时复习。
  Dàjiā shàngkè shí yào hǎohāor zuò bǐjì, yǐbiàn kǎoshì shí fùxí.
  시험 때 복습할 수 있도록 모두들 수업 시간에 필기를 잘해야 한다.

- 你先给他打个电话，跟他约好，免得白跑一趟。
  Nǐ xiān gěi tā dǎ ge diànhuà, gēn tā yuēhǎo, miǎnde bái pǎo yí tàng.
  헛걸음을 하지 않도록 네가 먼저 그에게 전화해서 그와 약속을 해.

- 下车时检查一下自己的行李，以免丢失。
  Xiàchē shí jiǎnchá yíxià zìjǐ de xíngli, yǐmiǎn diūshī.
  잃어버리지 않도록 차에서 내릴 때 자기 짐을 확인하세요.

5 조건관계

❶ 앞 절에서 하나 혹은 하나 이상의 조건을 제시하고, 뒤 절에서는 이런 조건에 의해 발생 가능한 결과를 설명한다. 뒤 절에 주어가 있으면 부사 '才'는 주어 뒤, 술어 앞에 놓여야 한다.

只要……就……	~하기만 하면 ~하다 [필요조건]
只有[除非]……才……	~해야만 ~하다 [특정조건]
无论[不管/不论]……都……	~을 막론하고 ~하다 [무조건]

- 只要你继续努力，就一定会有进步的。
  Zhǐyào nǐ jìxù nǔlì, jiù yídìng huì yǒu jìnbù de.
  네가 계속 노력하기만 하면 반드시 발전할 거야.

挣 zhèng (일하여) 벌다 | 笔记 bǐjì 필기 | 复习 fùxí 복습하다 | 约 yuē 약속하다 | 白 bái 헛되이 | 白跑一趟 bái pǎo yí tàng 헛걸음을 하다 | 检查 jiǎnchá 점검하다 | 丢失 diūshī 분실하다 | 继续 jìxù 계속

- **只有努力学习、多积累工作经验，才能找到好工作。**
  Zhǐyǒu nǔlì xuéxí, duō jīlěi gōngzuò jīngyàn, cái néng zhǎo dào hǎo gōngzuò.
  열심히 공부하고 업무 경험을 많이 쌓아야만 좋은 직장을 구할 수 있다.

- **除非你真诚地向他道歉，他才会原谅你。**
  Chúfēi nǐ zhēnchéng de xiàng tā dàoqiàn, tā cái huì yuánliàng nǐ.
  네가 진심으로 그에게 사과해야만 그가 너를 용서할 거야.

❷ 접속사 '无论[不论/不管]……都……'와 의문대명사를 활용하여 어떤 상황이나 조건에서도 결과가 바뀌지 않음을 나타내는 '무조건문'을 표현할 수 있다.

- **无论有什么问题，你们都可以随时问我。**
  Wúlùn yǒu shénme wèntí, nǐmen dōu kěyǐ suíshí wèn wǒ.
  어떤 문제이던 상관없이 여러분은 언제든지 저에게 물어보세요.

- **不管你去哪儿，我都会跟你一起去的。**
  Bùguǎn nǐ qù nǎr, wǒ dōu huì gēn nǐ yìqǐ qù de.
  네가 어디에 가든지 나는 너와 함께 갈 거야.

- **不论父母怎么反对，我都要跟她结婚。**
  Búlùn fùmǔ zěnme fǎnduì, wǒ dōu yào gēn tā jiéhūn.
  부모님이 아무리 반대하셔도 나는 그녀와 결혼할 것이다.
  ⇨ 无论[不管/不论]을 활용한 '무조건문'은 의문대명사 없이 쓰면 틀린 문장이 된다.

❸ '无论[不论/不管]' 뒤에는 두 개 이상의 선택 사항이 올 수 있다.

- **不论你去不去，我都会去。**
  Búlùn nǐ qù bu qù, wǒ dōu huì qù.
  네가 가든지 말든지 나는 갈 것이다.

- **不管刮风还是下雨，我每天都坚持去运动。**
  Bùguǎn guāfēng háishi xiàyǔ, wǒ měitiān dōu jiānchí qù yùndòng.
  바람이 불든 비가 오든 나는 매일 꾸준히 운동하러 간다.
  ⇨ 두 개 이상의 선택 사항이 없으면 틀린 문장이 된다. 不论你不去, 我都会去。(✕)

积累 jīlěi 축적하다 | 经验 jīngyàn 경험 | 真诚 zhēnchéng 진실하다 | 道歉 bàoqiàn 사과하다 | 原谅 yuánliàng 용서하다 | 随时 suíshí 언제나 | 反对 fǎnduì 반대하다

尽管 vs 不管

'尽管'은 역접관계 복문에 쓰여 '비록 ～라 하더라도'라는 의미를 나타내고, '不管'은 조건
관계 복문에서 '(어떤 상황에서도) 관계없이 ～한다'라는 의미를 나타낸다.

■ **尽管**他没有钱，**但**我**也**很喜欢他。 비록 그는 돈이 없지만 나는 그를 좋아한다.
Jǐnguǎn tā méiyǒu qián, dàn wǒ yě hěn xǐhuan tā.

■ **不管**他有没有钱，我**都**很喜欢他。 그가 돈이 있든 없든 나는 그를 좋아한다.
Bùguǎn tā yǒu méiyǒu qián, wǒ dōu hěn xǐhuan tā.

■ **尽管**我很忙很累，**但**我每天**都**坚持去运动。
Jǐnguǎn wǒ hěn máng hěn lèi, dàn wǒ měitiān dōu jiānchí qù yùndòng.
나는 바쁘고 피곤하지만 매일 꾸준히 운동하러 간다.

■ **不管**我多忙多累，我每天**都**坚持去运动。
Bùguǎn wǒ duō máng duō lèi, wǒ měitiān dōu jiānchí qù yùndòng.
나는 아무리 바쁘고 피곤해도 매일 꾸준히 운동하러 간다.

6 양보관계

앞 절에서 가정이나 가설을 나타내고, 뒤 절에서는 그럼에도 결론이나 결과가 변하지 않을
것임을 나타낸다. 형용사가 '即使[哪怕/就算]' 등이 쓰인 문장의 술어로 쓰이면 '再'를 앞에
넣어 의미를 강조하기도 한다.

即使[哪怕]……，也……	설령(설사) ～하더라도 ～하다
就是……，也……	설령(설사) ～하더라도 ～하다

■ 明天**即使**下大雨，我**也**要去首尔跟朋友见面。
Míngtiān jíshǐ xià dàyǔ, wǒ yě yào qù shǒu'ěr gēn péngyou jiànmiàn.
설사 내일 비가 많이 오더라도 나는 서울에 가서 친구를 만날 것이다.

■ **哪怕**不睡觉，我**也**要把考试的内容都复习完。
Nǎpà bú shuìjiào, wǒ yě yào bǎ kǎoshì de nèiróng dōu fùxí wán.
설령 잠을 안 자더라도 나는 시험 내용을 모두 복습할 것이다.

■ 选择了这条路，**哪怕再**辛苦，我**也**要坚持下去。
Xuǎnzé le zhè tiáo lù, nǎpà zài xīnkǔ, wǒ yě yào jiānchí xiàqù.
이 길을 선택했으니, 아무리 힘들어도 나는 계속해 나갈 것이다.

选择 xuǎnzé 선택하다 | 辛苦 xīnkǔ 힘들다, 고되다

양보관계 복문 vs 가정관계 복문

양보관계 복문은 종속절의 내용과 상관없이 주절의 내용이 정해진다.

- 即使明天下雨，我也去。 설령 내일 비가 오더라도 나는 갈 거야.
  Jíshǐ míngtiān xiàyǔ, wǒ yě qù.

- 即使明天不下雨，我也不会去的。
  Jíshǐ míngtiān bú xiàyǔ, wǒ yě bú huì qù de.
  설령 내일 비가 오지 않더라도 나는 가지 않을 거야.

가정관계 복문은 종속절의 조건에 따라 주절의 내용이 변화된다.

- 如果明天下雨，我就不去；如果不下雨，我就去。
  Rúguǒ míngtiān xiàyǔ, wǒ jiù bú qù; rúguǒ bú xiàyǔ, wǒ jiù qù.
  만약 내일 비가 오면 나는 안 가고, 비가 안 오면 갈 거야.

☑ mini test

빈칸에 알맞은 접속사를 넣어 문장을 완성해 보세요.

① _____我不了解经济领域，_____经常向他请教。
나는 경제 분야는 잘 모르기 때문에 항상 그에게 물어본다.

② _____你说得对不对，我_____相信你。
네 말이 맞든 안 맞든 나는 너를 믿어.

정답
① 因为, 所以
② 不管/不论/无论, 都

经济 jīngjì 경제 | 领域 lǐngyù 영역, 분야 | 请教 qǐngjiào 지도를 바라다, 가르침을 청하다

1 빈칸에 알맞은 접속사나 부사를 넣어 문장을 완성해 보세요.

1. _____雨下得很大，_____我们仍然坚持爬上了
山顶。

비록 비가 많이 왔지만, 우리는 여전히 산 정상까지 계속 올랐다.

2. _____你们俩怎么说，我_____不相信这件事是
真的。

두 분이 어떻게 말하든지 간에, 저는 이 일이 진실이라고 믿지 않습니다.

3. _____你努力学习，成绩_____一定会提高。

열심히 공부하면 성적은 반드시 오를 것이다.

4. 他们_____在生活上关心我，_____在学习上帮
助我。

그들은 생활에서 나에게 관심을 기울일 뿐만 아니라, 학습에서도 나
를 돕는다.

5. 我认为，_____先尊重别人，_____能赢得别人
的尊重。

저는 먼저 타인을 존중해야만 존중받을 수 있다고 생각합니다.

6. _____路上堵车了，_____我们迟到了。

길이 막혀서 우리는 늦었다.

7. _____事情已经发生了，你_____顺其自然吧。

기왕 일이 이미 발생한 이상, 너는 순리에 따르도록 해.

8. 昆明是"春城"，一年到头都很暖和，_____是冬天，
_____不冷。

쿤밍은 '봄의 성'으로, 일년 내내 따뜻하며 겨울에도 춥지 않다.

풀이 Tip

1. 山顶 shāndǐng 산 정상
5. 尊重 zūnzhòng 존중
   赢得 yíngdé 얻다, 획득
   하다
6. 堵车 dǔchē 교통 체증
7. 顺其自然 shùnqízìrán
   순리에 따르다
8. 昆明 Kūnmíng 쿤밍
   一年到头
   yìniándàotóu 일년 내내

1. 빈칸에 들어갈 알맞은 표현을 고르세요.

1. 他长得_____帅，性格_____好，所以大家都很喜欢他。

   A 因为……所以……　　　B 不但……而且……

   C 又……又……　　　　　D 一边……一边……

2. 这个问题专家都解决不了，_____我们呢？

   A 而且　　　B 或者　　　C 还是　　　D 何况

3. 现在的年轻人都有自己的想法，你再说_____没用。

   A 也　　　B 就　　　C 却　　　D 不过

4. _____吃韩餐，_____吃西餐，你决定吧。

   A 一边……一边……　　　B 要么……要么……

   C 不是……而是……　　　D 虽然……但是……

5. 你先跟她约好再去，_____白跑一趟。

   A 反正　　　B 反而　　　C 以便　　　D 以免

6. _____我怎么做，他_____不满意。

   A 无论……都……　　　B 尽管……都……

   C 只要……就……　　　D 既然……就……

7. 为了完成目标，_____再辛苦，我_____要坚持下去。

   A 只要……就……　　　B 除非……才……

   C 即使……也……　　　D 如果……就……

풀이 Tip

2. 专家 zhuānjiā 전문가
3. 年轻人 niánqīngrén 젊은이
4. 韩餐 háncān 한식
   西餐 xīcān 양식
7. 目标 mùbiāo 목표

작문 **100** *앞에서 배운 문법 지식을 활용하여 주어진 문장을 중작해 보세요.

Part **1**
명사, 대명사

1. 나는 도서관에서 중국어를 공부한다.
2. 우리는 교실에서 이야기를 한다.
3. 우리는 오전 9시에 만난다.
4. 우리 반에는 다섯 명의 유학생이 있다.
5. 너희 집은 학교에서 얼마나 멀어?
6. 베이징에는 많은 외국인이 있다.
7. 젊은이들은 모두 핸드폰 하는 것을 좋아한다.
8. 내가 어디서 이런 말을 한 적 있어요?
9. 너희들은 언제 방학하니?
10. 넌 중국어를 얼마 동안 공부했어?

· · · · · · · · · · · ·

Part **2**
수사, 양사

11. 오늘 나는 한 시간 정도 공부했다.
12. 나는 중국어를 2년 정도 공부했다.
13. 내가 베이징에 온 지 이미 6개월 정도 되었다.
14. 이 체육관에는 5천여 명이 앉을 수 있다.
15. 나는 이미 천여 개의 단어를 공부했다.
16. 우리 같이 사진 한 장 찍어요.
17. 나는 오늘 235위안을 썼다.
18. 다시 한번 말씀해 주실 수 있나요?
19. 나는 매일 8시간 일한다.
20. 그녀의 키는 165센티미터 정도이다.

Part 3
형용사, 동사, 조동사

21. 나는 베이징에 너무 가 보고 싶다.

22. 이번 주말에 나는 친구를 만났다.

23. 나는 그와 잠시 이야기를 나누었다.

24. 나는 숙제를 하고 싶지 않다.

25. 이 책은 아주 좋은 문법 책이다.

26. 아마도 그야말로 나에게 가장 맞는 사람일 거야.

27. 그녀는 매일 아주 예쁘게 꾸민다.

28. 너 10시 전까지는 꼭 돌아와야 해.

29. 따뜻한 아메리카노 한 잔 주세요.

30. 내 남동생은 키가 아주 크다.

· · · · · · · · · · · ·

Part 4
부사, 개사, 접속사

31. 그는 영어를 잘하는데, 중국어도 잘한다.

32. 겨울은 너무 추워서, 난 여름을 좋아해요.

33. 올겨울은 작년보다 조금 춥다.

34. 나는 추위를 좀 타요.

35. 제가 집에 돌아가자마자, 바로 전화드릴게요.

36. 나는 30분 동안 기다렸는데, 그는 아직 오지 않았다.

37. 이 영화는 너무 재미있어서 나는 다시 한번 보고 싶다.

38. 나는 중국 음식 문화에 관심이 많습니다.

39. 우리는 오늘부터 다이어트를 시작한다.

40. 그들이 모두 중국 유학생은 아니다.

Part **9**
비교문

81. 그녀의 핸드폰은 내 것보다 비싸다.

82. 내 핸드폰은 그녀의 핸드폰보다 비싸지 않다.

83. 그는 영어를 나보다 조금 더 유창하게 말한다.

84. 나는 그보다 영어를 유창하게 말하지 못한다.

85. 그녀는 나보다 노래를 더 잘 부른다.

86. 나는 그녀만큼 노래를 잘 부르지 못한다.

87. 이 식당의 음식이 그 집보다 저렴해요.

88. 당신의 의견은 그녀와 같은가요?

89. 그가 나보다 5분 먼저 왔다.

90. 이 방은 그 방만큼 커요.

. . . .

Part **10**
복문

91. 나는 TV를 보면서 핸드폰 하는 것을 좋아한다.

92. 네가 그렇게 바쁘다니, 난 너를 방해하지 않을게.

93. 중국에 유학을 가면 중국어를 배울 수 있고, 중국의 문화도 이해할 수 있다.

94. 우리 먼저 경복궁을 구경하고, 그다음에 남산에 가자.

95. 그는 중국어 말고도, 일본어와 프랑스어도 할 줄 알아요.

96. 만약 당신의 도움이 없었다면 저는 분명 성공하지 못했을 거예요.

97. 아무리 바쁘고 피곤해도 나는 매일 강아지를 데리고 산책을 나간다.

98. 나는 내 꿈을 이루기 위해 꼭 노력할 것이다.

99. 만약 내일 비가 오면 우리 다음에 만나자.

100. 열심히 공부했지만, 성적이 오르기는커녕 오히려 떨어졌다.

모범
답안

Chapter 확인문제 p.28

1

1. 我喜欢看视频。 / 평서문
2. 你去釜山玩儿了几天？ / 의문문
3. 别玩儿手机！ / 명령문
4. 这首歌太好听了！ / 감탄문

1. 나는 동영상 보는 것을 좋아한다.
2. 너는 부산에 가서 며칠 놀았어?
3. 핸드폰 하지 마!
4. 이 노래 너무 좋아요!

2

1. (我)弟弟 ‖ [今年]十九岁了。
2. 我 ‖ [昨天]买了(很多)(漂亮)的衣服。
3. (这)(部)电视剧 ‖ [非常]好看。
4. (韩国)的冬天 ‖ [非常]冷。
5. 他 ‖ [很][高兴]地[对我]说。

1. 내 남동생은 올해 열아홉 살이다.
2. 나는 어제 예쁜 옷을 많이 샀다.
3. 이 드라마는 아주 재미있어요.
4. 한국의 겨울은 굉장히 춥다.
5. 그는 매우 기쁘게 나에게 말했다.

HSK 실전문제 p.29

1

1. 最近我太忙了。
2. 今天的音乐会真的很精彩。
3. 我买了一件漂亮的大衣。
4. 那部电视剧的男主角帅得不得了。
5. 我终于找到了一份兼职。
6. 昨天我妈妈在百货商场买了很多东西。
7. 我在中国交到了很多外国朋友。

Chapter 확인문제 p.48

1

1. 今年我二十岁。
2. 我有很多中国朋友。
3. 我晚上11点睡觉。
4. 我们在学生食堂吃饭。

1. 올해 나는 스무 살이다.
2. 나는 중국 친구가 많다.
3. 나는 밤 11시에 잔다.
4. 우리는 학생 식당에서 밥을 먹는다.

2

1. 里　　2. 上　　3. 下　　4. 前面

1. 핸드폰은 가방 안에 있다.
2. 책상 위에 많은 책이 있다.
3. 고양이는 탁자 밑에서 잠을 잔다.
4. 우리 집 앞에 공원이 하나 있다.

HSK 실전문제 　p.49

1

1. D　　2. C　　3. B　　4. C
5. C　　6. A　　7. B　　8. C

1. 어제저녁 나는 두 시간 동안 공부했다.
2. 나의 중국어 실력을 향상시키고 싶다.
3. 핸드폰은 탁자 위에 있다.
4. 친구 사이에는 서로 관심을 가지고, 이해해야 한다.
5. 여기 떡볶이가 이렇게 맛있으니, 우리 1인분 더 시키자.
6. 어떤 스타일의 외투를 사려고 하세요? 여기에는 모든 스타일이 있어요.
7. 그 문제들은 모두 어렵다.
8. 저 또 깜박하고 핸드폰을 두고 왔어요. 아이고, 요즘 자주 이러네요.

Chapter 03 │ 수사, 양사

Chapter 확인문제 　p.66

1

1. Wǒ yī mǐ liù líng, tā yī mǐ bā èr.
2. Tā chūshēng yú èr líng líng yī nián sì yuè shí rì.
3. Èr líng èr èr nián wǔ yuè èrshí rì shì wǒmen xuéxiào yìbǎi èrshíwǔ zhōunián jìniànrì.
4. Guò lǎoshī de diànhuà hàomǎ shì líng-yāo-líng, sì-wǔ-liù, qī-bā-líng-jiǔ, yánjiūshì shì wǔ-yāo-sān hào.

1. 내 키는 160센티미터이고, 그는 182센티미터이다.
2. 그는 2001년 4월 10일에 태어났다.
3. 2022년 5월 20일은 우리 학교 125주년 기념일이다
4. 궈 선생님 전화번호는 010-456-7809이고, 연구실은 513호이다.

2

1. 一辆车　　　2. 一张照片　　　3. 一条裙子　　　4. 一顿饭
5. 一件T恤　　　6. 一把雨伞　　　7. 一斤肉/一块肉　　　8. 一杯咖啡
9. 一只小狗　　　10. 一双鞋　　　11. 一副眼镜　　　12. 一套西服
13. 一首歌　　　14. 一瓶红酒/一杯红酒　　　15. 一个房间

1

1. B	2. C	3. B	4. A
5. A	6. D	7. D	8. B

1. 그는 대략 스물다섯 살 정도이다.
2. 나는 중국어를 배운 지 2년 되었다.
3. 여러분은 처음 만나셨으니, 제가 한 분 한 분 소개해 드리겠습니다.
4. 중문과 학생이 많지 않아서, 모두 백여 명 정도이다.
5. 선생님은 우리를 집에 식사 초대하셨고, 맛있는 음식을 한 상 차리셨다.
6. 이 책은 너무 재미있어서 나는 두 번 봤다.
7. 난 그녀의 빰을 한 대 때렸다.
8. 그녀는 매우 열심히 공부해서 매년 장학금을 받는다.

Chapter **04** | 형동사, 동사, 조동사

Chapter 확인문제 p.92

1

1. 我有很多中国朋友。
2. 我以前很瘦。
3. 我有两个很好看的包。
4. 这个星期我们吵过两次架。
5. 我问老师一个问题。
6. 他长得胖乎乎的。
7. 我跟他聊了一会儿天。
8. 她高高兴兴地去上学了。

1. 나는 중국 친구가 많다.
2. 나는 예전에 날씬했다.
3. 나는 예쁜 가방이 두 개 있다.
4. 이번 주에 우리는 두 번 싸웠다.
5. 나는 선생님께 질문을 하나 했다.
6. 그는 통통하게 생겼다.
7. 나는 그와 잠시 이야기를 나누었다.
8. 그녀는 즐겁게 학교에 갔다.

HSK 실전문제 p.93

1

1. B	2. C	3. B	4. D
5. B	6. B	7. C	8. C

1. 그는 키가 크고 말랐다.
2. 내가 너에게 문자 보낼게.
3. 그녀는 한국 사람인데, 난 줄곧 그녀가 중국 사람인 줄 알았어요.
4. 선생님, 제가 아파서 수업에 못 가요. 하루 쉬고 싶어요.

5. 책상 위에 물건이 너무 많으니, 네가 정리 좀 해라.

6. 요즘 살이 많이 쪄서, 난 다이어트를 해야 해.

7. 저는 잠을 잘 자요. 한 번 자면 10시간씩 자요.

8. 졸업 후에 나는 반드시 좋은 직장을 구할 거야.

Chapter 05 | 부사, 개사, 접속사

Chapter 확인문제 p.116

1. 她很可爱，也很聪明。/ 她又可爱又聪明。

2. 我喜欢看电视，也喜欢运动。

3. 我想吃火锅或者北京烤鸭。

4. 他是一个很有意思的人。

5. 今天我没有课。

6. 我下午两点才吃饭。

7. 我对这个问题很感兴趣。

8. 不好意思，给您添麻烦了。

1. 그녀는 귀엽고 똑똑해요.

2. 나는 TV 보는 것도 좋아하고, 운동하는 것도 좋아한다.

3. 나는 훠궈나 베이징 오리구이를 먹고 싶다.

4. 그는 재미있는 사람이다.

5. 오늘 나는 수업이 없다.

6. 나는 오후 2시에야 밥을 먹었다.

7. 저는 이 문제에 대해 관심이 많습니다.

8. 번거롭게 해드려서 죄송합니다.

HSK 실전문제 p.117

1. C   2. C   3. B   4. B
5. D   6. C   7. A   8. C

1. 저는 소고기만 좋아해요.

2. 벌써 10시가 되었는데, 그는 아직 일어나지 않았다.

3. 이 옷은 아주 저렴해, 겨우 100위안이야.

4. 중간고사는 조금 어려웠다.

5. 나는 베이징외국어대학을 졸업했다.

6. 엄마는 나에게 먹거리를 많이 보내 주셨다.

7. 모두가 이 일 때문에 괴로워한다.

8. 나는 유럽이나 미국으로 여행을 가고 싶다.

Chapter 06 | 상(相)과 상(相)표지

Chapter 확인문제 p.134

1

1. 他还没毕业。
2. 她下个月就要回国了。
3. 我谈过两次恋爱。
4. 我去超市买了一些吃的。
5. 上个周末我没去首尔。
6. 我以前不会说汉语，现在会说一点儿了。
7. 毕业以后，我们只见过一次面。
8. 我找过她很多次，她都不见我。

1. 그는 아직 졸업을 하지 않았다.
2. 그녀는 다음 달에 곧 귀국할 것이다.
3. 나는 연애를 두 번 해 봤어요.
4. 나는 슈퍼마켓에 가서 먹을 것을 좀 샀다.
5. 지난 주말에 나는 서울에 가지 않았다.
6. 나는 예전에 중국어를 할 줄 몰랐는데, 지금은 조금 할 줄 안다.
7. 졸업 후, 우리는 딱 한 번 만난 적 있다.
8. 나는 그녀를 여러 번 찾았지만, 그녀는 나를 만나지 않는다.

HSK 실전문제 p.135

1

1. C	2. C	3. B	4. C
5. B	6. D	7. A	8. A

1. 우리는 사이가 좋아서 지금까지 싸운 적이 없다.
2. 나는 내후년이면 곧 졸업이야.
3. 봐, 그들이 탁구를 치고 있는데 정말 잘 치네!
4. 주말에 나는 줄곧 집에 있었어. 아무 데도 가지 않았어.
5. 최근 몇 년간 나는 줄곧 중국어를 배우고 있다.
6. 나는 이 음식을 먹어 본 적이 없어. 이번이 처음 먹어 보는 거야.
7. 이번 주말에 나는 중국 영화 한 편을 보았다.
8. 제 얼굴이 이미 빨개져서 더 이상 마실 수 없어요.

Chapter 07 | 보어

Chapter 확인문제 p.166

1

1. 做完作业以后，我再睡觉。
2. 他开车开得很快，非常危险。
3. 我喜欢学汉语，不过我觉得汉语很难学。
4. 你帮我买一些吃的回来吧。
5. 我一定要把这些生词背完。

1. 숙제를 다 한 후에 나는 다시 잠을 잤다.
2. 그는 운전을 빨리 해서 매우 위험하다.
3. 나는 중국어 배우는 것을 좋아하지만, 중국어는 배우기 어렵다고 생각한다.
4. 나 대신 먹을 것을 좀 사 와.
5. 나는 반드시 이 새 단어들을 다 외울 것이다.

6. 他说得太快，我没听懂。

7. 我每天学一个小时汉语。

8. 最近又要学习又要打工，我都忙不过来了。

6. 그가 너무 빨리 말해서 나는 알아듣지 못했다.

7. 나는 매일 한 시간씩 중국어를 배운다.

8. 요즘 공부도 하고 아르바이트도 해야 해서 너무 바빠요.

2 1. 会　　2. 错　　3. 早　　4. 下　　5. 动　　6. 起来　　7. 出来　　8. 慌

HSK 실전문제　p.168

1
1. C　　2. B　　3. B　　4. A
5. B　　6. C　　7. C　　8. A

1. 영화를 보는 사람이 이렇게 많은데, 표를 살 수 있을까요?

2. 다음 문장을 중국어로 번역하세요.

3. 이 드라마는 매우 재미있게 촬영되었다.

4. 이 옷을 나는 매우 좋아한다.

5. 여기에 백 여명이 앉을 수 있다.

6. 쉽지 않겠지만, 나는 반드시 버텨낼 것이다.

7. HSK 6급 증명서가 없으면 졸업할 수 없다.

8. 다음 주에 나는 상하이에 한 번 다녀올 것이다.

2
1. 他从包里拿出来很多吃的。

2. 我做韩国菜做得非常好。

3. 学过的生词我都记住了。

4. 我一次恋爱也没谈过。

5. 昨天我在图书馆学了一个小时汉语。

6. 他给我留下了深刻的印象。

7. 这件事说起来容易做起来难。

Chapter **08** | 특수구문(1)

Chapter 확인문제　p.185

1
1. 食堂旁边有一家咖啡厅。

2. 我的包在桌子上。

3. 食堂里有很多人。

4. 前面走过来一个人。

5. 你汉语说得真好，你是什么时候学汉语的?
/ 你汉语说得真好，你(是)什么时候学汉语的？ / 你汉语说得真好，你(是)什么时候学的汉语?

1. 식당 옆에 카페가 하나 있다.

2. 내 가방은 탁자 위에 있다.

3. 식당에 사람이 많다.

4. 앞에 한 사람이 걸어온다.

5. 당신은 중국어를 정말 잘하시네요, 언제 중국어를 배웠어요?

6. 他们是去年结婚的。 / 他们明年结婚。

7. 只要坚持下去，你是能找到好工作的。

8. 放心吧，这件事我是不会告诉她的。

6. 그들은 작년에 결혼했다. / 그들은 내년에 결혼한다.

7. 꾸준히만 한다면 당신은 좋은 일자리를 찾을 수 있어요.

8. 안심해, 이 일을 나는 그녀에게 말하지 않을 거야.

2

1. 有　　2. 是　　3. 在

1. 책상 위에 많은 책이 있다.

2. 이 호텔 앞은 온통 바다다.

3. 도서관은 기숙사 옆에 있다.

3

1. A 我昨天去釜山玩儿了。

B 你(是)跟谁一起去的?

A 我跟妈妈一起去的。

B 你们怎么去的?

A 我们(是)开车去的。 / 我们(是)坐高铁去的。

2. A 你看，这是我新买的裙子。

B 真漂亮，你是什么时候买的? /你是在哪儿买的? / 你是跟谁一起去买的?

1. A 나는 어제 부산에 놀러 갔어.

B 누구와 같이 갔어?

A 엄마와 같이 갔어.

B 어떻게 갔어?

A 우리는 운전해서 갔어. / 우리는 고속열차를 타고 갔어.

2. A 봐, 이거 내가 새로 산 치마야.

B 정말 이쁘다. 언제 산 거야? / 어디서 산 거야? / 누구와 같이 가서 산 거야?

HSK 실전문제 p.187

1　1. 你是什么时候学的汉语?

2. 你是能成功的。

3. 礼堂里坐着很多观众。

4. 这个困难我们是能克服的。

5. 我是能做好这件事的。

6. 这对情侣戒指上刻着我们俩的名字。

7. 我是在学校东门附近吃的麻辣烫。

Chapter 09 | 특수구문(2)

Chapter 확인문제 p.198

1

1. 我去超市买了很多吃的。

2. 昨天我没去明洞买东西。

3. 父母很爱我，我也没让他们失望。

4. 公司派他去上海了。

1. 나는 슈퍼마켓에 가서 먹을 것을 많이 샀다.

2. 어제 나는 명동에 쇼핑하러 가지 않았다.

3. 부모님은 나를 사랑하셨고, 나도 부모님을 실망시키지 않았다.

4. 회사에서 그를 상해로 보냈다.

2
1. 请　　2. 选　　3. 感谢　　4. 鼓励

1. 저는 여러분에게 중국 음식을 대접하고 싶어요.
2. 모두가 그를 반장으로 뽑았다.
3. 저를 도와주서서 정말 감사합니다.
4. 그녀는 항상 포기하지 말라고 나를 격려했다.

HSK 실전문제　p.199

1
1. 我要去机场接男朋友。
2. 我朋友请我去他家吃饭。
3. 他说的话让大家很感动。
4. 我常用手机在微信朋友圈分享我的生活。
5. 她让我跟她一起去釜山旅行。
6. 老师推荐我参加汉语演讲比赛。
7. 公司已经派她去香港出差了。

Chapter **10** | 특수구문(3)

Chapter 확인문제　p.213

1
| 1. 被 | 2. 把 | 3. 被 | 4. 把 | 5. 把 |
| 6. 被 | 7. 被 | 8. 被 | 9. 把 | 10. 被 |

1. 아들은 아빠한테 혼나서 울었다.
2. 나는 방을 깨끗하게 청소했다.
3. 그는 성실히 일하지 않아서, 회사에서 해고되었다.
4. 이 문장을 한국어로 번역하세요.
5. 나는 핸드폰을 가방 안에 두었다.
6. 나는 너에게 화가 나 죽겠어.
7. 그렇게 많은 술을 그가 혼자 다 마셨다.
8. 혼자 집에서 공포영화를 볼 때, 나는 매우 놀랐다.
9. 남동생이 내 핸드폰을 망가뜨렸다.
10. 지갑은 이미 그가 되찾았다.

2
1. 我被他骗了。
2. 我的衣服被弟弟弄脏了。
3. 那条大狗把这只小猫吓到了。
4. 医生把奶奶的病治好了。

1. 나는 그에게 속았다.
2. 내 옷은 남동생이 더럽혔다.
3. 저 큰 개가 이 고양이를 놀라게 했다.
4. 의사는 할머니의 병을 고쳤다.

3
1. 我把她认识。
2. 太冷了，你把衣服穿上吧。
3. 我没把这件事告诉她。
4. 她把电脑放在桌子上了。

1. 나는 그녀를 안다.
2. 너무 추우니, 너 옷을 입어.
3. 나는 이 일을 그녀에게 말하지 않았다.
4. 그녀는 컴퓨터를 탁자 위에 놓았다.

HSK 실전문제 p.215

1
1. 我把那封信寄给了父母。
2. 请把我说的话翻译成英语。
3. 我一直把你当作最好的朋友。
4. 你把产品的特点给客户介绍介绍。
5. 我把这个月的零花钱已经花光了。
6. 我被这部电影深深地感动了。
7. 我昨天买的零食都被姐姐吃完了。

Chapter **11** | 비교문

Chapter 확인문제 p.228

1
1. 今天比昨天热。 / 今天比昨天热多了。
2. 他的汉语比我好一点儿。
3. 中国的物价没有韩国的物价高。
4. 她游泳游得比我快一些。 / 她游泳比我游得快一些。
5. 她打扮得很好看，跟演员一样。 / 她打扮得很好看，像演员一样。

1. 오늘은 어제보다 덥다. / 오늘은 어제보다 훨씬 덥다.
2. 그의 중국어는 나보다 조금 낫다.
3. 중국의 물가는 한국의 물가만큼 높지 않다.
4. 그녀는 나보다 수영을 더 빠르게 한다.
5. 그녀는 배우처럼 예쁘게 치장했다.

2
1. A 你觉得汉语难还是英语难？
   B 我觉得英语比汉语难一点儿。
2. A 你有你爸爸那么高吗？
   B 我没有爸爸那么高。

1. A 너는 중국어가 어려워, 영어가 어려워?
   B 나는 영어가 중국어보다 조금 더 어려운 것 같아.
2. A 너는 너희 아빠만큼 키가 크니?
   B 나는 아빠만큼 크지 않아.

HSK 실전문제 p.229

1 1. D 2. B 3. C 4. C

1. 올해 겨울은 작년보다 훨씬 춥다.
2. 소도시의 물가는 대도시만큼 비싸지 않다.
3. 나는 산책하는 것보다 헬스장에 가서 운동하는 것을 더 좋아한다.
4. 내가 너처럼 이렇게 영어를 잘하면 얼마나 좋을까.

2 1. 他比我晚到半个小时。
2. 我这个学期的成绩没有上个学期好。
3. 我弟弟和我一样爱看恐怖电影。

Chapter **12** | 복문과 접속사

Chapter 확인문제 p.246

1 1. 虽然, 但是   2. 不论/无论/不管, 都
3. 只要, 就   4. 不仅/不但, 而且
5. 只有, 才   6. 因为, 所以
7. 既然, 就   8. 即使, 也

HSK 실전문제 p.247

1 1. C 2. D 3. A 4. B
5. D 6. A 7. C

1. 그는 잘생기고 성격도 좋아서 모두가 그를 좋아한다.
2. 이 문제는 전문가도 해결할 수 없는데 하물며 우리는?
3. 요즘 젊은이는 모두 자신의 생각을 가지고 있어. 네가 다시 말해도 소용없어.
4. 한식을 먹든지 양식을 먹든지 네가 결정해.
5. 헛걸음하지 않도록, 먼저 그녀와 약속하고 가세요.
6. 내가 어떻게 하든 그는 만족하지 않는다.
7. 목표를 이루기 위해서, 아무리 힘들더라도 나는 계속해 나갈 것이다.

Part 4
부사, 개사, 접속사

31. 他英语很好，汉语也很好。
32. 冬天太冷了，我还是喜欢夏天。
33. 今年冬天比去年冷一点儿。
34. 我有点儿怕冷。
35. 我一回家就给你打电话。
36. 我等了半个小时了，他还没来。
37. 这部电影太好看了，我想再看一遍。
38. 我对中国的饮食文化很感兴趣。
39. 我们从今天开始减肥。
40. 他们不都是中国留学生。

Part 5
완료, 변화, 지속,
경험, 진행

41. 我以前常常运动。
42. 吃完晚饭后，我出去散了一会儿步。
43. 我来中国一年了。
44. 昨天我去百货商店买了几件衣服。
45. 我以前没学过汉语。
46. 墙上挂着一副画。
47. 外面在下雨吗？
48. 你看过这部电视剧没有？
49. 她去过日本，还没去过中国。
50. 秋天来了，树上的叶子都红了，特别美。

Part 6
보어

51. 我每天睡得晚，起得晚。
52. 见到男朋友，她高兴得很。 / 见到男朋友，她高兴得不得了。
53. 我毕业于韩国大学。
54. 冬天快到了，天气慢慢冷起来了。
55. 今天我的心情糟透了。
56. 我做菜做得很好吃。
57. 她的头发很长，眼睛很大，皮肤雪白雪白的。
58. 我还没修完所有的学分。
59. 她从包里拿出来很多书。
60. 老师说的话不难，所以我们都听懂了。

Part 7
연동문, 겸어문

61. 王老师有事找你。

62. 我的中国朋友请我去她家玩儿。

63. 我羡慕她去过那么多地方旅行。

64. 我希望公司安排我去中国出差。

65. 你别总让我担心。

66. 我坐火车去釜山。

67. 我们今天没去看电影。

68. 我每天用汉语跟中国朋友聊天。

69. 我请你们喝咖啡。

70. 老师让我用汉语回答问题。

Part 8
把자문, 被자문

71. 我已经把那本书看完了。

72. 不要把窗户打开。

73. 你把护照和身份证带来了吗?

74. 你可以把这支笔借给我用一下吗?

75. 我把这个消息告诉他们了。

76. 我已经把作业交给老师了。

77. 我被老师批评了一顿。

78. 我的自行车被小偷偷走了。

79. 门被风吹开了。

80. 那本书被别人借走了。

Part 9
비교문

81. 她的手机比我的(手机)贵。

82. 我的手机没有她的(手机)贵。

83. 他说英语说得比我流利一点儿。 / 他说英语比我说得流利一点儿。

84. 我说英语说得没有他流利。/我说英语没有他说得流利。

85. 她唱歌唱得比我好听一些。

86. 我唱歌唱得没有她好听。

87. 这家饭店的菜比那家饭店便宜。

88. 您的意见跟她一样吗?

89. 他比我早到五分钟。

90. 这个房间跟那个房间一样大。

91. 我喜欢一边看电视，一边玩儿手机。

92. 既然你那么忙，那我就不打扰你了。

93. 去中国留学，既可以学习汉语，又可以了解中国的文化。

94. 我们先去景福宫玩儿，再去南山吧。

95. 他不仅会说汉语，还会说日语和法语。

96. 如果没有您的帮助，我肯定不会成功的。

97. 不管多忙多累，我每天都会带小狗出去散步。

98. 我一定要为实现自己的梦想而努力。

99. 如果明天下雨，我们就改天见吧。

100. 虽然我学习很努力，但是成绩不但没提高，反而下降了。

중국어 문법 클래스

지은이 윤창준, 郭兴燕
펴낸이 정규도
펴낸곳 (주)다락원

초판 1쇄 발행 2023년 5월 8일

기획·편집 이원정, 이상윤
디자인 구수정
조판 최영란
동영상 강의 송다영
녹음 郭洋, 朴龙君, 허강원

⚙다락원 경기도 파주시 문발로 211
전화 (02)736-2031 (내선 250~252 / 내선 430, 439)
팩스 (02)732-2037
출판등록 1977년 9월 16일 제406-2008-000007호

ISBN 978-89-277-2317-2 13720

www.darakwon.co.kr
다락원 홈페이지를 방문하시면 상세한 출판 정보와 함께 동영상 강좌, MP3 자료 등 다양한 어학 정보를 얻으실 수 있습니다.